判例から考える
# 行政救済法

第2版

岡田正則
榊原秀訓 編
本多滝夫

日本評論社

# はしがき

　本書は、最高裁の重要判例に、下級審の注目すべき判決も含めた「主要判例」を中心にして、判例の論理・動向を明らかにしつつ、行政事件訴訟法と国家補償法という行政救済法に関する論点を整理・検討し、評価を加えようとするものである。

　本書は、主に法学部での演習（ゼミ）での利用を想定し、各章は、次のような構成で執筆されている。まず、各章の最初で、何を説明しようとしているのか（「問いかけ」）を明確にし、各章のキーワード、主要判例を示した。演習での便宜を考え、主要判例には、行政判例百選や他の判例百選、各年度の重要判例解説、新・判例解説 Watch などで扱われている判例を選んでいる。また、各章の中見出しにあたる部分において何を説明するのか具体的にわかるようにするために再度「問いかけ（？）」を置き、その後で解説を行い、視覚的に理解しやすいように各章に図表を入れた。さらに、演習での理解を確認するために、各章の本文の後に「検討問題」を置き、最後に、演習の予習・復習などのために、参考文献を明示した。

　学部生向けの教科書においては、意図的に注を除いているものもあるが、特に演習用のものとしては、判決の評釈などを示した注を入れた方が、勉強がしやすく、執筆者の意図も理解しやすくなると考えた。そこで、本書の各章は、注の数を限定しつつ、注も含んだものにして、スタイルとしては論文に近いものとなっている。もっとも、学部生に理解できるオーソドックスなものを基本とし、執筆者がこだわりをもって議論をしている箇所は限定している。

　もちろん、利用方法を演習に限定しているわけではなく、法学部などでの行政救済法の講義でも利用できるものである。さらに、少なくない執筆者が法科大学院で行政法の授業を担当していることから、法科大学院で必要とされる判例も意識しており、法科大学院生が判例を理解するためにも利用できるものと考えている。

　本書の3名の編者は、年齢も近く、従来から研究会などで一緒になる機会も多く、普段から行政法に関する意見交換をしてきたが、数年前に、比較的若い世代の行政法研究者に協力してもらい、本書の出版を目指すことで意気投合した。本書の当初の企画をもって、榊原が現在は日本評論社の社長とな

られている串崎浩氏と武田彩氏に相談し、出版のお願いをしたところ、出版事情が厳しい中で、本書の出版をお引き受けいただくだけではなく、さまざまなアイデアまで提供していただいた。それにもかかわらず、モデル原稿執筆で試行錯誤していたために、モデル原稿の完成が遅れ、大幅に予定がずれ込んでしまった。その後、両氏からの暖かい催促により、なんとか出版までこぎ着けることができた。心から感謝いたします。

2014年7月23日
編者を代表して
榊原秀訓

## はしがき（第2版）

　初版を2014年に出版してから、この5年間に、北海道パチンコ店営業停止事件、厚木基地第4次訴訟、辺野古新基地建設不作為違法確認訴訟の各最高裁判決など、幾つもの重要な判決が出され、行政判例百選が第7版になるなど、参照すべき評釈や論文等も多数公表されており、これらの状況を「主要判例」や本文に反映させるために、本書の改訂を行った。

　また、行政不服審査法の全面改正を受け、「第1部　行政事件訴訟法概説」で簡単に紹介し、「処分取消訴訟と不服申立てとの関係」と「裁決取消訴訟」の各章を「審査請求と処分・裁決取消訴訟との関係」の一章にまとめ、新たに、「取消訴訟の審理・判決」の章を起こした。さらに、「客観的訴えの利益」をより一般的な「訴えの客観的利益」と変更し、「国家賠償法1条の要件」を扱う各章は、「1（公権力の行使、職務適格性等）」と「2（違法性と過失）」とかっこ書きを追加し、扱う内容がわかるようにした。

　今回の改訂にあたっても、日本評論社の武田彩氏に丁寧な編集作業をしていただいた。初版のときと同様に、心から感謝いたします。

2019年8月6日
編者を代表して
榊原秀訓

# 目次

はしがき　榊原秀訓　i
はしがき（第2版）　榊原秀訓　ii

# 第1部　行政事件訴訟法

## 行政事件訴訟法概説　本多滝夫　2

| | | | |
|---|---|---|---|
| 1 | 法律上の争訟 | 髙木英行 | 006 |
| 2 | 処分性 | 岡田正則 | 014 |
| 3 | 原告適格 | 本多滝夫 | 029 |
| 4 | 訴えの客観的利益 | 稲葉一将 | 044 |
| 5 | 出訴期間と違法性の承継 | 長内祐樹 | 053 |
| 6 | 裁量的行政処分の違法性 | 榊原秀訓 | 061 |
| 7 | 行政手続法と手続的瑕疵 | 石塚武志 | 076 |
| 8 | 審査請求と処分・裁決取消訴訟との関係 | 小林明夫 | 085 |
| 9 | 取消訴訟の審理と判決 | 山田健吾 | 097 |
| 10 | 執行停止 | 洞澤秀雄 | 106 |
| 11 | 無効確認訴訟と処分不存在確認訴訟 | 日野辰哉 | 116 |
| 12 | 義務付け訴訟と仮の義務付け | 豊島明子 | 126 |
| 13 | 差止訴訟と仮の差止め | 大沢　光 | 141 |
| 14 | 民事訴訟と抗告訴訟 | 西田幸介 | 150 |
| 15 | 当事者訴訟 | 杉原丈史 | 160 |
| 16 | 民衆訴訟・機関訴訟 | 大田直史 | 175 |

# 第2部　国家補償法

国家補償法概説　岡田正則　192

17　損失補償の要否 …………………………………… 前田定孝　193
18　損失補償の内容 …………………………………… 平川英子　203
19　国家賠償法と民法不法行為法 …………………… 徳田博人　212
20　国家賠償法1条の要件1（公権力の行使、職務関連性等）
　　　………………………………………………………… 萩原聡央　221
21　国家賠償法1条の要件2（違法性と過失）……… 府川繭子　230
22　国家賠償法1条と立法活動・司法活動 ………… 庄村勇人　245
23　国家賠償法2条 …………………………………… 寺　洋平　254
24　国家賠償法3条 …………………………………… 藤枝律子　269

「主要判例」索引　279
執筆者一覧　284

## ●凡例

### 1 出典表記

　雑誌論文・単行本や判例などについては、原則として「法律文献等の出典の表示方法」によっている。本書の注にある主要な雑誌・紀要の略称は、以下である。

▼雑誌等
**行判解**：行政判例研究会編『平成23年行政関係判例解説』
**公法**：公法研究
**最判解民**：最高裁判所判例解説・民事篇
**自研**：自治研究
**重判解**：重要判例解説
**ジュリ**：ジュリスト
（**論ジュリ**：論究ジュリスト）
**曹時**：法曹時報
**賃社**：賃金と社会保障
**判評**：判例評論
**判時**：判例時報
**判例自治**：判例地方自治
**ひろば**：法律のひろば
**法教**：法学教室
**法協**：法学協会雑誌
**法資**：法令解説資料総覧
**法時**：法律時報
**法セ**：法学セミナー
**民商**：民商法雑誌

▼大学紀要
**愛大**：愛知大学法学部法経論集
**甲南ロー**：甲南法務研究
**神院**：神戸学院法学
**信法**：信州大学法学論集
**成蹊**：成蹊法学
**早法**：早稲田法学
**東海**：東海法学
**名経**：名経法学
**名法**：名古屋大学法政論集
**洋法**：東洋法学
**立命**：立命館法学
**論叢**：法学論叢（京都大学）

### 2 判例集の略称と優先順位

　判例集の優先順位は、最高裁判所民事判例集（民集）、最高裁判所刑事判例集（刑集）、行政事件裁判例集（行集）以外の高等裁判所民事判例集、下級裁判所民事裁判例集、訟務月報（訟月）などについては、学生の便宜を考え、判例時報（判時）、判例タイムズ（判タ）、判例地方自治（判例自治）、賃金と社会保障（賃社）を優先した。また、Web上のものとして、最高裁のホームページ（裁判所ウェブサイト）の「裁判例情報」よりもLEX/DBを優先した。

# 第1部
# 行政事件訴訟法

# 第1部　行政事件訴訟法概説

## 1　行政争訟法の概念

　行政救済法とは、行政作用に起因して生じた、または、生じるおそれのある不利益状態において、そのような不利益状態にある私人が、その除去もしくは防止またはその不利益状態から生ずる損害の塡補を求めるための法をいう。

　行政救済法の体系は、行政争訟法と国家補償法に大別される。

　行政争訟法とは、行政上の法律関係について当事者間で争いがある場合に国家がこれを有権的に裁断し、争いを消滅させることを目的とする作用に関する法である。これに対して、国家補償法とは、行政作用を含む国家作用によって生じた損害または損失の塡補に関する法である（詳細は本書「第2部　国家補償法」）。

　さらに、行政争訟法は、抗告争訟に関する法と当事者争訟に関する法に大別される。

　抗告争訟とは、行政庁の処分を含む公権力の行使に当たる行為によって不利益を被っているまたは被るおそれのある者が、違法または不当を理由としてその行為の是正を求めるためにする争訟である。抗告争訟には、裁判所に係属する争訟である「抗告訴訟」と、行政機関に係属する争訟である「行政不服審査」がある。抗告訴訟の一般法は行政事件訴訟法であり、行政不服審査の一般法は行政不服審査法である。

　当事者争訟とは、相対立する行政上の法律関係の当事者の間に争いがある場合に、その争いの裁断を求めるためにする争訟である。当事者争訟にも、裁判所に係属する争訟である「当事者訴訟」と、行政機関に係属する争訟である「裁決の申請」がある。当事者訴訟の一般法として行政事件訴訟法があるが、「裁決の申請」には一般法はない。そもそも「裁決の申請」という用語による括り方自体が便宜上のものであり、実定法では、「裁決の申請」（収用法39条）、「裁定の申請」（漁業法45条）、「決定の申請」（鉱業法47条・90条）などさまざまな名称が用いられている。

## 2　行政事件訴訟法概説

　行政事件訴訟法は、上記の「抗告訴訟」および「当事者訴訟」のほかに、「民衆訴訟」および「機関訴訟」を行政事件訴訟として定めている（行訴2条）。

　抗告訴訟および当事者訴訟は、個人の権利利益の保護を目的とする訴訟＝主観訴訟であるのに対し、民衆訴訟および機関訴訟は、法規の客観的適正さを保障し一般公共の利益の保護を目的とする訴訟＝客観訴訟である。主観訴訟は本来的に司法裁判所の管轄に属する「法律上の争訟」である（本書1）。これに対して、

客観訴訟は「その他法律において特に定める権限」として司法裁判所の管轄に属すものとされている争訟である（裁判所法3条）。民衆訴訟および機関訴訟は厳密には行政救済のための訴訟とはいえない。しかし、行政事件訴訟法が、民衆訴訟および機関訴訟も行政上の法律関係に関する訴訟として併せて定めていることに照らして、本書でも一つの章を充てている（本書16）。

抗告訴訟は、「行政庁の公権力の行使に関する不服の訴訟」（行訴法3条1項）である。この訴訟は、行政庁の処分のその他公権力の行使または不行使によって権利利益が侵害され、または侵害されるおそれのある者が、当該処分また不作為の違法性の有無を直接の争点として裁判所に適切な救済を求める訴訟である。このような特色から、抗告訴訟は、行為訴訟あるいは直接攻撃訴訟とも呼ばれる。

抗告訴訟には、訴訟の対象ないしは救済方法の相違に対応して、処分取消訴訟、裁決取消訴訟、無効等確認訴訟、申請に対する不作為違法確認訴訟、申請型義務付け訴訟、非申請型義務付け訴訟および差止訴訟といった7つの訴訟類型がある。行政事件訴訟法は、処分および裁決の取消訴訟が抗告訴訟の基本的類型であるとして、その訴訟要件および訴訟手続を規定し、その他の抗告訴訟については、それぞれの特質に応じて訴訟要件および訴訟手続に特別の規定を設けるとともに、それに必要な範囲において取消訴訟に関する規定を準用する形式をとっている。

そこで、本書は、行政事件訴訟法の体裁に沿って、まずは、取消訴訟の訴訟要件、取消事由、審理、判決、執行停止制度を解説し（本書2～10）、その後に、その他の抗告訴訟の訴訟要件等を解説することとしている（本書11～13）。なお、公共工事、公共施設の管理行為等については、民事訴訟と抗告訴訟との選択が争点とされてきたことから、特に一つの章を充てている（本書14）。

当事者訴訟は、行政法上の法律関係において相対立する当事者が訴訟当事者となる公法上の法律関係に関する訴訟である（行訴法4条）。相対立する当事者の権利義務の有無に関する訴訟であることから権利関係訴訟とも呼ばれる。当事者訴訟には、本来は抗告訴訟で争うべき行政上の法律関係であるべきところ、特別の法律において、その法律関係の一方を被告としなければならない「形式的当事者訴訟」と、公法上の法律関係に関する訴訟である「実質的当事者訴訟」の2つの訴訟類型がある。2004年の行政事件訴訟法の改正で、実質的当事者訴訟の活用が図られている（本書15）。

### 3　行政不服審査法概説

行政庁の公権力の行使に関する不服に対する救済手段には、上記の抗告訴訟とは別に、行政不服審査がある。行政不服審査法は、これを「行政庁の違法又は不当な処分その他公権力の行使に当たる行為に関し、国民が簡易迅速かつ公正な手

続の下で広く行政庁に対する不服申立てをすることができるための制度」（行審法1条1項）と定めている。

　行政不服審査を求める不服申立てには、審査請求（行審法2条・3条）、再調査の請求（行審法5条1項）および再審査請求（行審法6条1項）の3種類がある。これらのうち、審査請求が原則的な不服申立てであって、個々の法律において審査請求ができる旨の定めがなくとも、行政庁の処分または不作為に不服がある者であれば利用することができる。これに対して再調査の請求および再審査請求についてはその旨の定めが個々の法律にある場合にしかすることができない。

　審査請求人が審査請求をすべき行政庁の選択については若干複雑である。
　まず、審査請求は、原則として、処分をした行政庁（＝処分庁）または不作為庁の最上級行政庁に対してすることとされている（行審法4条4号）。
　次に、上級行政庁がない場合には、処分庁に審査請求をすることになる（行審法4条1号前段）。人事院、公正取引委員会など内閣等の「所轄」の下に置かれている行政機関や地方公共団体の執行機関（首長、委員会）が直接に行う処分がその例である。なお、主任の大臣や各庁の長官には上級行政庁がないものとして扱うこととされ、主任の大臣や各庁の長官は、自らが行った処分についての審査請求先となるだけでなく（行審法4条1号後段）、上級行政庁として下級行政庁が行った処分についての審査請求先になる（行審法4条2号・3号）。
　さいごに、法律（条例に基づく処分については条例）に特別の定めがある場合には、その定めに従って当該行政庁（たとえば、都市計画法に定める開発審査会〔都計法50条1項〕、法定受託事務にかかる法令を所管する大臣〔自治法255条の2第1項〕など）に審査請求を行わなければならない（行審法4条柱書）。
　審査請求がされた行政庁（審査庁）は、上級行政庁であったり、処分庁であったりすることが多く、裁判所が審理をする抗告訴訟に比べれば公正さに欠けるおそれがある。そこで、審査請求については、審査庁は処分に関与しない審理員に審理をさせるとともに（行審法9条1項）、審査庁は第三者機関である行政不服審査会等に諮問することとされている（行審法43条1項）。
　なお、行政事件訴訟法は、処分に不服がある者は、処分取消訴訟を利用してもよいし、審査請求を利用してもよいとしているが、例外として、審査請求についての裁決を経た後でなければ、処分取消訴訟を提起することができない旨を個々の法律が定めている場合には、審査請求が優先する（行訴法8条1項）（本書8）。
　審査請求に対する最終的な判断を裁決という。裁決は、判決と同様に、却下、棄却、認容の3種に分けることができる。却下は、審査請求が不適法で、それに理由があるかどうかの判断をするまでもない場合である（行審法45条1項・49条

1項)。棄却は、審査請求に理由がない場合である（行審法45条2項・49条2項)。審査請求に理由がある、すなわち処分に違法性または不当性が認められる場合には、審査請求が認容されるのが原則である。ただし、事情裁決といって、公益上の見地から棄却される場合もある（行審法45条3項)。

認容の裁決は、審査請求の対象、審査庁の種類によって内容が異なる（**図表**参照)。

なお、変更裁決については、不利益変更禁止の原則が明定されている（行審法48条)。 （本多滝夫)

## 図表

| 対象 | 審査請求 | 審査庁 処分庁 | 上級行政庁 | 上級行政庁以外の行政庁 |
|---|---|---|---|---|
| 処分（広義） | 処分（狭義） | 取り消す・変更する（行審法46条1項本文) | | 取り消す（行審法46条1項但書) |
| | 申請拒否処分 | 取り消す（行審法46条1項本文）一定の処分をする（行審法46条2項2号) | 取り消す（行審法46条1項本文）処分庁に一定の処分を命ずる（行審法46条2項1号) | 取り消す（行審法46条1項但書) |
| | 事実行為 | 違法・不当宣言（行審法47条柱書本文）撤廃・変更（行審法47条2号) | 違法・不当宣言（行審法47条柱書本文）撤廃命令・変更命令（行審法47条1号) | 撤廃命令（行審法47条柱書但書) |
| 不作為 | | 違法・不当宣言（行審法49条3項前段）一定の処分をする（行審法49条3項2号) | 違法・不当宣言（行審法49条3項前段）処分庁に一定の処分を命ずる（行審法49条3項1号) | 違法・不当宣言（行審法49条3項前段) |

# 1 法律上の争訟

髙木英行

1 法律上の争訟とは何か、また法律上の争訟に係る「公式」とは何か。
2 法律上の争訟に関してどのような判例があるか。
3 行政主体が行政上の義務履行を求める訴えは法律上の争訟に当るか。
4 法律上の争訟と、処分性・原告適格・客観的訴えの利益との関係はどのようなものか。

■キーワード

法律上の争訟、行政上の義務履行確保（行政強制）、行政主体（行政権の主体／財産権の主体）、行政代執行

■主要判例

**判例1**・宝塚市パチンコ店規制条例事件：最判2002（平14）・7・9民集56巻6号1134頁［行政判例百選Ⅰ（第7版）109事件］

**判例2**・旧福間町公害防止協定事件：最判2009（平21）・7・10判時2058号53頁［行政判例百選Ⅰ（第7版）93事件］

**判例3**・杉並区住基ネット訴訟：東京地判2006（平18）・3・24判時1938号37頁［地方自治判例百選（第4版）4事件］

**判例4**・逗子市米軍家族住宅追加建設訴訟：東京高判2007（平19）・2・15LEX/DB 28140058［地方自治判例百選（第4版）121事件］

## 一 法律上の争訟の意義と判例

### 1 「法律上の争訟」とは何か？

　裁判所法3条1項は、裁判所が「一切の法律上の争訟を裁判」する権限を持つと定める。憲法、民事訴訟法でも学習する重要条文である。以下専ら行政法の問題関心から解説する。なお同条は、裁判所が「その他法律において特に定める権限」をも持つとも定めるが、この部分の解説は本書16参照。

　「法律上の争訟」とは、裁判所が管轄する事件の範囲を定める概念であり、訴訟要件として機能する。裁判所は、法律上の争訟に当たらない事件を不適法として受け付けないので、これに当たるか否かは重要な問題となりうる。リーディングケース、最判1981（昭56）・4・7民集35巻3号443頁（板まんだら事件）は次の公式を提示する。「法律上の争訟」とは、「当事者間の具体的な権利義務ないし法律関係の存否に関する紛争であって、かつ、それが法令の適用により終局的に解決することができるもの」である。

### 2 「法律上の争訟」に関してどのような判例があるか？

　いくつか判例をみていく。

　（1）宗教・教義をめぐる紛争　　上記板まんだら事件では、「正本堂」建設のため宗教団体へ寄付したが、そこに安置される本尊（板まんだら）が偽物だった等として錯誤無効を理由に不当利得返還請求が争われた。最高裁は、信仰対象の価値または宗教上の教義に関する判断が必要不可欠で、法令の適用による終局解決は不可能等とし、法律上の争訟に当たらないとした。

　（2）学問・技術をめぐる紛争　　最判1966（昭41）・2・8民集20巻2号196頁（技術士国家試験訴訟）では、国家試験の不合格判定を受けた受験者が判定変更や損害賠償を請求した。最高裁は、学術上の知識や能力に関する優劣・当否の判断が争われており、法令を適用して争いを解決しえないとし、法律上の争訟に当たらないとした。

　（3）部分社会内での紛争　　「部分社会」とは、政党・議会・労働組合・大学等の一定の自律性を持つ団体のことである。最判1977（昭52）・3・15民集31巻2号234頁（富山大学事件）では、国立大学学生が単位不認定につき不作為違法確認等を求め行政訴訟を提起した。最高裁は、一般市民法秩序と直接関係しない大学内部問題について司法審査対象外とし、単位不認定がこの内部問題に属するとした。

（4）法令や行政行為等について**抽象的に争う紛争**　　最大判1952（昭27）・10・8民集6巻9号783頁（警察予備隊違憲訴訟）では、政党党首が憲法9条違反を理由に警察予備隊設置・維持に関する国の一切の行為の無効確認を求め出訴した。最高裁は、裁判所には具体的事件を離れ抽象的に法律命令等の合憲性を判断する権限がない等として、訴えを不適法とした。

（5）**行政主体（国や地方公共団体等）が原告となる紛争**　　**判例1**では、条例違反のパチンコ店建築につき工事中止命令が出されたのに、事業者が工事を続行したため、市が事業者相手に建築続行禁止を求め民事訴訟を提起した。最高裁は本訴のごとき、行政権の主体としての行政主体が、国民に対し行政上の義務履行を求める訴訟（以下「行政義務履行確保訴訟」）は、法律上の争訟に当たらないとした。

### 3　小括

（1）、（2）、（5）であげた各判例は、判決理由上明示的に法律上の争訟との関連で判断されたが、そうでない（3）、（4）に係る各判例も、学説では法律上の争訟との関連で議論されてきている。近年行政法分野で注目されているのは（5）の紛争であり、また**判例1**であるので、以下これらを掘り下げる。

## 二　行政主体が義務履行を求める訴訟

### 1　宝塚市パチンコ店規制条例事件とはどのような事件なのか？

（1）**事件の背景**　　一般論としてなぜ行政義務履行確保訴訟が問題になるのか。答えは「行政上の義務履行確保」（行政強制）制度の機能不全にある[1]。市民に代替的作為義務の不履行がある場合、行政主体は行政代執行法上の「代執行」をなし得る。しかし非代替的作為義務や不作為義務の場合、代執行は使えない。これらの不履行につき他に実効的な義務履行確保手段もない。義務違反に対し法律上「行政刑罰」が定められている例も多いが、過去の不履行を理由に罰を与えるだけで、将来に向け義務履行を確保するもの

---

1　細川俊彦「行政上の義務の強制的実現方法」判例自治44号（1988年）88頁参照。全般的な問題状況につき鈴木潔『強制する法務・争う法務』（第一法規、2009年）参照。

1 法律上の争訟　009

でない。しかも罰金が少額な場合、強制効果に乏しい。

**判例1**では、中止命令を受けた事業者の「不作為義務（建築工事を続けない義務）」不履行が問題となったほか、条例で不履行に対する行政刑罰を定めていなかったので[2]、市は行政義務履行確保訴訟に頼らざるを得なかった。同訴訟をめぐって学説上賛否両論あったものの、肯定説が「通説」といわれ[3]、肯定裁判例も「蓄積」していたので[4]、市の訴えにはそれなりに裏付けもあった。現に一、二審判決は、適法な訴えとして本案判決を下していた。しかし**判例1**は、市の訴えを「法律上の争訟」に当たらないとして不適法とした。

（2）**判旨**　行政主体が「財産権の主体として自己の財産上の権利利益の保護救済を求めるような場合には、法律上の争訟に当たる」（以下「財産義務履行確保訴訟」）。行政主体が「専ら行政権の主体として国民に対して行政上の義務の履行を求める訴訟は、法規の適用の適正ないし一般公益の保護を目的とするもの」で法律上の争訟に当らず、「法律に特別の規定がある場合に限り、提起することが許される」ところ、行政代執行法にも行政事件訴訟法にも、この種の行政義務履行確保訴訟の提起を認める特別の規定は存在しない。

## 2　宝塚市パチンコ店規制条例事件は何が問題なのか？

（1）**学説からの批判**　**判例1**は、これで行政義務履行確保訴訟は「とりあえず死滅した」との論評[5]にみられるように、「行政上の義務履行確保」の観点から重大な意義を持つ。また「法律上の争訟」の観点からも、従来の公式に、行政主体が「財産上の権利主体でなければならない」なり[6]、「訴訟を提起する者の私権保護」なり[7]、新たな要件を付け加えたと指摘されてい

---

2　本判決後、市は中止命令に従わない場合行政刑罰を科し得る旨条例改正した。村上武則「宝塚市パチンコ店規制条例事件と法治主義」高田敏先生古稀『法治国家の展開と現代的構成』（法律文化社、2007年）82頁参照。
3　碓井光明「行政上の義務履行確保」公法58号（1996年）150頁注(34)参照。また先駆的な研究として、細川俊彦「公法上の義務履行と強制執行」民商82巻5号（1980年）641頁や、阿部泰隆「行政上の義務の民事執行」同『行政法の解釈』（信山社、1990年）第13章等参照。
4　村上裕章『行政訴訟の基礎理論』（有斐閣、2007年）72頁等参照。
5　阿部泰隆『行政訴訟要件論』（弘文堂、2003年）154頁参照。
6　金子正史「判批」法資250号（2002年）90頁参照。

る。さらにこれまでの判例（一2（1）、（2）の各判例）が、従来の公式のうち〈法令の適用により解決できない〉ことを理由に否定してきたのに対し、**判例1**は同公式の〈権利義務に関する紛争に当らない〉ことを理由に否定しており、その意味で「新判例」との指摘もある[8]。

　**判例1**に対し学説上批判が多い。①行政主体が被告の場合には法律上の争訟と認められるのに、行政主体が原告の場合にそうでなくなる根拠がない。②法律上の争訟を私権保護に限定する根拠がない。③財産権の主体か行政権の主体かの区別論が「公法私法二元論」等の戦前の思考回路に基づく。④行政主体は裁判を受ける権利（憲法32条）を保障されていないので、法律の根拠なき限り出訴を認めないことはわかるとしても、それではなぜ「財産権の主体」としてであればそれが認められることになるのか不明である。⑤従来の公式に照らしても**判例1**の事案は「法律関係の存否に関する紛争」といえ、法律上の争訟に当ると判断すべきであった[9]。

　**（2）　その後の判例動向**　　**判例1**がその後の判例に与えた影響[10]をＡ行政契約紛争型、Ｂ行政主体間紛争型、Ｃ複合紛争型（Ａ×Ｂ）に分けてみていく（**図表1-1参照**）。Ａの例、**判例2**は、公害防止協定に基づく使用期限経過後も事業者が産廃処分場を使用し続けたことにつき、旧福間町が同協定

---

7　人見剛「行政権の主体としての地方公共団体の出訴資格」法時81巻5号（2009年）66頁参照（ただし川岸令和「司法権の概念の再構成に向けて」同73頁注(27)も参照）。

8　阿部・前掲注5　153頁参照。

9　①につき阿部・前掲注5　151頁参照（刑事訴訟が「法律上の争訟」に当ることとの整合性を問う同150頁も参照）。②につき塩野宏『行政法Ⅰ（第5版補訂版）』（有斐閣、2013年）225頁注(3)や土井真一「行政上の義務の司法的執行と法律上の争訟」法教374号（2011年）89頁参照（公益と私益の不可分性に着目する村上・前掲注2　91頁や曽和俊文『行政法執行システムの法理論』（有斐閣、2011年）13頁も参照）。③につき髙木光「判批」平成14年度重判解（2003年）46頁参照（南川諦弘『「地方自治の本旨」と条例制定権』（法律文化社、2012年）363頁も参照）。④につき村上・前掲注4　77頁や人見剛「判批」自治総研331号（2006年）54頁参照（財産義務履行確保訴訟の具体例として孝橋宏「判批」平成14年行判解238頁も参照）。⑤につき阿部・前掲注5　151頁や人見・同上51頁参照（三面的・多極的法関係からの田村泰俊「判批」自研80巻2号（2004年）130頁も参照）。そのほか批判論の整理として人見・前掲注7　65頁や曽和・同上163頁参照。これに対し福井章代「判解」最判解民平成14年度（下）531頁以下参照。

に基づく義務の履行確保のため、事業者相手に使用差止めを求める民事訴訟を提起した。**判例1**からして法律上の争訟性が否定されそうだが、原審が「財産権の主体」に関わるとの見地よりそれを肯定し、最高裁もその肯定を前提に本案判決を下した[11]。しかし**判例1**との整合性について議論の余地がある[12]。

Bの例、**判例3**は、杉並区が東京都を相手取り、住基ネットに関し希望住民のみの本人確認情報の受信を求め義務確認訴訟等を提起した。行政主体間の「権限の存否又は行使に関する訴訟」であり、行政義務履行確保訴訟同様「法規の適用の適正ないし一般公益の保護を目的とする」から法律上の争訟に当らないとされた（控訴審でも維持、上告不受理。なお併せて提起された国家賠償請求訴訟に関しては、財産義務履行確保訴訟に当るとして、法律上の争訟性が認められた）。**判例1**の射程の不当な拡張等批判も多い[13]。

Cの例、**判例4**は、逗子市・国・神奈川県の「三者間合意」（Aの要素）を理由に、逗子市が「国を相手取り」（Bの要素）、対象土地上に米軍家族住宅を追加建設してはならない義務等の確認訴訟を提起した[14]。裁判所は、本訴が上記合意に基づく「行政上の施策ないし方針を遂行する行政上の義務」に関するもので、市の「財産的権利に由来する」事情もない等として、法律

---

10　**判例1**に先立つ最判2001（平13）・7・13判例自治223号22頁（那覇市情報公開条例事件）は、本文下記分類Bの例（ただし国が原告なのでその限りで**判例3**とは逆事案）で、法律上の争訟に当るとしつつも、原告適格を欠くとして訴えを不適法とした。石川健治「『法律上の争訟』と機関訴訟」法教376号（2012年）87頁等参照。

11　判時2058号55頁（匿名コメント）参照。山本隆司『判例から探究する行政法』（有斐閣、2012年）212頁も参照。

12　人見剛「判批」環境判例百選（第3版）143頁や曽和・前掲注9　170頁参照。さらに斎藤誠「自治体の法政策における実効性確保」同『現代地方自治の法的基層』（有斐閣、2012年）401頁も参照。

13　人見・前掲注7　67頁や兼子仁・阿部泰隆編『自治体の出訴権と住基ネット』（信山社、2009年）199頁〔阿部泰隆〕参照。近時の裁判例として那覇地判2018（平30）・3・13判時2383号3頁（辺野古新基地差止訴訟）等も参照。

14　室井敬司「自治体と法律上の争訟・司法権論覚書」兼子仁先生古稀『分権時代と自治体法学』（勁草書房、2007年）132頁は、**判例1**以降の判例動向を、（本章でいう）財産義務履行確保訴訟問題、「公益訴訟」問題（**判例1**）、「機関訴訟」問題（**判例3**）に三分類しつつも、**判例4**が「どれに当るかは明確でない」とする。

図表 1-1

A 行政契約紛争型 /B 行政主体間紛争型 /C 複合紛争型

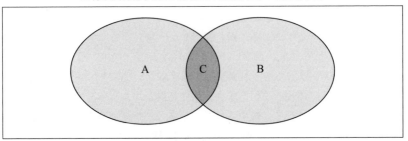

上の争訟に当らないとした（確定）。この判決で**判例 1** の「一般化が完成した」といわれ、あらためて**判例 1** の妥当性が疑問視されている[15]。

## 3 小括

**判例 1** は、行政権の主体か財産権の主体かという超実定法的な観念論[16]を手掛かりとして、特別の法規定がない限り行政上の義務履行確保は法で定められる行政代執行のみに限られるという"行政代執行の排他性"の論点（行政代執行法 1 条）[17]と、特別の法規定がない限り法律上の争訟に該当しなければ裁判を提起できないという"法律上の争訟"の論点（裁判所法 3 条）とを、それぞれ十分な説明を伴わないまま〈融合〉して論じ、結論を導き出しているように思われる[18]。

---

15 室井・前掲注14 133頁参照。人見・前掲注12 143頁も参照。
16 **判例 1** と大阪空港訴訟（本書14参照）との関係につき高木・前掲注 9 47頁も参照。
17 小早川光郎「行政による裁判の利用」法教151号（1993年）105頁、岡田春男『行政法理の研究』（大学教育出版、2008年）155頁、曽和・前掲注 9 182頁、中川丈久「国・地方公共団体が提起する訴訟」法教375号（2011年）97頁参照。
18 中川・前掲注17 94頁は、**判例 1** が、「強制執行しうる義務か」という行政実体法論の次元で処理されるべき問題を、「法律上の争訟か」という憲法論の次元で解決してしまったと指摘する。中川丈久「判批」論ジュリ 3 号（2014年）66頁は「立法ドグマ」への切り込みの必要性を指摘する。

## 三 「法律上の争訟」と「処分性」・「原告適格」・「客観的訴えの利益」との関係

　伝統的に法律上の争訟は、処分性、原告適格、客観的訴えの利益（本書2、3、4参照）といった行政訴訟の訴訟要件に先立って判定される最初の「関門」の役割を果たしてきたといわれる（法律上の争訟＝「先位」訴訟要件説）[19]。これに対し近時、法律上の争訟について、処分性、原告適格、客観的訴えの利益という下位の各訴訟要件次元で不適法と判断された事案を、上位次元（法律上の争訟性段階）では法的保護に値するとみなし得る場合に、その下位次元の結論を修正する概念として捉える議論もある（法律上の争訟＝「上位」訴訟要件説）[20]。両説に関しては、これから学習する単元との関連でも注目すべきだろう。

　□■■　**検討問題　法律上の争訟と義務履行確保手段との関係**　□■■

　**判例1**が法律上の争訟に当るとする財産義務履行確保訴訟は、行政上の強制徴収手段がある場合であっても、適法な訴えといえるか。最大判1966（昭41）・2・23民集20巻2号320頁（農業共済組合保険料等請求事件）は、このような場合の上記訴訟を不適法とする判断を示したが（いわゆるバイパス理論）、当該判断は、この種の訴えが法律上の争訟ではないという趣旨なのか。そうでないとすれば、この種の訴訟を排除する訴訟法上の論拠は何か。

■参考文献
・太田匡彦「民事手続による執行」行政法の争点（2014年）96頁
・北村喜宣「行政の実効性確保制度」現代行政法講座編集委員会編『現代行政法講座Ⅰ』（日本評論社、2016年）197頁
・曽和俊文「行政の実効性確保の課題」行政法研究20号（2017年）51頁
・小早川光郎ほか編『論点体系 判例行政法2』（第一法規、2017年）1頁〔山本隆司〕

---

19　阿部泰隆『行政法解釈学Ⅱ』（有斐閣、2009年）81頁。
20　亘理格『行政行為と司法的統制』（有斐閣、2018年）218頁参照。関連して亘理格「法律上の争訟と司法権の範囲」磯部力ほか編『行政法の新構想Ⅲ』（有斐閣、2008年）1頁も参照。

# 2 処分性

岡田正則

1 さまざまな行政活動のうち、なぜ「行政庁の処分」が重要なのか。
2 行政庁の処分に該当するか否か確かめるにはどうすればよいのか。
3 処分性が問題となるのはどのような行政活動か。
4 抗告訴訟と当事者訴訟・民事訴訟はどのように役割を分担すべきか。

■キーワード
処分性、行政庁の処分（行政処分）、行政行為、公権力の行使、事実行為、内部行為、（抗告訴訟の）排他的管轄、実効的な権利救済

■主要判例
**判例1**・大田区ごみ焼却場設置事件：最判1964（昭39）・10・29民集18巻8号1809頁［行政判例百選Ⅱ（第7版）148事件］
**判例2**・労災就学援護費不支給決定事件：最判2003（平15）・9・4判時1841号89頁［行政判例百選Ⅱ（第7版）157事件］
**判例3**・富山県病院開設中止勧告事件：最判2005（平17）・7・15民集59巻6号1661頁［行政判例百選Ⅱ（第7版）160事件］
**判例4**・浜松市土地区画整理事業計画決定事件：最大判2008（平20）・9・10民集62巻8号2029頁［行政判例百選Ⅱ（第7版）152事件］
**判例5**・横浜税関通知事件：最判1979（昭54）・12・25民集33巻7号753頁［行政判例百選Ⅱ（第5版）165事件］
**判例6**・御所町二項道路指定事件：最判2002（平14）・1・17民集56巻1号1頁［行政判例百選Ⅱ（第7版）154事件］
**判例7**・横浜市保育所廃止条例事件：最判2009（平21）・11・26民集63巻9号2124頁［行政判例百選Ⅱ（第7版）204事件］

## 一　行政庁の処分とは

### 1　さまざまな行政活動のうち、なぜ「行政庁の処分」が重要なのか？

（1）**行政庁の処分の具体例**　　最初に、「行政庁の処分」がいかなる行政活動を指すのか、そしてそれが行政救済制度を理解する上でなぜ重要なのかを確かめておこう。

　行政機関は、公共サービスの提供、税金の賦課、公共工事など、私たちの生活に直接関わる活動をさまざまな形で行っている。これらのうち、行政法上で最も重要なのが、「行政庁の処分」と呼ばれる活動である（以下「行政処分」と略称する）。その例として、運転免許の交付、開発許可の付与、税金の賦課、学校法人の認可、建築確認などがある。これらは、行政機関がその相手方に対して権利義務関係を形成ないし確定させる効果を持っており、しかも、相手方の意向とは無関係に、行政機関側が法効果の内容を一方的に決められるしくみを備えている。もちろんその内容は、あらかじめ法律で定められている要件に、相手方（免許の申請者など）の具体的事情を当てはめることによって決定される。例えば、運転免許を得られるか否かは道路交通法の要件に合致した知識と能力を有しているか否かによって決まるのであって、いくら多額の金銭を都道府県公安委員会に積んでも、これを得ることはできない。課税の金額も、納税者と税務署長との合意によって決まるわけではない。行政処分のこうした特徴は法治主義の要請に基づいている。

（2）**行政処分を抗告訴訟の対象とすることの意義**　　上記のような行政処分は、行政側の意思表示によって相手方の権利義務を一方的に決定する効果を持つとともに、決定された法関係を相手方以外の人々に対しても是認させる効果を持つため、行政処分を行う行政機関（＝行政庁）は、十全な事前の手続を踏まなければならない。行政手続法等の手続法制はこのために定められているのである。これと並んで、処分が行われた後についても、特別の手続が必要となる。なぜなら、誤った行政処分がいったん行われた場合、それによって多様な利害関係者や行政機関の間で一定の（誤った）法関係が形成・確定されてしまうので、訴訟を通じてこれを覆す際には、こうした利害関係者や行政機関等に対する影響も公共的な事柄として考慮しなければならないからである。そのための特有のしくみが、行政不服審査法に基づく不服申立てと行政事件訴訟法に基づく抗告訴訟である。そして、訴訟上の手段としては、抗告訴訟だけが、行政処分を是正する途として許容されている。

抗告訴訟には、①行政処分や裁決（不服申立てに対する判断）の取消しを求める取消訴訟、②行政処分の無効等の確認を求める無効等確認訴訟、③申請に対する行政庁の不作為が違法であることの確認を求める不作為違法確認訴訟、④一定の処分の実施を行政庁に対して命ずることを求める義務づけ訴訟、⑤一定の処分を行わないように行政庁に対して命ずることを求める差止め訴訟という5種類の訴えがある。これらは、民事訴訟にはみられない特有の手続や判決効を備えている（行政事件訴訟法23条の2の釈明処分の特則、24条の職権証拠調べ、32条の判決の第三者効、33条の判決の拘束力など）。

（3）行政処分とそれ以外の行政活動との区別　それでは、一定の行政活動が行政処分に該当するか否かはどのような指標によって判断すればよいのであろうか。

例えば、指名競争入札に参加できる事業者になれるか否かの決定（指名）は、行政側が一方的に決めるのであるが、これは行政処分に当たるのであろうか。あるいは、ごみ焼却場のような施設を設置する決定、勧告や要綱等の形式で出される行政指導、物品や事案の処理方針に関する行政側からの通知、行政組織の内部行為である通達の発出や行政機関相互間の同意、行政計画の策定、告示や法令のような規範を定める行為は、行政処分といえるのであろうか。後述の二で、これらの活動が行政処分に該当するか否かを判断するための指標を確かめ、活動の種類に即した検討を行うことにしよう。

ところで、行政処分に該当するか否かが不明な行政活動やこれに該当しないことが明らかな行政活動の違法に対して、どのような訴訟類型を用いて救済を求めることが適切なのであろうか。後述の三で、処分性の拡大というアプローチと当事者訴訟・民事訴訟活用の拡大というアプローチをふまえた上で、訴訟類型相互の役割分担を考察することにしたい。

## 2　行政処分と行政行為は同じ意味か？

（1）「処分」という用語の由来と変容の過程　処分性の判断指標に進む前に、現在生じている問題の歴史的原因を確かめるために、「処分」という用語の由来と変容の過程を説明しておこう。

日常用語での「処分」は、不要品を廃棄する、制裁を行う、というような負のイメージで理解されがちであるが、法制度上の「処分」は、資格を認める、金銭給付の決定をする、などの積極的な意味でも使われる。もともとは「分」に所（処）を与える、つまり社会生活の中で人や物が受け持っている

役割・地位等に対応した取り扱いをするといった意味であった[1]。行政訴訟の対象を行政庁の「処分」と位置付けたのは、1889（明治22）年制定の大日本帝国憲法61条であったが、同条にいう「処分」は、こうした当時の意味に対応していた。例えば、その翌年に制定された行政裁判法は、租税の賦課徴収のような権力的行為だけでなく、水利土木工事のような事実行為や非権力的行為も、行政裁判所の管轄事件となる行政処分として位置付けた（ここにはフランス法の影響がみられる）。

　（2）行政処分と行政行為　　しかし、1900年代に入って「行政行為」という用語が浸透してくると、行政処分の理解が変化した。「行政行為」は、このころ有力になりつつあったオットー・マイヤーの説に基づく、公権力的な法的行為を意味する用語であるが、法律学や法実務でドイツ法の理解が通説化するにつれて、行政処分はこの意味で解釈されるようになり、そして第二次世界大戦後には、「行政処分＝行政行為＝公権力の行使」という理解が通説化するに至った[2]。

　戦後の立法者は、一方で、このような理解に基づいて、1962（昭和37）年に行政事件訴訟法を制定した。同法3条は「事実行為の取消の訴」などの訴訟類型を排除し、法効果を有する行政活動だけを抗告訴訟の対象とする方針を採用したのである（ただし同条2項は、「行政庁の処分」に加えて「その他公権力の行使に当たる行為」もあげることによって公権力的事実行為を包含する可能性を示唆するなど、解釈による処分性拡大の余地を残した）。他方、同年制定の行政不服審査法は、端的に事実行為を「処分」に含めた（同法2条）。これは、戦前の行政裁判所における実務に由来すると考えられる[3]。また、2014（平成26）年の新行政不服審査法は、上記2条に相当する定めを置いていないが、「事実上の行為」に関する審査請求の認容要件を47条で定めることなどによって、公権力的事実行為を包含する従前の「処分」概念を

---

1　中村幸彦ほか編『角川古語大辞典・第三巻』（角川書店、1987年）333頁などの用例を参照。
2　行政処分と行政行為の関係に関する戦前から戦後にかけての解釈の変化については、田中二郎『行政法総論』（有斐閣、1957年）258〜260頁を参照。同書では、「行政行為＝行政処分」という理解はまだ通説とはされていない。
3　これらの立法の経緯については、岡田正則「事実行為の権力性に関する一考察」戒能通厚ほか編『日本社会と法律学（渡辺洋三先生追悼論集）』（日本評論社、2009年）223頁。

維持している。

　さて、行政事件訴訟法が上述のようにして事実行為や非権力的行為を抗告訴訟の対象から除外してしまった結果、行政の行為形式が多様化している現代的法状況の下で、抗告訴訟を通じた救済が過度に限定される事態となっており、それゆえに、処分性の拡大が必要とされているのである[4]。付言すれば、国家賠償法1条の"「公権力の行使」には非権力的行政活動が含まれる"という——およそ日本語としては成り立ちえないような——解釈が受け入れられている理由も、同様に、国賠法の適用対象拡大の必要性が考慮された結果であると考えられる。

## 二　処分性（行政処分該当性）の検討

### 1　行政処分に該当するか否か確かめるにはどうすればよいのか？

　では、処分性の判断指標は何か、どのような行政活動が限界事例として問題になるのかを確かめてみよう。

　処分性の判断指標を判例として示したのが**判例1**である。これによれば、「行政庁の処分とは、……公権力の主体たる国または公共団体が行う行為のうち、その行為によって、直接国民の権利義務を形成またはその範囲を確定することが法律上認められているものをいう」とされている。この判示部分は今日でも引用されるが、その意味は必ずしも明瞭ではない。今日の一般的な理解によれば、おおむね次の3つの指標に整理できる（**図表2-1参照**）。

　第1に、一方性（公権力性）である。すなわち、国・公共団体が優越的な主体としての立場を法律で与えられている場合に、行政機関がその意思表示を行うことによって、相手方の同意の有無とは無関係に所定の法効果を発生させる点である。これは、双方の意思の合致を要件とする契約とは本質的に異なる要素である。行政事件では、諸種の給付や施設利用の申請に対する行政機関の応答が処分なのか、あるいは契約の意思表示なのかが問題となる。

　第2に、その行為によって法効果が生じることである。当該法効果は、まず形式の面で、行政組織の外部に対する効果であること、次に性質の面で、単に事実上の効果にとどまらず法的な効果も有すること、そして程度の面で、

---

[4]　岡田正則「行政処分・行政行為の概念史と行政救済法の課題」岡田『国の不法行為責任と公権力の概念史』（弘文堂、2013年）第1部第3章。

付随的な程度を超える効果を有すること、が必要だと解されている。すなわち、行政組織内部の行為、事実行為、あるいは付随的法効果しか生じない行為は、行政処分とはみなされないのである。

第3に、個別具体性・直接性である。形式面に着目すれば、特定の相手方を表示して行われるような行為であれば、個別具体性が認められる。また、性質面に着目すれば、当該行為そのものによって法効果が発生し、他の行政処分の介在を必要としないような場合に、直接性が認められる。これに対して、法令や条例の制定行為のように、名宛人がない行為や、規制区域の設定のように、違反者に対する規制権限の発動をもって初めて法関係の変動が生じる種類の行為は、行政処分とはみなされないのである。

理論的には、以上のように整理できるが、実際には多数の限界事例が存在する。以下、近年の判例を参照しながら、各指標を検討してみよう。

**図表2-1　処分性の判断指標**

| 行政処分 | 行政処分に該当しない行政活動 |
| --- | --- |
| 一方性 | ⟷ 双方性(契約) |
| 法効果 | ⟷ 内部効果(内部行為)、事実上の効果(事実行為)、付随的効果(計画など) |
| 個別具体性・直接性 | ⟷ 抽象性(法令等の制定行為)、間接性(後続の処分で相手方を特定する行為) |

## 2　一方性の有無が問題となるのはどのような行政活動か?

**(1) 民事上の契約**　"社会契約"という用語が示すように、19世紀初め頃までは、公共的な社会関係も"契約"に基づいて形成・確定されるものと考えられていた。例えば、独占的な営業権の付与や帰化の許可、あるいは官吏の採用もそのように解されていた。しかし、19世紀を経る中で、契約の自由が私的自治と不可分に結びついているとみなされるようになったため、公共的な関係の形成・確定には別個の形式が求められた。特に、広範囲の人々に対して法関係を画一的に形成・確定する行為や、多様な利害関係者に対して1個の意思表示で法関係を形成・確定させる行為については、公正・平等・効率性等の観点から、行政主体に優越性(法関係の一方的な形成・確定の権限)を認めることが要請された。

こうして一方では"民法の私法化"が完遂され、他方で行政に特有の法体

系が構築されることになった。国や公共団体の活動のうち、民法上の規律に基づく売買や請負の契約、あるいは水道供給や公営住宅の契約は財産権の主体としての活動であるから、行政処分ではないと解されている。今日ではこの点に関する異論はみられない。私たちがよく考えなければならないのは、行政活動の中には、行政に特有の公共目的を実現するための活動でありながら、公権力的とはいえない活動も存在する点である。財産権の主体か、さもなければ公権力の主体か、という二分法の思考は見直されなければならない（本書1参照）。

（２）**行政サービス・施設の提供、補助金の給付、委託**　行政に特有の公共目的を実現するために契約の形式を用いている例として、行政サービス・施設の提供、補助金の給付、委託の場合などがある。

行政サービス・施設の提供については、法令が自由使用（道路・公園など）や許可（申請に対する処分）の形式を定めていることもあるが、水道・ガス等の生活基盤施設の利用や福祉サービス利用の分野では、契約の形式をとっていることが多い。補助金給付も契約に基づくものと解されている。ただし、給付等の決定に関わる争いに関し行政不服審査法や行政手続法が適用される仕組みとなっている場合、当該決定は処分とみなされている[5]。

行政規則である要綱に基づく補助金給付等の決定は、「法律上認められているもの」とはいえないので、契約の応諾と解されている。この点をいくぶん修正したのが**判例2**である。この判決の中で最高裁は、労働者災害補償保険法を「労働者が業務災害等を被った場合に、政府が、［同］法第3章の規定に基づいて行う保険給付を補完するために、労働福祉事業として、保険給付と同様の手続により、被災労働者又はその遺族に対して労災就学援護費を支給することができる旨を規定しているもの」と解した上で、要綱に基づく社会保険給付（労災就学援護費）の不支給決定について、労災保険という法制度の仕組みに鑑みて、形式上要綱で定められているとしても、法令上の決

---

5　最大判1970（昭45）・7・15民集24巻7号771頁（供託金取戻し請求事件）は、弁済供託は民法上の寄託契約の性質を有するが、供託官が特別の権限を有する点および特別の不服審査手続が設けられている点を根拠として、供託官の却下決定を処分とみなした。また、東京高判1980（昭55）・7・28行集31巻7号1558頁（摂津訴訟控訴審判決）は、補助金適正化法上の交付決定について、行政不服審査法に基づく救済の可能性があることを根拠として、処分性を認めた。

定であり、処分性を有するという判断を示した。

行政事務を民間事業者に委託する場合にも、契約の形式が用いられる。ごみ収集事務の委託、児童養護施設への要保護児童の委託、公共施設管理の委託などである。委託先の決定やその取消しは、契約の準備行為であるとして、処分とはみなされていない。例えば、最判2011（平23）・6・14LEX/DB25443473（紋別市福祉施設民間移管不選定通知事件）は、民間移管方式の事案における「決定に至らなかった」旨の通知について処分性を否定した。

（3）**行政主体に特有の契約**　行政主体が事業者との間で締結する公害防止協定や災害防止協定は、行政主体に特有の契約であって、財産権の主体としての契約ではない。こうした協定に基づく義務の履行請求は法的拘束力を持つのであろうか。例えば、法治主義の原則によれば、一定の場合に事業活動の停止を求める権限は、法令によって処分の権限として創設されるべきものであるので、契約に基づくこの種の権限行使には法的効力が認められない——紳士協定としての効力にとどまる——はずである。最判2009（平21）・7・10判時2058号53頁（旧福間町公害防止協定事件）は、この点について、事業者の自由な判断に基づく協定に法的拘束力を認めた。つまり、財産権の主体と公権力の主体との中間に、非民事的で非権力的な行政主体の立場がありうること、そしてその立場での行政活動に関わる紛争の解決には、抗告訴訟以外の訴訟類型を活用できることを示したのである。

## 3　法効果の有無が問題となるのはどのような行政活動か？

（1）**内部行為、行政機関相互の行為**　行政組織の内部にしか効果の及ばない決定等は、権利義務に影響を及ぼさないという理由で、処分性がないと解されている。しかし実際には、その決定等が行政外部の者の法関係を左右する事態がしばしば生じる。

まず、ある行政機関が他の行政機関に対して与える「同意」を検討してみよう。最判1959（昭34）・1・29民集13巻1号32頁（東山村消防長同意取消事件）は、建築許可を得るために必要となる消防長の同意について、「知事に対する行政機関相互間の行為であつて、これにより対国民との直接の関係においてその権利義務を形成し又はその範囲を確定する行為とは認められない」と判示して、その処分性を否定した。この同意がなければ建築不許可処分がなされるので、これに対する取消訴訟を提起すればよい、というのが判旨である。しかし、後述の、実効的な権利救済を掲げる近年の最高裁の立場

からみると、修正が必要であると思われる。すなわち、同意書が添付されていない申請は、「申請の形式上の要件に適合しない申請」（行政手続法7条）として処分庁から補正を求め続けられることになるので、許可するか否かの判断にたどり着くのが困難であること、および不許可処分にたどり着いたとしても遅すぎる可能性が高いこと、などを考慮すると、不許可の判断が実質上確定する同意拒否の時点で救済の途を開くべきだと考えられる。

次に、法律上の「認可」であっても、それが上級・下級の行政機関間で行われるものであるときは、行政処分に当たらないと解されている。最判1978（昭53）・12・8民集32巻9号1617頁（成田新幹線事件）は、運輸大臣が行った日本鉄道建設公団に対する工事実施計画の認可について、「本件認可は、いわば上級行政機関としての運輸大臣が下級行政機関としての日本鉄道建設公団に対しその作成した本件工事実施計画の整備計画との整合性等を審査してなす監督手段としての承認の性質を有するもので、行政機関相互の行為と同視すべきものであり、行政行為として外部に対する効力を有するものではな［い］」と判断して、当該認可の処分性を否定した。しかし、この判決は、公団が国から独立した法人格を有する意義を軽視しており、今日の視点からみれば、行政権内部の関係を広く"政府関係機関"との関係にまで及ぼす同判決の解釈は見直されなければならないであろう。

さらに、公務員に対して一定の行為を求める訓令・通達や職務命令は行政処分ではないとされている[6]。しかし、職務命令の中には職員個人の身分や勤務条件に係る権利義務に直接影響を及ぼすものもある。この種の職務命令については、外部的効果を有するものとして、処分性を認めるべきであろう[7]。

なお、行政不服審査法に基づく執行停止決定（不開始の決定）について、東京地判2016（平28）・11・29判タ1445号189頁は、当該決定が暫定的措置としてされる付随的処分であるとしても、裁決による処分取消しと同様の法効果を一定期間について発生させるものだとして、その処分性を認めた。

（2）**事実行為**　　事実行為は、公共工事（物理作用）や行政指導（精神作用）のような法効果を持たない行政活動である。

---

6　後述の最判2012（平24）・2・9（日の丸・君が代予防訴訟）は、君が代斉唱時における教職員の起立や斉唱を定めた通達について、「特定の教職員に条件付きで懲戒処分を受けるという法的効果を生じさせるものである」として処分性を認めた原審の判断を覆し、その処分性を否定した。

公共工事の一種であるごみ焼却場の設置行為について、**判例1**は、これを内部行為（議会への設置計画案の提出、議会の議決）と私法上の契約とに分解し、いずれについても「直接国民の権利義務を形成しまたはその範囲を確定することが法律上認められているもの」という定義から外れるという理由で、当該行為の処分性を否定した。しかし、下級審では、必ずしも法効果の有無にとらわれることなく、実効的な権利救済の観点から処分性を判断する例もみられた（歩道橋設置行為の処分性を認めた東京地決1970（昭45）・10・14行集21巻10号1187頁（国立歩道橋事件）など）。

　思いがけない形で事実行為の処分性を認めたのは、最判1993（平5）・2・25民集47巻2号643頁（厚木基地第1次訴訟）である。同最判は、「自衛隊機の運航に関する防衛庁長官の権限の行使は、その運航に必然的に伴う騒音等について周辺住民の受忍を義務づけるもの」だという理由で、自衛隊機の運航を、民事差止請求の対象とはならない行政処分だと判断した。最判2016（平28）・12・8民集70巻8号1833頁（厚木基地第4次訴訟）は、自衛隊機の運航を法定抗告訴訟による差止請求の対象になる処分と位置づけた[8]（本書14も参照）。

　行政指導の処分性については、**判例3**が重要である。県知事が出した病院開設中止勧告（行政指導）について、最高裁は、医療法・健康保険法の"仕組み"を確かめた上で、当該勧告が相当程度の確実さをもって保険医療機関としての指定の拒否（行政処分）という結果をもたらすことを理由として、処分性を認めた。すなわち最高裁は、「医療法及び健康保険法の規定の内容やその運用の実情に照らすと、医療法30条の7の規定に基づく病院開設中止の勧告は、医療法上は当該勧告を受けた者が任意にこれに従うことを期待してされる行政指導として定められているけれども、当該勧告を受けた者に対し、これに従わない場合には、相当程度の確実さをもって、病院を開設しても保険医療機関の指定を受けることができなくなるという結果をもたらすもの」とし、「いわゆる国民皆保険制度が採用されている我が国においては、……保険医療機関の指定を受けることができない場合には、実際上病院の開設自体を断念せざるを得ないことになる」という点を挙げて、勧告自体には

---

7　塩野宏『行政法Ⅲ：行政組織法（第4版）』（有斐閣、2012年）316〜317頁。上記最判もこのような解釈を示唆している。

8　控訴審の東京高判2015（平27）・7・30民集70巻8号2037頁は同様の判断枠組みで差止請求を認容したが、上記最判はこれを棄却した。

法効果を認めないにもかかわらず、当該勧告が指定拒否の効果を実質上先取りしている点および早期の権利救済が必要である点を重視するという"仕組み解釈"を行うことによって、その処分性を肯定したのである。

なお、行政指導や通達による義務の賦課に対する有効・適切な争訟方法として、最判2012（平24）・2・9民集66巻2号183頁（日の丸・君が代予防訴訟）は、当該義務の不存在確認を求める実質的当事者訴訟を示している。

（3）**行政計画**　かつて判例とされていた最判1966（昭41）・2・23民集20巻2号271頁（高円寺土地区画整理事業計画事件）は、土地区画整理事業計画決定を「青写真たるにすぎない一般的・抽象的な単なる計画にとどまるもの」とし、またこれにともなう権利制限等については「付随的な効果にとどまるもの」と解して、その処分性を否定した。**判例4**は、上記判例を明示的に変更し、「施行地区内の宅地所有者等は、事業計画の決定がされることによって、……規制を伴う土地区画整理事業の手続に従って換地処分を受けるべき地位に立たされるものということができ、その意味で、その法的地位に直接的な影響が生ずるもの」だと判示して、当該決定の処分性を肯定した。土地区画整理法に関する"仕組み解釈"に基づいて、当該決定と後続の仮換地の指定や換地処分等との結びつきを認め、実効的な権利救済の考慮を加えて、結論を導いている。このような判断の萌芽は、市街地再開発事業計画決定に処分性を認めた最判1992（平4）・11・26民集46巻8号2658頁でも示されていた。同最判は、当該決定に土地収用法上の事業認定と同一の法効果があると認めて、処分性を肯定したのである。

なお、**判例4**は、「完結型」計画決定（用途地域指定など、後続処分をともなわないもの）と「非完結型」計画決定（土地区画整理事業計画決定など、後続処分がともなうもの）を区別し、後者に限って処分性を認める趣旨だと解されている。

（4）**準法律行為的行政行為**　確認・公証・通知・受理といった行政活動は、行政行為の分類論では準法律行為的行政行為とされ、単なる認識の表示であって新たな法効果を生じさせないという理由で、処分性を否定されることが多い。しかし今日では、建築確認は行政処分とみなされ、また一定の（申請類似の）届出については受理の拒否が処分と位置付けられている[9]。公証行為（証明書交付・交付拒否）を行政処分とみなすか否かについては、判例上明確ではないと思われる[10]。

通知の処分性については**判例5**が先例である。**判例5**は、「関税定率法に

よる通知等は、……もともと法律の規定に準拠してされたものであり、かつ、これにより上告人に対し申告にかかる本件貨物を適法に輸入することができなくなるという法律上の効果を及ぼすものというべきである」と判断して当該通知に処分性を認めた。この後、最判2004（平16）・4・26民集58巻4号989頁（冷凍スモークマグロ食品衛生法通知事件）は違反通知によって輸入許可を受けられなくなる点に、最判2005（平17）・4・14民集59巻3号491頁（登録免許税還付拒否通知事件）は拒否通知によって簡易迅速な還付手続を利用できなくなる点に、最判2012（平24）・2・3民集66巻2号148頁（土壌汚染対策法施設廃止通知事件）は施設廃止通知によって調査・報告義務が発生する点に法効果を認めて、各通知の処分性を肯定している。

**4　個別具体性・直接性の有無が問題となるのはどのような行政活動か？**
**（1）行政立法・条例制定などの法令制定行為、一般処分**　法令・条例の制定行為や一般処分（住民全体に対する規制行為など）は、その法効果が一般的・抽象的だという理由で処分性が否定されている。この点に関して注目すべきは、**判例6**と**判例7**である。

**判例6**の原審は、県告示による二項道路（建築基準法42条2項のみなし道路）の一括指定について、これを一般的基準の定立行為であるから、告示自体によって私権の制限は生じていないとして、処分性を否定した。これに対して判例6は、一括指定であっても個別指定の場合と同様に建築の制限や私道の変更・廃止の制限といった私権制限の法効果が敷地所有者に生じることから、「2項道路の指定は、それが一括指定の方法でされた場合であっても、個別の土地についてその本来的な効果として具体的な私権制限を発生させる

---

9　最判2003（平15）・6・26判時1831号94頁（住民転入届不受理事件）、最決2014（平26）・4・14民集68巻4号279頁（親権者変更届出不受理事件）。また、名古屋高判2015（平27）・11・12判時2286号40頁は、土地家屋調査士法に基づく懲戒申出に対し懲戒処分を行わないとの地方法務局長の決定について、同局長には応答義務があるとして、当該決定を拒否処分とみなした。
10　例えば、最判1996（平8）・10・8訟月44巻5号759頁（農地競売買受適格証明書交付事件）は、土地の買受適格証明書の交付の処分性を否定したが、後述の最判2004（平16）・4・26は、食品衛生法違反通知が「食品等輸入届出済証を交付しないと決定したことを通知する趣旨のもの」であるという理由で処分性を認めている。

ものであり、個人の権利義務に対して直接影響を与えるものということができる」として、告示による一括指定を行政処分に当たると判断した。

　また、条例改正による公立保育所廃止が問題とされた**判例7**は、「条例の制定は、……一般的には、抗告訴訟の対象となる行政処分に当たるものでないことはいうまでもないが、本件改正条例は、本件各保育所の廃止のみを内容とするものであって、他に行政庁の処分を待つことなく、その施行により各保育所廃止の効果を発生させ、当該保育所に現に入所中の児童及びその保護者という限られた特定の者らに対して、直接、当該保育所において保育を受けることを期待し得る上記の法的地位を奪う結果を生じさせるものであるから、その制定行為は、行政庁の処分と実質的に同視し得るものということができる」として、当該条例制定行為を行政処分とみなした。

　これらはいずれも、制定行為によって法効果が一定範囲の者に生じることとともに、他の行政処分を待つことなくその効果が生じることに着目して、処分性を認めている。

　（２）**行政計画**　　行政計画は行政活動の指針・基準でもあるので、その決定は法令の制定行為に類似している。**判例4**はこの点も考慮して、「[区画整理]事業計画の決定に伴う法的効果が一般的、抽象的なものにすぎないということはできない」と判示して、その処分性を肯定した。

## 三　処分性と実効的な権利救済

### 1　最高裁はなぜ「実効的な権利救済」に言及するのか？

　最後に、処分性の拡大というアプローチの必要性を確かめた上で、抗告訴訟と他の訴訟類型との役割分担を考察することにしたい。

　二で解説したように、最高裁は、2004年の行政事件訴訟法改正後、おおむね処分性を拡大する解釈を採用し、それまでの判例を修正または変更してきている。そしていくつかの判決においては、実効的な権利救済という視点から処分性を肯定すべき旨も説いている。例えば、**判例3**では、指定拒否処分を受けた後にその取消訴訟を提起しても「実際上病院の開設自体を断念せざるを得ないことになる」点、**判例4**では、換地処分等に至った段階での救済では事情判決がされる可能性が高く、権利侵害に対する救済とはならない点、**判例7**では、当事者だけの解決では救済を得られないので、第三者効が認められている取消訴訟において条例の適法性を争うことに合理性がある点を考慮

して、限界事例に当たるような行政活動について処分性を認めているのである。

最高裁のこのような姿勢を理解するためには、次のような藤田宙靖裁判官の指摘[11]に注目すべきであろう。すなわち、同裁判官は、まず、**判例1**が示した「従来の公式」においては「行政事件訴訟法3条にいう『行政庁の処分』とは、実質的に講学上の『行政行為』の概念とほぼ等しいものとされている」と述べた上で、今日の複雑化した行政法関係の下では行政活動のメカニズムに即して問題の解決が図られなければならないという理由から、取消訴訟以外で争うことができないものについては、「従来の公式」にとらわれることなく、当該活動を「行政庁の処分」とみなすべきだとしているのである。

前述一2および上述の通り、実体法上の「行政行為」概念を基準として抗告訴訟の対象（行政処分）を画定しようとすると、その対象があまりにも狭小になってしまう。そこで救済法の視点から、「行政行為」に該当しない行政活動であっても、抗告訴訟を通じた救済が適切だと位置付けられるものについては、行政処分に該当するとみなして、その対象を拡大することが必要になる。最高裁が「実効的な権利救済」に言及する理由は、このような処分性拡大の必要性を説明する点にあるといえるであろう。

## 2 抗告訴訟と当事者訴訟・民事訴訟はどのように役割を分担すべきか？

処分性を拡大する上記のようなアプローチに対し、「処分」概念を純化し当事者訴訟・民事訴訟の活用拡大を通じて実効的な権利救済を図るべきだとするアプローチも有力である。不明確な部分の多い「処分」概念を限定することによって原告側の「訴訟類型選択負担」を軽減する、という点にその主眼がある[12]。2004年の行政事件訴訟法改正において「公法上の法律関係の確認に関する訴え」が4条に明示されたことは、後者に即したものである。すなわち、「抗告訴訟の対象とならない行政の行為も含む多様な行政の活動によって争いの生じた権利義務などの公法上の法律関係について、確認の利益が認められる場合に、確認訴訟の活用を図る」[13]というのがその趣旨であって、

---

11 最判2005（平17）・10・25判時1920号32頁（茨城県病床数削減勧告事件）。
12 議論の動向を含め、高木光『行政訴訟論』（有斐閣、2005年）62〜74頁、101〜136頁、橋本博之『行政判例と仕組み解釈』（弘文堂、2009年）207〜210頁参照。
13 小林久起『司法制度改革概説3：行政事件訴訟法』（商事法務、2004年）16〜17頁。

具体的には、行政立法、行政計画、通達、行政指導など、抗告訴訟の対象には該当しないとされてきた行政作用をめぐる紛争について、実質的当事者訴訟の確認訴訟を活用して解決を図るべきことが立法的に示されたのである。最高裁も、最大判2005（平17）・9・14民集59巻7号2087頁（在外邦人選挙権事件）や前述の最判2012（平24）・2・9（日の丸・君が代予防訴訟）などにおいて、実質的当事者訴訟（確認訴訟）の活用を積極的に肯定している。最判2006（平18）・7・14民集60巻6号2369頁（旧高根町水道事業条例事件）や前述の最判2009（平21）・7・10判時2058号53頁（旧福間町公害防止協定事件）のように民事訴訟で解決を図った例もある。

　それでは、抗告訴訟と当事者訴訟・民事訴訟とはどのように役割を分担すべきなのであろうか。私の考えでは、これらは重畳的に用いられてよい。訴訟当事者以外の第三者を含めた包括的な紛争解決が必要な場合には、抗告訴訟を広く容認すべきであり、その他の場合には、行政事件訴訟法4条改正の趣旨に即して、当事者訴訟・民事訴訟を活用すべきであろう。

□■■　検討問題　処分性拡大論と処分性純化論　□■■

　開発許可手続における公共施設管理者の同意（都市計画法32条）について、最判1995（平7）・3・23民集49巻3号1006頁（盛岡市公共施設管理者同意拒否事件）は「同意を拒否する行為それ自体は、開発行為を禁止又は制限する効果をもつものとはいえない」として、同意拒否の処分性を否定しているが、それはいかなる論理に基づく判断か。また、この同意拒否を違法だとして争う場合、どのような救済の途が考えられるか。処分性拡大論と処分性純化論の双方の立場から検討しなさい。

■参考文献
・高木英行「処分性判断における仕組み解釈」法時90巻8号（2018年）48頁
・岡田正則『国の不法行為責任と公権力の概念史』（弘文堂、2013年）第1部第3章
・山本隆司『判例から探究する行政法』（有斐閣、2013年）312〜422頁
・橋本博之『行政判例と仕組み解釈』（弘文堂、2009年）第1章・第2章
・高木光『行政訴訟論』（有斐閣、2005年）第2部第1章・第3部第1章

# 3 原告適格

本多滝夫

1 取消訴訟ではなぜ原告適格が問題となるのか。
2 処分の相手方以外の者の原告適格にはどのような考え方があるのか。
3 最高裁判所は、行訴法9条2項をどのように運用しているのか。

■キーワード
原告適格、法律上の利益、法律上保護された利益、一般的公益、個別的利益

■主要判例
**判例1**・小田急線高架化事件（訴訟要件）：最大判2005（平17）・12・7民集59巻10号2645頁［行政判例百選Ⅱ（第7版）165事件］
**判例2**・伊達火力発電所事件：最判1985（昭60）・12・17判時1179号56頁［行政判例百選Ⅱ（第5版）169事件］
**判例3**・長沼ナイキ基地訴訟：最判1982（昭57）・9・9民集36巻9号1679頁［行政判例百選Ⅱ（第7版）177事件］
**判例4**・公衆浴場法距離制限事件：最判1962（昭37）・1・19民集16巻1号57頁［行政判例百選Ⅱ（第7版）166事件］
**判例5**・新潟空港訴訟：最判1989（平1）・2・17民集43巻2号56頁［行政判例百選Ⅱ（第6版）170事件］
**判例6**・もんじゅ行政訴訟（原告適格）：最判1992（平4）・9・22民集46巻6号571頁［行政判例百選Ⅱ（第7版）162事件］
**判例7**・サテライト大阪事件：最判2009（平21）・10・15民集63巻8号1711頁［行政判例百選Ⅱ（第7版）167事件］

## 一　原告適格の意義

### 1　取消訴訟ではなぜ原告適格が重要な問題となるのか？

（1）**民事訴訟の当事者適格**　取消訴訟の原告適格とは、個別具体の事件において取消訴訟を提起する資格のことである。民事訴訟においても当事者適格のうち原告たりうる資格は原告適格と呼ばれる。もっとも、民事訴訟では、訴訟物との関係において原告適格は判断される。したがって、原告が給付訴訟において請求権を、形成訴訟において形成権を有するかどうかは本案の問題であって、原告適格の有無が独自の訴訟要件の問題となるわけではない。また、確認訴訟では、権利または地位の確認を求める者が原告適格を有するかどうかの問題は確認の利益の有無の問題に吸収されるので、ここでも原告適格の有無が独自の訴訟要件として問題とされることはない。

（2）**取消訴訟の原告適格の特質**　これに対して、取消訴訟の原告適格は、訴訟物との関係では容易に決せられない。というのは、形成訴訟の訴訟物となる、国民の側から処分を取り消す権限ないし権利（実体法上の形成権）および裁判所に処分の取消しを求める権利（裁判上行使することを要する形成権）を定めた規定が個々の行政作用法には存在しないからである。このように訴訟物となるべき実体法上の権利ないし形成要件が存在しないにもかかわらず、一般的な制度として取消訴訟制度が設けられている。その理由は、処分が法律に違反している場合には当該処分の効力には欠缺がある以上、その効力を遡及的に覆滅する制度の存在が法治主義を実現する上で必要不可欠だと考えられているからである。これを論理的な前提とし、処分の違法性を訴訟物とする取消訴訟制度を定める法律（＝行政事件訴訟法）が、当該処分と有意な関係にある国民に、当該違法の主張を認め、その違法の確定とそれに基づく処分の取消しを求めることができる訴訟法上の権利として取消請求権を設定しているのである[1]。したがって、取消訴訟の原告適格の有無の問題は、「誰が処分の取消しを求めるに適切な資格を有するのか」といった立法政策に依存している[2]。

（3）**行政事件訴訟法の立法政策**　行政事件訴訟法（以下「行訴法」という）は、抗告訴訟の一類型である取消訴訟については「当該処分……の取

---

[1]　参照、雄川一郎『行政争訟法』（有斐閣、1957年）59頁。
[2]　参照、塩野宏『行政法Ⅱ（第5版補訂版）』（有斐閣、2010年）124頁。

消しを求めるにつき法律上の利益を有する者……に限り提起することができる。」（行訴 9 条 1 項）と定めているのに対して、民衆訴訟については「国又は公共団体の機関の法規に適合しない行為の是正を求める訴訟で、……自己の法律上の利益にかかわらない資格で提起する」もの（行訴 5 条）と定めている。これら 2 つの規定は、取消訴訟も民衆訴訟も法規に適合しない処分ないし行為に関する訴訟であるという点に共通性がありつつも、行政事件訴訟には主観訴訟と客観訴訟の区分があることに照らして（本書16を参照）、主観訴訟である取消訴訟の原告適格を有する者と客観訴訟である民衆訴訟の原告適格を有する者とを明確に区別する趣旨に出たものである[3]。したがって、行訴法 9 条 1 項は、少なくとも、処分に不服がある者であれば何人にも原告適格を認めるといった立法政策に基づくものではないといえよう。

　他方で、取消訴訟もまた主観訴訟＝「法律上の争訟」であり、「裁判を受ける権利」（憲32条）の制約に服する。したがって、行訴法 9 条 1 項は、原告適格を極端に限定する立法政策に基づくものでもない。

　そうすると、取消訴訟の原告適格を有する者の範囲については、原告に「裁判を受ける権利」があることを前提としつつ、民衆訴訟に至らない限度において、裁判所が、一定の司法政策に基づいてこれを決定しているといってよい。

## 2　原告適格の有無が問題となる者は誰か？

　（1）**処分の名あて人**　　処分の名あて人については原告適格の有無は原則として問題とならない。なぜならば、処分の名あて人の権利または法的地位の侵害は、処分を定める行政法規に基づく本来的効果によって生ずるものであって、当該処分の取消しはその権利または法的地位の回復の効果を有する以上、処分の名あて人は、当然に「処分の……取消しを求めるにつき法律上の利益を有する者」、すなわち原告適格を有する者であるからである。

　（2）**処分の名あて人以外の者**　　処分の名あて人以外の者の権利または法的地位の侵害は、処分を定める行政法規に基づく本来的効果によって生ずるものもあれば、そうでないものもあるから、処分の名あて人以外の者は、「処分の……取消しを求めるにつき法律上の利益を有する者」であるとは直ちに評価できない。したがって、取消訴訟の原告適格の有無が問題となるの

---

3　参照、杉本良吉『行政事件訴訟法の解説』（法曹会、1963年）37頁。

は、処分の名あて人以外の者である。

処分の名あて人以外の者には、①処分の名あて人ではないが、処分の本来的効果によって権利または法的地位の侵害を受ける者（例：事業認定によって収用される地位に立つ起業地内の土地所有者）、②処分の名あて人ではなく、処分の本来的効果によって権利または法的地位の侵害を受けてはいない者（例：許認可等を受けた者の事業活動に起因して不利益を被る者）、③特定の名あて人がない処分であって、処分の本来的効果によって権利または法的地位の侵害を受ける者（例：2項道路の指定によってセットバック義務を負う者）、④特定の名あて人がない処分であって、処分の本来的効果によって権利または法的地位の侵害を受けない者（例：道路の供用廃止によって生活上の不利益を被る者）がいる。これらの者のうち、①と③は、処分の名あて人と同様に、「処分の……取消しを求めるにつき法律上の利益を有する者」と評価して差し支えない（処分の名あて人ならびに①および③に該当する者を、以下「処分の相手方」という）。判例も、この点を問題とはしない[4]。

そこで、問題となるのは、②と④に該当する者である（上記の「処分の相手方」に当たらない者という趣旨で、以下「処分の相手方以外の者」という）。処分の相手方以外の者を処分の取消しを求めるにつき法律上の利益を有する者であるとはただちに評価しがたい。

ところで、処分を通じて行政庁が実現しようとする一般的公益は、国民一般が均しく享受する利益であるとしても、個々の国民ないし集団にとってはその内容は必ずしも一様ではない。例えば、都市計画道路の建設のための都市計画事業認可は、都市計画道路の敷地の所有者の権利、道路の沿線の住民の生活環境上の利益、道路を利用する運送事業者の経済的利益などを考慮して決定された都市計画に従って行われる。このように、処分によって影響を受ける利益の内容は極めて多様であり、かつ、相互に競合し対立している。一般的公益は先験的に存在しているのではなく、処分をする際に行政庁においてこれらの利益を考慮し、衡量した結果として、当該処分において実現さ

---

[4] 参照、最判1992（平4）・11・26民集46巻8号2658頁（第二種市街地再開発事業計画決定は土地収用法上の事業認定と同一の法効果を有し、同決定により施行地区内の所有者等は自己の所有地等が収用されるべき地位に立たされる）、最判2002（平14）・1・17民集56巻1号1頁（2項道路の指定は個別の土地についてその本来的効果として具体的な私権制限を発生させる）。

れるべきものとして導出されるのである。このようにしてみると、一般的公益を構成する利益を有する個々の国民ないし集団には、行政庁が処分において考慮すべき利益を有する者としての法的地位があるといえよう。そして、処分によってこのような法的地位が侵害された場合には、当該処分の取消しを通じて当該法的地位の回復を図ることができるのであれば、その者に対して当該処分の取消訴訟の原告適格を認めてもよいということになる。

もっとも、このような法的地位を有している者すべてに処分の取消訴訟の原告適格を認めるならば、原告適格を有する者は広範にわたることになり、処理能力をはるかに超える事件が裁判所に係属するおそれがあるだけでなく、取消訴訟が実質的に民衆訴訟化するおそれがある。そこで、一般的公益を構成する利益の析出の基準とは別に、このような法的地位を有している者のうち一定の条件を充たす者にのみ原告適格を認めるのが司法政策上適当である。それでは、その一定の条件とは何であろうか。これが、処分の相手方以外の者の原告適格の有無の判断基準の設定に関する問題の核心である。

## 二　処分の相手方以外の者の原告適格の有無の判断基準と判定方法

### 1　処分の相手方以外の者の原告適格にはどのような考え方があるのか？

処分の相手方以外の者が当該処分の取消訴訟の原告適格を有するか否かを判断する基準については、大きく分けて、「法律の保護する利益説」と「保護に値する利益説」といった、2つの説の対立がある[5]。

**（1）法律の保護する利益説**　法律の保護する利益説は、処分を規制する法規範（特に処分の根拠法規）に着目し、それがもっぱら一般的公益の保護を目的とする規定なのか、それとも特定範囲の個人の利益の保護をも目的としているのかという法目的を基準にして判断する説である。この説に従えば、原告が原告個人の保護規定の違反を主張しているならば、法律の保護法

---

5　原告適格をめぐる両説の対抗関係は、原田尚彦の指摘を嚆矢とする。「行政事件訴訟における訴えの利益」公法37号（1975年）（同『環境権と裁判』（弘文堂、1977年）270〜303頁所収）。なお、「法律の保護する利益説」は「法律上保護されている利益説」、「法律上保護された利益説」、「保護規範説」、「保護に値する利益説」は「法律上保護に値する利益説」、「裁判上保護に値する利益説」、「法的保護に値する利益説」とも呼ばれ、説の呼称は教科書によって異なる。参照、宇賀克也『行政法概説Ⅱ：行政救済法（第6版）』（有斐閣、2018年）187〜188頁。

益を主張するものとして原告適格が認められる反面、公益規定ないし第三者の保護規定違反のみを主張しているにすぎないときには、原告はたとえ違法な処分により事実上の不利益を受けていても、それは反射的利益の侵害にすぎないとの理由で、原告適格は認められないことになる。

（2）**保護に値する利益説**　保護に値する利益説は、処分の根拠法規ではなく、原告が現実に受ける不利益の性質、程度など利害の実態に着目し、紛争事実の実態や利益状態を分析し、ケースごとに救済の必要性を勘案して原告適格の有無を判断する説である。この説に従えば、原告の被る被害が原告を一般国民から区別して裁判で保護するに値する（その者に訴訟手続を利用させるに足る）真摯かつ実質的な内容を備えた具体的個別的利益として評価できる場合には原告適格が認められることになる。

裁判実務は、法律の保護する利益説に立ちつつも、原告が救済を求めている利益の侵害の態様および程度を勘案して、事実上、保護に値する利益説を吸収してきた（後記2（2）参照）。

## 2　最高裁判所はどのような判断基準・判定方法をとっているのか？

（1）「法律上保護された利益」の意義　最高裁判所は、**判例1**において、原告適格を次のように定義している（なお、この定義は**判例5**においてすでに示されたものである）。

「行政事件訴訟法9条は、取消訴訟の原告適格について規定するが、同条1項にいう当該処分の取消しを求めるにつき『法律上の利益を有する者』とは、①当該処分により自己の権利若しくは法律上保護された利益を侵害され、又は必然的に侵害されるおそれのある者をいうのであり、②当該処分を定めた行政法規が、不特定多数者の具体的利益を専ら一般的公益の中に吸収解消させるにとどめず、それが帰属する個々人の個別的利益としてもこれを保護すべきものとする趣旨を含むと解される場合には、このような利益もここにいう法律上保護された利益に当たり、当該処分によりこれを侵害され又は必然的に侵害されるおそれのある者は、当該処分の取消訴訟における原告適格を有するものというべきである。」

**判例1**に先行する**判例2**は、原告適格を有する者には2つの異なるタイプがあるとしている。ひとつは、「処分がその本来的効果として制限を加える権利利益」を害された者、もうひとつは、「行政法規が個人の権利利益を保護することを目的として行政権の行使に制約を課していることにより保障さ

れている権利利益」であって、「（その）制約に違反して処分が行われ行政法規による権利利益の保護を無視されたとする者」である。前者は〈処分の相手方〉であることは明白であろう。そして、そこでいう「権利利益」とは、下線部①でいう「権利」に相当するといってよいであろう。そうすると、後者は〈処分の相手方以外の者〉であって、そこでいう「権利利益」とは、下線部②でいう「法律上保護された利益」を指すものといえよう。

　それにしても、「法律上保護された利益」は、なぜ〈処分を定めた行政法規が個々人の個別的利益として保護している利益〉でなければならないのだろうか。**判例3**がこれを明らかにしている。

　**判例3**において、最高裁判所は、法律が「現在及び将来における不特定多数者の顕在的又は潜在的利益」を「一般的公益」としてとらえて、これと対立する利益に制限を課している場合には、「通常、当該公益に包含される不特定多数者の個々人に帰属する具体的利益は、直接的には右法律の保護する個別的利益としての地位」を有しないから、「行政庁の処分が法律の規定に違反し、法の保護する公益を違法に侵害するものであっても、そこに包含される不特定多数者の個別的利益の侵害は単なる法の反射的利益の侵害にとどまり、かかる侵害を受けたにすぎない者は、右処分の取消しを求めるについて……法律上の利益を有する者には該当しない」との原則を明らかにした。その半面で、最高裁判所は、「公益に包含される不特定多数者の個々人に帰属する具体的利益」であっても、「法律がこれらの利益を専ら……一般公益の中に吸収解消せしめるにとどめず、これと並んで、それらの利益の全部又は一部につきそれが帰属する個々人の個別的利益として保護すべきものとする」「特定の法律規定」があるとき、この規定に違反してされた行政庁の処分は、このような個別的利益を侵害するものであるから、「これらの利益を害されたとする個々人」は「その処分の取消しを訴求する原告適格を有する」との解釈をも示した。

　**判例3**において、最高裁判所は、一般的公益に吸収されるような利益しか有しない者は不特定多数に及び、彼らに原告適格を認めることは取消訴訟の民衆訴訟化につながりかねないが、個々人の個別的利益として保護されている利益を有する者の範囲は特定の法律規定において特定されており、このような利益を侵害された者に原告適格を認めても取消訴訟の民衆訴訟化につながらない、といった考えに立っているといえよう。そのような趣旨から、処分の相手方以外の者が有する利益が〈処分を定める行政法規が個々人の個別

的利益として保護している利益〉であるか否かといった基準が設定されているのである。

ところで、**判例1**は、下線部②において、「法律上保護された利益」には「当該処分を定めた行政法規が、不特定多数者の具体的利益を専ら一般的公益の中に吸収解消させるにとどめず、それが帰属する個々人の個別的利益としてもこれを保護すべきものとする趣旨を含むと解される場合には、このような利益も」含まれるとしている。ここで「も」と表現するのは、最高裁判所が、「法律上保護された利益」のなかには、不特定多数者の具体的利益と同質な利益である「法律上保護された利益」とは異なる種類の「法律上保護された利益」の存在を前提としているからである。

**判例4**は、公衆浴場の許可制において適正配置規制があることに着眼して、「適正な許可制度の運用によつて保護せらるべき業者の営業上の利益は、単なる事実上の反射的利益というにとどまらず公衆浴場法によつて保護せられる法的利益と解する」として、新規参入の公衆浴場業者に対する許可の無効確認訴訟につき競業関係にある既存の公衆浴場業者の原告適格を認めた。営業上の利益は、公衆浴場の許可制が実現しようとする国民保健および環境衛生の保持といった一般的公益には包摂されない利益であって、私的な利益に属するものである。しかし、最高裁判所は、適正配置規制による公衆浴場業の濫立の抑制が浴場の衛生設備の低下を防止し、公衆浴場の利用者の利益といった一般的公益に資すると解し、既存公衆浴場業者の「営業上の利益」を「公衆浴場法によつて保護せらる法的利益」、すなわち「法律上保護された利益」であると判定したのである。

したがって、「法律上保護された利益」には、**判例1**および**判例3**が判定したもの——一般的公益の一部または全部に包摂される、包摂型の「法律上保護された利益」と**判例4**が判定したもの——一般的公益と並列する、並立型の「法律上保護された利益」——があるといってよいであろう[6]。

**判例2**および**判例3**を踏まえれば、結局のところ、**判例1**の原告適格に関する定式は、〈処分の相手方〉については当然に当該処分の取消訴訟の原告適格が認められること、これに対して、〈処分の相手方以外の者〉については、その者が「法律上保護された利益」=〈処分を定めた行政法規が個々人の個別的利益としても保護している利益〉を有しており、かつ、当該行政法

---

6 参照、神橋一彦『行政救済法（第2版）』（信山社、2016年）94〜95頁。

規に違反している当該処分が当該利益を侵害するまたは必然的に侵害するおそれがある場合に、はじめて原告適格が認められる、ということを意味する。

（2）「法律上保護された利益」の有無の判定方法　処分の相手方以外の者が「法律上保護された利益」を有するかどうかの判定について、**判例1**は、行訴法9条2項の文言をそのまま引き写している。すなわち、最高裁判所は、同条項が「法律上保護された利益」の有無を判断するための解釈指針であると理解しているのである。それでは、同条項は、従前の判例とどういう関係にあるのであろうか。以下、項をあらためて説明しよう。

## 2　行訴法9条2項は何を定めているのか？

（1）行訴法9条2項の趣旨　本条項は、後述する通り、「処分の相手方以外の者」の原告適格に関する判例の蓄積を踏まえて、2004年の行訴法の改正において追加された条項である。本項は、「処分の相手方以外の者」が「処分の取消を求めるにつき法律上の利益」を有するか否かを判定するための解釈指針を定めている。本項が、「処分の相手方以外の者」の原告適格に関する判例を一般規範として法定化したことは、判例と類似した事件にのみ本項を適用するのではなく、最高裁判所のみならず、下級裁判所もまた、すべての事件にこれを適用しなければならないことを意味する。立案関係者の理解によれば、この条文は判例を前提としているが、判例法の固定化を目的するものではなく、事案に応じた国民の権利利益の救済を可能とするための「開かれた解釈規定」であるとされている[7]。

（2）行訴法9条2項の構造と判例　行訴法9条2項は前段と後段から構成されている。前段の前半は、全体の解釈指針（「当該処分又は裁決の根拠となる法令の規定の文言のみによることなく」〔A〕）を定め、前段の後半は2つの考慮要素（「法令の趣旨及び目的」〔B〕、「当該処分において考慮されるべき利益の内容及び性質」〔C〕）を定め、さらに、後段は前段のBとCの考慮要素を考慮するに際して用いる解釈基準（Bにつき「当該法令と目的を共通にする関係法令があるときはその趣旨及び目的を斟酌する」〔b〕、Cにつき「当該処分又は裁決がその根拠となる法令に違反してされた場合に害されることとなる利益の内容及び性質並びにこれが害される態様及び程度を

---

[7]　参照、塩野宏「行政訴訟の改革の動向」曹時56巻3号（2004年）15頁（同『行政法概念の諸相』（有斐閣、2011年）241頁）。

も勘案すること」〔c〕）を定めている。

〔A〕は、**判例2**が「行政法規による行政権の制約とは、明文の規定による制約に限られるものではなく、直接明文の規定はなくとも、法律の合理的解釈により当然に導かれる制約を含むものである」と説示していたことを反映したものである。この趣旨は、処分の相手方以外の者が有する利益を保護している規定を探すに際して、明文の規定に囚われることなく、黙示的にも当該利益を保護していると解釈できる規定があるかどうかの検討を求めるものである。

〔B〕＋bおよび〔C〕＋cは、**判例4**および**判例5**において示された具体的な法律の解釈手法を先例としたものである。

**判例4**は、定期航空運送事業免許につき、飛行場周辺に居住する者が、当該免許にかかる路線を航行する航空機の騒音により障害を受けることを理由として、その取消しにつき原告適格を有するか否かを検討するに際して、当該免許の根拠規定である航空法100条および101条だけでなく、同法の目的規定の改正の経緯まで考慮をするとともに、航空機による騒音被害の防止という目的を共通にする関係法令として、「公共用飛行場周辺における航空機騒音による障害の防止等に関する法律」3条において空港周辺の住民が騒音被害を受けない利益を保護されていることをも斟酌した。

**判例5**は、「当該行政法規の趣旨・目的、当該行政法規が当該処分を通して保護しようとしている利益の内容・性質等を考慮して判断すべきである」との説示の下で、設置許可基準の解釈において核規制法1条の趣旨目的を考慮するとともに、事故が起きた場合に周辺住民が受ける不利益の性質、内容を、被害の態様、程度に即して判定し、原子炉設置許可の無効確認訴訟につき、原子炉周辺に居住する者には原告適格があると判定した。

行訴法9条2項は、前述した通り、従前の判例が「法律上保護された利益」と認めた利益の存否の判定のみに運用されるわけではない[8]。本項は、従前の判例では「法律上保護された利益」として認めらなかった利益[9]が「法律上保護された利益」として認定される可能性を広げるものである。

### 3　最高裁判所は行訴法9条2項をどのように運用しているのか？

2004年に改正された行訴法の施行後、最高裁判所は**判例1**と**判例7**において対照的な運用を行っている。

（1）判例1について　　**判例1**では、都市計画事業によって建設される

高架式の鉄道による騒音につき著しい被害を受けるおそれがある、建設予定地周辺の住民が、都市計画事業認可の取消訴訟につき原告適格を有するかどうかが争点であった。

最高裁判所は、まず、①原告が保護を求める利益（騒音、振動等によってこのような健康又は生活環境に係る著しい被害を受けない利益）が、処分の根拠となる行政法規（都市計画法59条・61条）、当該行政法規の関係法令（都市計画法1条、2条、13条1項、16条1項、17条1項）および目的を共通にする関係法令（公害防止対策基本法〔当時〕1条、2条、4条、5条、17条、19条、東京都環境影響評価条例3条、24条2項、25条、45条）によって保護されている利益に該当するか否かを判断し、それを肯定的に評価する。次に、最高裁判所は、②原告において保護を求める利益が害される態様（事業に起因する騒音、振動等による被害を直接的に受けるのは、事業地の周辺の一定範囲の地域に居住する住民に限られ、その被害の程度は、居住地が事業地に接近するにつれて増大する）および程度（被害を反復、継続して受けた場合、その被害は、これらの住民の健康や生活環境にかかる著しい被害にも至りかねない）を評価し、①と②を踏まえて、③原告において保護を求める利益が、処分の根拠法条、

---

8 従前の判例が「法律上保護された利益」として認定した利益には、原子炉事故との関係における生命・身体等の安全の利益（**判例6**）、開発行為に起因する災害等との関係における生命・身体等の安全の利益（最判1997（平9）・1・28民集51巻1号250頁、最判2001（平13）・3・13民集55巻2号283頁）、保安林の伐採による洪水の危険との関係における生活上の利益（**判例3**）、航空機の離着陸による騒音被害との関係における障害を受けない利益（**判例5**）、近隣の建築物による日照阻害との関係における健康の利益（最判2002（平14）・3・28民集56巻3号613頁）、近隣の建築物の倒壊・炎上等との関係における財産としての建築物の利益（最判2002（平14）・1・22民集56巻1号46頁）、ぱちんこ営業との関係における善良で静穏な環境の下で円滑に業務を運営する利益（最判1994（平6）・9・27日判時1518号10頁）などがある。

9 例えば、墓地経営との関係における周辺住民の利益（最判2000（平12）・3・17判時1708号62頁）、都市計画事業地周辺の住民の生活環境上の利益（最判1999（平11）・11・25判時1698号66頁（環状6号線訴訟））、ぱちんこ店周辺の住民の善良な風俗環境上の利益（最判1998（平10）・12・17民集52巻9号1821頁）、特急料金の認可にかかる日常的な特急利用者の利益（最判1989（平1）・4・13判時1313号121頁（近鉄特急料金訴訟））、史跡指定解除処分にかかる文化財の学術研究者の学問研究上の利益（最判1989（平1）・6・20判時1334号201頁（伊場遺跡訴訟））などがある。

図表3-1　判例1における行訴法9条2項の運用のイメージ

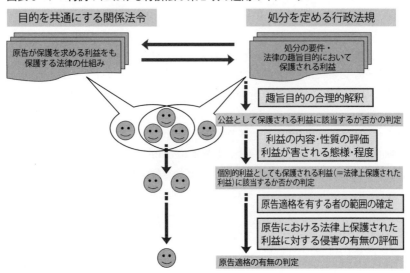

当該法令および目的を共通にする関係法令によって個別的に保護されている利益に該当するか否かを判定している。

　もっとも、原告が保護を求める利益が法律上保護された利益であると判定したとしても、そのことは直ちには原告が当該事件において原告適格を有する者であるとの判定を導き出すものではない。なぜならば、原告適格を有する者は、「法律上保護された利益を侵害又は必然的に侵害されるおそれのある者」でなければならないからである。

　そこで、最高裁判所は、②で認定した利益が害される態様、程度を踏まえて、④原告適格を有する者の範囲を確定し（事業地の周辺に居住する住民のうち当該事業が実施されることにより騒音、振動等による健康または生活環境にかかる著しい被害を直接的に受けるおそれのある者）、最後に、⑤原告が現実に④に該当する者であることを判定する（事業地からの距離関係に照らして東京都環境影響評価条例2条5号に規定する関係地域に居住している者）、といった手順をとっている。

　**判例1**の特徴は、周辺住民の健康等が都市計画法の保護利益であること（保護範囲要件の充足―①）、当該保護利益が個別的利益としても保護されていること（個別保護要件の充足―②③）、そして、当該住民が具体的に健康

等の利益の侵害を受けるおそれがあること（不利益要件の充足—④⑤）を順に判定している点にある[10]（図表3-1参照）。

　（2）判例7について　　**判例7**では、自転車競技場外車券発売施設の開設による交通、風紀、教育などの生活環境の悪化の被害を受けるおそれがある、開設予定地周辺の住民が、当該施設の設置許可の取消訴訟につき原告適格を有するかどうかが争点であった。ただ、原告となった周辺の住民には、場外施設の周辺に居住する者と場外施設の周辺で医療施設を開設する者といったように不利益を被る態様を異にする者がいた。

　最高裁判所は、場外施設の周辺に居住する者については、これらの者が被るおそれのある生活環境の悪化の被害を受けない利益は先験的に一般的公益に属する利益であって、法がこれを個別的利益としても保護している趣旨と解するには、「法令に手掛かりとなることが明らかな規定」が必要であるとする。そこで、位置基準（場外施設が医療施設等から相当の距離を有し、当該場外施設において車券の発売等の営業が行われた場合に文教上また保健衛生上著しい支障を来すおそれがないことを確保する基準）がそのような規定に当たるかどうかを検討したところ、最高裁判所は、当該基準が保護しようとしているのはやはり不特定多数の利益であるとの評価に落ち着いたために、場外施設の周辺において居住しまたは事業を営むにすぎない者や医療施設等の利用者は、位置基準を根拠として場外施設の設置許可の取消しを求める原告適格を有しないと判定した。

　これに対して、最高裁判所は、場外施設が周辺の医療施設等の開設者にもたらす文教または保健衛生にかかわる業務上の支障が著しいものである場合には、位置基準は「一般的公益を保護する趣旨に加えて、上記のような業務上の支障が具体的に生ずるおそれのある医療施設等の開設者において、健全で静穏な環境の下で円滑に業務を行うことのできる利益を、個々の開設者の個別的利益として保護する趣旨をも含む規定」であると判定している。そして、最高裁判所は、場外施設の敷地周辺から約120～200m離れた場所で医療施設を開設している医師には原告適格がある可能性を認めつつ、業務上の支障が具体的に生ずるおそれがない、約800m離れた場所で医療施設を開設している医師には、原告適格がないと判定している。

　**判例7**の特徴は、交通、風紀、教育などの生活環境上の利益は原則として

---

10　参照、小早川光郎『行政法講義下Ⅲ』（弘文堂、2007年）257頁。

個々人の個別的利益ではないことを前提として、こうした利益が個別的利益としても保護されているか否かを判定するためには「法令に手掛かりとなることが明らかな規定」の存在を求めている点である。**判例1**では、最高裁判所は特にそのような規定の存在を求めることなく、原告において保護を求める利益が害される態様と程度を勘案して個別的利益性の有無を判定したのとは対照的である。

　　（3）2つのアプローチの意味　　上記の分析に従えば、行訴法9条2項の運用に際して、最高裁判所は、原告が、原子炉事故・災害に起因する生命、身体等の安全にかかる危害、騒音等による健康にかかる生活環境上の障害、火災・災害等による財産上の損害などを被る場合には、**判例1**のアプローチを採り、そうでない場合には、**判例7**のアプローチを採っているとも評価できそうである。しかし、生活環境上の利益、景観利益、消費者の利益につき個別的利益性を承認する下級審裁判例の蓄積も進みつつある[11]。**判例7**がこうした傾向を妨げるものと解すべきではない[12]。

　なお、**判例7**以降の最高裁判決のうち、最判2014（平26）・7・29民集68巻6号620頁（高城町産業廃棄物処理業許可事件）は、**判例1**のアプローチに依拠して、産業廃棄物処分業の許可について最終処分場周辺の住民の原告適格を肯定している。また、最判2014（平26）・1・28民集68巻1号49頁（小浜市一般廃棄物処分業許可事件）は、原告の保護を求める利益が害される態様と程度を勘案することなく、一般廃棄物処分業の許可について競業関係にある既存の許可業者の原告適格を肯定している点で、**判例7**のアプローチを採っているともいえる。しかし、同最判は、廃棄物処理法には適正配置ないし需給調整に関する明文の規定がないにもかかわらず、一般廃棄物処理計画等において一般廃棄物処理業の需給調整を図る仕組みがあることに照らして「営業上の利益」を個々の既存の許可業者の個別的利益として判定して

---

11　例えば、ぱちんこ営業との関係における清浄な風俗環境の下で生活する利益（大阪地判2006（平18）・10・26判タ1226号82頁）、墓地経営との関係における健康や生活環境の利益（東京地判2010（平22）・4・16判時2079号25頁）、公有水面埋立てとの関係における景観利益（広島地判2009（平21）・10・1判時2060号3頁）、旅客運賃値上げとの関係における鉄道の反復継続利用者の利益（東京地判2013（平25）・3・26判時2209号79頁）などがある。

12　参照、山本隆司『判例から探究する行政法』（有斐閣、2012年）472頁、村上裕章「原告適格拡大の意義と限界」論ジュリ3号（2012年）108頁。

いる点に着目すれば、並列型の「法律上保護された利益」については「法令に手掛かりとなることが明らかな規定」の必要性といった要件を緩和しているともいえよう。

□■■　**検討問題　原告適格と本案での主張制限**　□■■

　発電用原子炉の設置許可の要件のうち「発電用原子炉による災害の防止上支障がないものとして原子力規制委員会規則で定める基準に適合するものであること」（核規制43条の3の6第1項4号）は発電用原子炉の周辺に居住する者の生命、身体の安全等を個別的利益として保護していることに照らせば、該当者には当該原子炉の設置許可の取消訴訟の原告適格が認められる。それでは、この規定に基づいて原告適格が認められた者は、同じく設置許可の要件である「発電用原子炉が平和の目的以外に利用されるおそれがないこと」（同43条の3の6第1項1号）に関する違反を当該設置許可の違法事由として主張することができるであろうか。この要件は、生命、身体の安全等を個別的利益としては保護しているとまではいえないと一般的には評価されているが、そのことは当該主張を制限する理由となるのであろうか。

　原告が本案審理において「自己の法律上の利益に関係のない違法」の主張を行うことは禁止されている（行訴10条1項）。ところで、原告が処分の相手方以外の者である場合に、「自己の法律上の利益」は行訴法9条1項の「法律上の利益」と同一であるべきだと解するならば、原告は、自らが保護を求めている利益を個別的利益として保護している行政法規の違反しか主張できないことになる。しかし、取消訴訟の訴訟物が処分の違法性一般であることに照らすと、このような解釈は取消訴訟の適法性確保機能の十分な発揮を妨げているともいえる。違法主張の制限をめぐる論点を踏まえて、上記の問題を検討しなさい（参照、東京高判2001（平13）・7・4判時1754号35頁）。

#### ■参考文献

・中川丈久「続・取消訴訟の原告適格について」佐藤幸治・泉徳治編『行政訴訟の活発化と国民の権利重視の行政へ』（日本評論社、2017年）277頁
・野呂充「行政手続における第三者の地位と行政争訟」現代行政法講座編集委員会編『現代行政法講座Ⅱ　行政手続と行政救済』（日本評論社、2015年）97頁
・本多滝夫「取消訴訟における原告の主張制限と法律上の利益」曽和俊文ほか編『行政法理論の探求』（有斐閣、2016年）513頁

# 4 訴えの客観的利益

稲葉一将

1 処分性、原告適格と訴えの客観的利益との間には、どのような関係があるのか。
2 処分の効果の消滅は、どのように考えられているのか。
3 処分の効果の消滅ののちに回復すべき法律上の利益は、どのように考えられているのか。
4 訴えの客観的利益の消滅と事情判決との違いは、どこにあるのか。

■キーワード

訴えの利益、訴えの客観的利益、処分の効果の消滅、回復すべき法律上の利益、事情判決

■主要判例

**判例1**・運転免許証更新事件：最判2009（平21）・2・27民集63巻2号299頁［平成21年度重判解・行政法8事件］
**判例2**・運転免許停止事件：最判1980（昭55）・11・25民集34巻6号781頁［行政判例百選Ⅱ（第7版）176事件］
**判例3**・皇居外苑使用不許可事件：最大判1953（昭28）12・23民集7巻13号1561頁［行政判例百選Ⅰ（第7版）65事件］
**判例4**・長沼ナイキ基地訴訟：最判1982（昭57）9・9民集36巻9号1679頁［行政判例百選Ⅱ（第7版）177事件］
**判例5**・仙台市建築確認事件：最判1984（昭59）・10・26民集38巻10号1169頁［行政判例百選Ⅱ（第7版）174事件］
**判例6**・旧八鹿町土地改良事業施行認可事件：最判1992（平4）・1・24民集46巻1号54頁［行政判例百選Ⅱ（第7版）178事件］
**判例7**・北海道パチンコ店営業停止事件：最判2015（平27）・3・3民集69巻2号143頁［行政判例百選Ⅱ（第7版）175事件］

## 一　処分性、原告適格と訴えの客観的利益との関係

　訴えの客観的利益は、原告が取消訴訟を提起してから判決を得るまでの間において訴えが維持されるべき実益の有無を問うための概念である。訴えの客観的利益は、2004年の行訴法改正ののちも条文上は変更がない。しかし、取消訴訟が提起されたのちに事情変更が生じたとしても、現に提起されている訴えを裁判所が却下せず、本案審理を行うべきであるのか否かを個々の事例に即して問うてみると、処分性の拡大・縮小や原告適格の拡大のみならずこれも、行訴法改正の目的であるといわれる国民の権利利益の「実効的」な救済の到達点が測定される、一つの重要な問題であることが分かる。

### 1　処分性と訴えの客観的利益との間にはどのような関係があるのか？

　（1）**処分性の理解の仕方**　　処分性に関する一つの学説の著者によるものであり、また版を重ねている教科書の一つによれば、処分性には「二つの見方」が、つまり「通説・判例の見方」と「救済本位の見方」とがあるとされ、近時の判例も参照すると今後は、この後者の見方を「加味」しつつ「救済の実効」を期すのが「現実的」であると述べられている[1]。例えば、用途地域の指定について、後日建築確認を申請し、これが拒否された時点で用途地域指定の違法性を主張する機会がある土地所有者と、住居地域から商業地域等への用途地域の変更による生活環境の悪化に対してこれを守ろうとする地域住民とでは、用途地域の指定（変更）の処分性の有無の判断は一様ではなく、「処分性を当事者の利益との関係で相対的にとらえる」必要が論じられている（相対的処分論）[2]。

　かつての通説判例通りに行政活動の一般的な性質論議のみでもって処分性の有無の判断が行われる場合には、行政活動の処分性と原告の訴えの客観的利益とは切断される。しかし、原告が主張する利益の個別的な考慮が処分性の有無の判断においても行われるのであれば、処分性と訴えの客観的利益との間には相関性（あるいは同一性）がある[3]。この相関性について考えるために以下で紹介する実例が、**判例1**である。

　（2）**判例1の検討**　　本件では、運転免許証の更新時において優良運転

---

[1]　原田尚彦『行政法要論（全訂第7版補訂2版）』（学陽書房、2012年）388頁。
[2]　前掲注1 389頁。

者である旨の記載のない免許証を交付されて更新処分を受けた原告が、更新処分の取消訴訟を提起した。更新処分のうち原告を一般運転者とする部分が原告の申請を一部拒絶した処分とはいえないと述べて訴えを却下した一審判決とは異なり、原審は更新処分が原告の申請の一部拒否処分にあたると述べた。最高裁は、運転免許証の更新処分の効果を「適法に自動車等の運転をすることのできる地位」を名宛人に保有させるものと限定的に解しつつ、「優良運転者である旨の記載のある免許証を交付して行う更新処分を受ける法律上の地位」を回復するための訴えの客観的利益があると判示した。

原審と最高裁とでは処分性の論理構成が異なるが、このことは、実質的には大した問題ではない。どちらの論理構成が採用されたとしても、一審判決とは異なり、運転免許証の交付による自動車運転の自由の回復ではなく、優良運転者である旨の記載のある免許証の交付を受ける「法律上の地位」なるものがあるとされて、この地位に及んでいる不利益状態の解消を求めた本件の訴えを裁判所が却下しないためには、処分性の拡大または訴えの客観的利益の肯定のどちらかの問題処理とそのための法解釈をしなければならなかった（この意味で、処分性と訴えの客観的利益とが相関性を有する）ことこそが、重要である[4]。

## 2　原告適格と訴えの客観的利益との間にはどのような関係があるのか？

**判例2**は、運転免許停止処分の記載のある免許証を所持することにより、「名誉、感情、信用等を損なう可能性が常時継続して存在」しており、この排除が取消訴訟によって回復すべき法律上の利益であるとの原告の主張を退けて、原告が主張するような可能性は、運転免許停止処分の「事実上の効

---

3　本文で紹介した教科書の著者による、原田尚彦『訴えの利益』（弘文堂、1973年）1～2頁（同論文の初出は1965年）では、訴えの利益の有無は、訴訟の対象、当事者適格、具体的利益または必要性、の3つの「側面」から検討される、と述べられていた。これら3つの概念の相関性はそののちも肯定されていたし（例えば、室井力ほか編『コンメンタール行政法Ⅱ：行政事件訴訟法・国家賠償法（第2版）』（日本評論社、2006年）138頁〔見上崇洋〕）、行訴法改正を契機として、ますます肯定されざるを得なくなっている。

4　本判決の解説には、本判決は原告適格や処分性を柔軟に解する最近の判例と「軌を一にするもの」と述べるもの（大久保規子・法セ655号（2009年）119頁）、原判決と本判決とは実質的には「同一の事項」を判断したと述べるもの（野田崇・平成21年度重判解61頁）、がある。

果」にすぎないと判示した。原告が主張した利益を「法の保護に値する」利益と判示した原審と同様の理解をするのであれば、名誉や信用の毀損が処分の「事実上の効果」であると解することはできない。もちろん、道交法の条文をみて、名誉や信用が道交法の保護法益ではないと解することは簡単である。しかし、名誉や信用と一口にいっても社会的信用が重視されるような職にある者にとっての信用の毀損は、重大な問題である。**判例2**は、道交法の保護法益が何かを重視する一方で被害実態を軽視する判断枠組みの採用という点では、原告適格に関する多数の裁判例と共通する特徴を有していたといえる。

行訴法改正後の9条2項によると、裁判所は、害される「利益の内容及び性質」、「態様及び程度」を「勘案する」ものとされている。原告適格と訴えの客観的利益とが広義の訴えの利益を構成するという意味で相関性を有する問題であると考えるのであれば[5]、**判例1**における被侵害利益と**判例2**における被侵害利益とでは、法律が保護する利益であるのか否かという観点からすれば差異があるともいえるが、しかし、侵害される利益の内容・性質や侵害の態様・程度は、一般的には、どちらが重大であろうか。

## 二　処分の効果の消滅と回復すべき法律上の利益

行訴法は9条1項括弧書において、処分の効果が「なくなった後においても」なお処分の取消しによって「回復すべき法律上の利益を有する者」が訴えの客観的利益を有すると定めている。まず、処分の効果の消滅の具体例を確認してみよう。

### 1　処分の効果の消滅は、どのように考えられているのか？

（1）**期間の経過**　　メーデーや憲法記念日のように、集会やデモ行進が行われる日が限定されている場合を考えてみよう。メーデー開催のための皇居外苑使用が許可されなかった事件においては、不許可処分取消訴訟の訴えの客観的利益は、メーデーの期日を経過したときに消滅すると判示したのが**判例3**である。メーデーの期日に皇居外苑使用を不許可とする処分の効果は、

---

[5]　原田・前掲注3を参照。行訴法改正を契機として、**判例1**と**判例2**に即した近時の叙述として、山本隆司『判例から探究する行政法』（有斐閣、2012年）482頁も参照。

同日ののち消滅する。もっとも、後述（二2）するように、処分の効果の消滅後であっても回復すべき法律上の利益はあるのか否かの論点がある。例えば、原告が毎年メーデーの日にデモ行進を行っており来年も同様の予定を有するような場合であれば、今年のメーデーの到来により使用不許可処分取消訴訟の実益はなくなるが、来年のメーデーにおける同様の理由による使用不許可を予防する実益までなくなることはない[6]。

（2）事実状態の変動　保安林指定解除処分の取消訴訟が提起された事件である**判例4**においては、処分によって原告が侵害されることとなると主張されていた利益は、保安林の存在によって洪水や渇水が防止されるという利益であった。本件当時、農林水産大臣による保安林指定解除処分とともに、防衛施設庁によって水資源確保等のための代替施設が設置されていたが、最高裁は、代替施設の設置により原告らの居住する地域における洪水の危険が「社会通念上」なくなったので「利益侵害の状態はなくなった」と述べて、訴えの客観的利益が消滅したと判示した。**判例4**に対しては、取消訴訟の提起ののちに行政の側が事実状態を変動させる活動をすれば、裁判所による本案審理を回避できてしまう、という疑問が残る。

（3）処分の効果これ自体の消滅　**判例5**が具体例の一つである。これを検討する前に、建築基準法の諸規定を時間の経過に従って整理すると、まず、建築主が建築物を「建築しようとする」場合には、「工事に着手する前に」、建築計画が建築基準関係規定に適合するものであることについて、建築主事による建築確認を受けなければならない（6条1項）。次に、建築主が「工事を完了したとき」は、建築物が建築基準関係規定に適合していることについて、建築主事等による検査を受けて、検査済証を交付されなければならない（7条1項、4項および5項）。最後に、建築基準法令の規定に違反した建築物については、建築確認の取消しが建築主事に対して授権されていない。そうではなく、特定行政庁が、建築物の建築主に対して、「工事の施行の停止」を命じ、または「建築物の除却」等の「違反を是正するために必要な措置をとること」を「命ずることができる」（9条1項）。

以上の諸規定を図示すると、以下のようになる。

---

[6] 将来において同一処分が反復されるような場合には訴えの客観的利益が肯定されるべきであると主張していた学説を紹介しつつ、**判例3**を検討したものとして、古城誠「訴えの利益：9条カッコがきを中心に」ジュリ925号（1989年）148頁を参照。

図表4-1　建築主事による建築確認（6条1項）

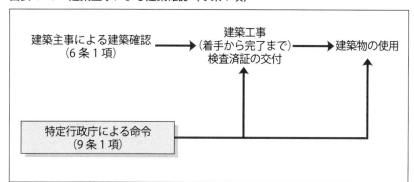

建築確認は建築物の建築工事が可能となるために必要な行政活動であるにとどまり、建築工事完了後の時点においては、建築主事等による検査のほか、特定行政庁による建築物の除却等を内容とする違反是正命令が、建築基準法によって授権されている。**判例5**によれば、建築確認は、これを「受けなければ」建築物の建築工事を「することができないという法的効果」が付与されているものであり、「建築関係規定に違反する建築物の出現を未然に防止することを目的」とする行政活動であると判示された。建築工事が完了して建築物が出現したのちには、取り消されるべき建築確認の効果（建築工事の禁止の解除）は、消滅することとなる。

## 2　処分の効果の消滅ののちに回復すべき法律上の利益は、どのように考えられているのか？

**（1）回復すべき法律上の利益の実例**　次に、処分の効果がなくなったのちにおける、処分の取消しによって「回復すべき法律上の利益」とは何かの実例を確認してみよう。例えば、免職処分を受けた公務員がこの処分の取消訴訟を提起したのちに公職の候補者となった場合には、公務員の職を辞したものとみなされる（公職選挙法90条）から、公務員に対してその意によらずに離職を強いる免職処分の効果は、消滅する。この場合に、最高裁によれば、免職処分が違法であった場合に支払われるべき給与の請求権は、回復すべき法律上の利益である（免職処分事件（最大判1965（昭40）・4・28民集19巻3号721頁））。

なお、「回復すべき法律上の利益」の「法律」は、法律形式に限定される

べきであろうか。行政規則の一種である裁量基準も、その自己拘束性を肯定することで、「法律」に含まれるのであろうか。**判例7**の事件では、40日間の営業停止命令（先行処分）の期間が経過したことによって、この処分の効果が消滅した。しかし、過去3年以内に営業停止命令（先行処分）を受けた者に対して行われる営業停止命令（後行処分）については、その量定加重を定めた処分基準が公表されていた。**判例7**は、この処分基準によって不利益な取り扱いを受けるべき期間内は、先行処分の取消しによって回復すべき法律上の利益があると判示した。

（2）**判例5の再考**　それでは、**判例5**に即して、建築工事が完了して建築確認の効果が消滅したのちでも、取消訴訟によって回復すべき法律上の利益がないのか否かを考えてみよう。最高裁は、建築主事等の検査および特定行政庁の違反是正命令は、いずれも建築物が「建築確認に係る計画どおりのものであるかどうかを基準とするものでない」こと、「違反是正命令を発するかどうかは、特定行政庁の裁量にゆだねられている」こと、したがって建築確認が違法であって判決で取り消されたとしても「検査済証の交付を拒否し又は違反是正命令を発すべき法的拘束力が生ずるものではない」こと、を理由にして、回復すべき法律上の利益がないと判示した。

**判例5**は、形式的には、建築確認の取消判決と建築確認に後続する検査済証の交付や違反是正命令との関係を、建築基準法の文言に即して切断したものであるが、実質的には、被侵害利益の内容や程度が重大で救済の必要があるような場合でも、原告が執行停止の申立てをしてこれが認められなければ、工事完了後には訴えが却下されて本案審理すらない、という事態を生じさせるものである。建築基準法に違反した建築確認の取消判決の拘束力が、特定行政庁による違反是正命令権限の行使の「裁量」に対して及ぶ影響は、もちろん皆無ではない。むしろ、建築確認が違法であると判示されたにもかかわらず、現に存在する建築物の違法性を特定行政庁が全く考慮しない場合には、権限行使の懈怠に当たり、違反是正命令権限を行使する義務が生ずるときもありうる[7]。

行政代執行後でも、原状回復が事実上可能であれば回復すべき法律上の利益があると判示した実例として、桑名城跡船舶除却命令事件（名古屋高判1996（平8）・7・18判時1595号58頁）[8]も検討してみよう。本件は、都市公

---

[7]　芝池義一『行政救済法講義（第3版）』（有斐閣、2006年）58頁を参照。

園内に係留されていた船舶の除却命令に対して、船舶の所有者がこれに従わなかったために、行政代執行によって船舶が都市公園外に移置された事件であった。除却命令の取消訴訟が提起された本件では、代執行が行われたことにより除却命令の効果（除却義務の発生）は消滅した。しかし、本件の名古屋高裁は、船舶を代執行前の原状に回復することは、柵および水門を開けさえすれば「事実上可能である」こと、取消判決の拘束力によって、「原状回復が可能な場合には、違法な事実状態を排除して本件代執行前の原状に回復しなければならない」こと、つまり本件の紛争が除却命令の「取消判決によって解決される可能性」があること、以上の理由により、除却命令の取消しを求める訴えの客観的利益が存在すると判示した。これと**判例5**とを、事実関係の特殊性のみならず、取消訴訟制度の機能理解すなわち取消判決の拘束力およびこれによる紛争解決可能性の理解に即して、比較検討してみよう。

## 三　訴えの客観的利益の消滅と事情判決との違い

### 1　判例6はどのような意義を有するのか？

**判例6**は、土地改良事業の施行認可処分の取消訴訟において、以下のように判示した。「認可処分後に行われる換地処分等の一連の手続及び処分」は、「本件認可処分が有効に存在することを前提とするもの」であるから「本件認可処分が取り消されるとすれば、これにより右換地処分等の法的効力が影響を受けることは明らか」である。そして、本件の事業施行地域を事業施行以前の原状に回復することが、「社会的、経済的損失の観点からみて、社会通念上、不可能である」としても、このような事情は、行訴法31条の適用に関して「考慮されるべき事柄」であって、原告の訴えの客観的利益を消滅させるものではない、と。

　最高裁によれば、本件のような町営土地改良事業は、都道府県知事の施行認可を得てから換地処分までの「一連の手続」を経て行われる事業であるから、施行認可が違法であれば換地処分はその前提を欠く。この部分だけをみて、**判例5**と**判例6**との差異を強調することもできる。**判例6**は、**判例5**とは異なって、土地改良事業施行認可という特殊な行政活動についての事例判断だと解するのである。しかし、**判例6**の意義はそのようなところにみいだ

---

8　本判決の評釈として、小幡純子・判評466号（1997年）28頁を参照。

されるべきではない。むしろ、「社会的、経済的損失の観点」からみると原状回復が不可能であるような場合でも、訴えの客観的利益が消滅しないと判示したところにこそ、**判例6**の意義がみいだされるべきである。

### 2　訴えの客観的利益の消滅と事情判決との違いは、どこにあるのか？

訴えの客観的利益の消滅と事情判決との違いは、請求の却下判決であるのか、または棄却判決（行訴法31条1項）であるのかの違いである。原告の請求を裁判所が拒否することには変わりがない。しかし、裁判所が本案審理をするまでもなく原告の請求を却下するのか、それとも処分が違法であることを「宣言」しつつ、処分の取消しが「公共の福祉に適合しない」という理由により取消判決を回避するのか、は同じではない。裁判所によって処分が違法であると判示された場合には、原告側からすれば、取消判決が得られなかったとしても、発生した損害についての国家賠償責任を追及することができる[9]。行政側からしても、違法判断を無視してはならない。つまり、原告が取消判決を得られなかったとしても、国家賠償による権利利益救済および行政統制機能発揮の可能性が、ある。

□■　検討問題　□■

**判例5**の論理と同様の判示を行った松戸市開発許可事件（最判1993（平5）・9・10民集47巻7号4955頁）と鎌倉市開発許可事件（最判2015（平27）・12・14民集69巻8号2404頁）とを素材として、開発工事が市街化区域内におけるものと市街化調整区域内におけるものとで、訴えの客観的利益の有無の判断が異なるのか否かを、検討してみよう。

### ■参考文献

・広岡隆「処分後の事情変更と訴えの利益」杉村敏正編『行政救済法1』（有斐閣、1990年）131頁
・金子正史「開発許可取消訴訟における訴えの利益」小早川光郎・宇賀克也編『行政法の発展と変革　下巻』（有斐閣、2001年）57頁
・山本隆司「改正行政事件訴訟法をめぐる理論上の諸問題：拾遺」自研90巻3号（2014年）49頁

---

9　取消違法と国賠違法との同一性の有無、という論点は、本書21で説明される。

# 5 出訴期間と違法性の承継

長内祐樹

1 取消訴訟の客観的訴訟要件にはどのようなものがあるのか。
2 出訴期間の制限は、違法性の承継との関係でどのような問題を生じさせるのか。

■キーワード
客観的訴訟要件、裁判管轄、被告適格、例外的不服申立前置、出訴期間の制限、違法性の承継

■主要判例
**判例1**・西条駅前土地区画整理事業損失補償裁決取消請求事件：最判2012（平24）・11・20民集66巻11号3521頁［判例自治364号73頁、判タ1385号114頁、ジュリ1464号92頁、新・判例解説 Watch Vol.13. 43頁］
**判例2**・旧岩根村農業用宅地買収計画事件：最判1952（昭27）・11・20民集6巻10号1038頁［行政判例百選Ⅱ（第6版）188事件］
**判例3**・前橋市都市計画道路事業認可事件：最判2002（平14）・10・24民集56巻8号1903頁［行政判例百選Ⅱ（第7版）131事件］
**判例4**・たぬきの森事件（取消請求）：最判2009（平21）・12・17民集63巻10号2631頁［行政判例百選Ⅰ（第7版）84事件］

## 一 出訴期間等の客観的訴訟要件

### 1 取消訴訟の客観的訴訟要件にはどのようなものがあるのか？

　取消訴訟の「訴訟要件」のうち、訴えの利益や原告適格など、本案である請求内容との関係から個別的に判断される「主観的訴訟要件」とは異なり、行訴法で一般的・形式的に定められているものを「客観的訴訟要件」という。行訴法では、裁判管轄、被告適格、例外的不服申立、出訴期間の制限などが取消訴訟の「客観的訴訟要件」として規定されている。

　（1）**裁判管轄**　取消訴訟の裁判管轄については、平成16年行訴法改正により、土地管轄が拡大され（行訴法12条1項）、また、国等を被告とする取消訴訟については、原告の普通裁判籍の所在地を管轄する高等裁判所の所在地を管轄する地方裁判所（＝特定管轄裁判所）にも提起することができることとなった（行訴法12条4項）。

　なお、取消訴訟は、当該処分又は裁決に関し事案の処理にあたった下級行政機関の所在地の裁判所にも提起することができる（行訴法12条3項）。「事案の処理に当たった下級行政機関」とは、当該処分に関して事案の処理そのものに実質的に関与した下級行政機関をいい（最決2001（平13）・2・27民集55巻1号149頁）、処分庁の指揮監督下にある行政機関に限定されず（最決2003（平15）・3・14判時1821号16頁）、処分庁の監督下で所定の事務を行う特殊法人等も、法令に基づき委任等を受けた処分に関わる事務につき処分庁を補助してこれを行う機関であるといえる場合で、当該処分に関し事案の処理そのものに実質的に関与したと評価することができるときは「事案の処理に当たった下級行政機関」に該当する（最決2014（平26）・9・25民集68巻3号781頁）。

　（2）**被告適格**　取消訴訟の被告は、原則として、処分庁の属する行政主体が被告となることとなった（行訴法11条1項）。

　（3）**例外的不服申立前置**　行訴法は、審査請求が可能な場合であっても、直ちに取消訴訟を提起することを認める自由選択主義を原則としている（行訴法8条1項）。但し、行政過程において専門的判断を行うことが望ましい場合（公害健康被害補償法108条など）、あるいは、大量の不服申立てが想定され不服申立前置が裁判所の負担軽減に資する場合には（国税通則法115条1項など）、個別法で、例外的に不服申立前置主義を採用することも認められている（行訴法8条1項但書。なお、不服申立を前置する場合、処分庁

はその旨を教示する義務がある〔行訴法46条1項3号〕)。

（4）**出訴期間の制限**　①　**出訴期間の意義**　出訴期間とは、訴訟を提起することが可能な期間のことをいう。行訴法14条1項は、取消訴訟の主観的出訴期間について「処分又は裁決があったことを知った日から6ヶ月を経過したときは、提起することができない」と定めており、同条2項は、当事者の知・不知に係らず、取消訴訟は、「処分又は裁決の日」から1年以内に提起されなければならないという客観的出訴期間を定めている。また、行訴法14条3項は、処分または裁決につき審査請求をすることができる場合、または行政庁が誤って審査請求をすることができる旨を教示した場合において、審査請求があったときは、処分または裁決に係る取消訴訟は、その審査請求をした者については、これに対する裁決があったことを知った日から6か月を経過したときまたは当該裁決の日から1年を経過したときは、提起することができないと規定する。

　なお、個別法において行訴法上の出訴期間よりも短期の出訴期間を定める特例規定を設けることは可能であるが（行訴法1条)[1]、土地収用法上の「収用委員会の裁決に関する訴え」について3か月という短期の出訴期間を定める特例規定（133条1項）が、「収用委員会の裁決についての審査請求に対する裁決」の取消訴訟の出訴期間についても適用されるのかが問題となった**判例1**で最高裁は、土地収用法に「収用委員会の裁決についての審査請求に対する裁決」の取消訴訟について短期の出訴期間を定める特例規定が設けられなかったのは、「収用委員会の裁決についての審査請求に対する裁決」について「同法（行訴法）の一般規定による通例の出訴期間に服させ、訴えの提起の要否等に係る検討の機会を十分に付与するのが相当であるとされたものと解される」から、「収用委員会の裁決についての審査請求に対する裁決」についての取消訴訟の出訴期間については、土地収用法の特例規定（133条1項）は適用されず、原則どおり行訴法14条3項の一般規定が適用されると判示した。

　②　**平成16年行訴法改正**　取消訴訟の出訴期間は、平成16年改正によって従来の3か月から6か月に延長された。また、行訴法14条1項の主観的出訴期間も客観的出訴期間（現行訴法14条2項）と同様に、「正当な理由」がある場合[2]には、出訴期間経過後であっても取消訴訟の提起が認められること

---

1　杉本良吉「行政事件訴訟法の解説」曹時15巻3号（1963年）32〜33頁。

となった。さらに、平成16年改正によって、審査請求をした場合の取消訴訟の出訴期間の起算日について初日を算入する旧行訴法14条4項が削除され、その結果、取消訴訟の出訴期間については、一律に初日不算入の原則（民法140条）が妥当することとなった。

③　「処分または裁決があったことを知った日」について　主観的出訴期間の制限は「処分があった」ことを前提としている。したがって、まず、処分や裁決が名宛人に到達し、その効力が発生していなければならない。ここでいう「到達」とは、処分の名宛人が処分を現実に知った場合に限らず、知りうべき状態に置かれた場合も含まれる（最判1954（昭29）・8・24刑集8巻8号1372頁）。

次に「処分があったことを知った日」とは、**判例2**によると、原則として当事者が「処分の存在を現実に知った日を指すものであって、抽象的な知り得べかりし日を意味するものでない」と解されている[3]。ただし、同判決は、「処分を記載した書類が当事者の住所に送達される等のことがあって、社会通念上処分のあったことを当事者の知り得べき状態に置かれたときは、反証のない限り、その処分のあったことを知ったものと推定することはできる」とも述べている。また、「処分があったことを知った」という場合、名宛人側の処分内容の詳細や不利益性等についての認識までは要しないとされる（最判2016（平28）・3・10判時2306号44頁）。なお、行政不服審査法14条1項の不服申立期間の起算日に関する事例であるが、行政処分が公告により発出される場合について、**判例3**は、「処分が個別の通知ではなく告示をもって多数の関係権利者等に画一的に告知される場合には、……『処分があったことを知った日』というのは、告示があった日をいうと解するのが相当である」とする。

（5）**教示制度および被告を誤った場合の救済**　平成16年行訴法改正によって、被告や出訴期間等に関する教示制度が導入された（行訴法46条）。

---

2　「正当な理由」という概念は、不変期間における「当事者がその責めに帰することができない事由」よりも広い概念であり、災害、病気、怪我、海外出張等の事情や、教示の懈怠等の事情があることが必要で、単に多忙であったことは「正当な理由」とはいえないとされる（宇賀克也『行政法概説Ⅱ：行政救済法（第6版）』（有斐閣、2018年）142頁）。

3　塩野宏『行政法Ⅱ：行政救済法（第6版）』（有斐閣、2019年）101頁も参照。

また、行訴法15条は、被告を誤った訴えについての救済を規定している。

## 二 出訴期間と違法性の承継

### 1 出訴期間の制限は、違法性の承継との関係でどのような問題を生じさせるのか？

　出訴期間を徒過すると当該行政処分は、もはや私人の側からは（行政庁による職権取消は可能）その効力を裁判上争うことができなくなり、これを不可争力という。他方、違法性の承継とは、特定の行政目的を達成するために複数の行政処分が連続する場合に、先行処分Aに後続する後行処分Bについての取消訴訟において、後行処分Bの違法事由として、先行処分Aの違法性を主張することの是非の問題である。そして違法性の承継の是非は、第三者Xらにその発出を知らしめる仕組みが存在しない先行処分Aの出訴期間が経過してしまった後に、第三者Xらが、後行処分Bの取消訴訟において先行処分Aの違法を主張するようなケースで問題となる（**図表5-1**および**判例4**）。

　行訴法が出訴期間について制限を設けているのは、一連の行政過程において複数の行政処分が連続する場合、個々の行政処分に関する紛争をその出訴期間経過によって終了させることで、行政法関係の早期安定化を図るためである。確かに、違法性の承継を認めることは、私人の権利救済に繋がる。しかし、後行処分が先行処分の違法を理由に取り消されるならば、それは結果的に先行処分についての不可争力を否定し、先行処分が取り消されたのと同様の状態を作り出していることになり、行政法関係の早期安定化という出訴期間の制限という制度の意義が空文化する[4]。

　したがって、原則として違法性の承継は認めるべきではなく[5]、違法性の承継が認められるためには、先行処分の法効果の早期安定という要請を犠牲にしてもなお、国民の実効的権利救済の要請を優先すべき状況であることが、

---

[4] 違法性の承継が認められた場合に、後行処分の取消判決の拘束力（行訴法12条）によって、行政庁が先行処分について職権取消を行う義務を負うか否か（いわゆる不整合処分の取消義務の問題）に関しては、神橋一彦『行政救済法（第2版）』（信山社、2016年）184〜186頁等参照。

[5] 原田尚彦『行政法要論（全訂第7版補訂第2版）』（学陽書房、2012年）186頁。その他、最大判2008（平20）・9・10民集62巻8号2029頁（行政判例百選Ⅱ（第6版）159事件）における近藤崇晴裁判官の補足意見も参照。

**図表 5-1　出訴期間の制限と違法性の承継の議論の相互関係**
処分Aおよび処分Bは同一の行政目的を達成するための一連の手続

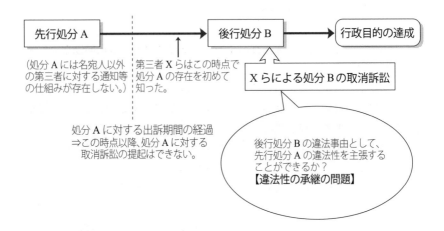

原告によって立証されなければならないと考えるべきであろう。

　違法性の承継の是非に関して、学説上は、先行処分と後行処分が相結合して一つの効果の実現をめざし、これを完成させる場合に違法性の承継を認める説[6]、先行処分についての争訟手段が実質的に保証されていたか否かに着目して違法性の承継の是非を判断する説[7]、あるいは、後行処分の取消訴訟において先行処分の具体的違法事由が本案請求の成否にとって決定的であるか否かという実体的側面、および先行処分に対する争訟手段が十分か否か、先行処分に対する争訟手段が十分であっても、先行処分の違法性を後行処分の取消訴訟で主張することを全面的に排除することが妥当といえるかという手続法的側面からみて、私人の権利救済上、違法性の承継を肯定すべきかを判断する説[8]などが提示されている。

　最高裁は**判例4**[9]においては、「建築確認における接道要件充足の有無の判

---

[6] 田中二郎『新版行政法（上）（全訂第2版）』（弘文堂、1974年）327～328頁。

[7] 阿部泰隆『行政法解釈学Ⅱ』（有斐閣、2009年）177～179頁、福井秀夫「土地収用法による事業認定の違法性の承継」西谷剛ほか編『成田頼明先生古稀記念：政策実現と行政法』（有斐閣、1998年）255頁も参照。

[8] 遠藤博也『実定行政法』（有斐閣、1989年）114～115頁。小早川光郎『行政法講義・下Ⅱ』（弘文堂、2005年）186～189頁も参照。

断と、安全認定における安全上の支障の有無の判断は、避難又は通行の安全の確保という同一の目的を達成するために行われるものである。……他方、安全認定があっても、これを申請者以外の者に通知することは予定されておらず、……周辺住民等これを争おうとする者がその存在を速やかに知ることができるとは限らない……。そうすると、安全認定について、その適否を争うための手続的保障がこれを争おうとする者に十分に与えられているというのは困難である。仮に周辺住民等が安全認定の存在を知ったとしても、その者において、安全認定によって直ちに不利益を受けることはなく、建築確認があった段階で初めて不利益が現実化すると考えて、その段階までは争訟の提起という手段は執らないという判断をすることがあながち不合理であるともいえない。以上の事情を考慮すると、……建築確認の取消訴訟において、安全認定が違法であるために本件条例4条1項所定の接道義務の違反があると主張することは許される」として違法性の承継を認めた。

　本件では、①先行処分と後行処分が、ともに同一目的の実現を目指す一体的手続であったこと、および②先行処分（安全認定）を争うための手続的保障が十分に与えられているというのは困難であったことの二点から、違法性の承継が認められている。本判決は、特に②の部分において、先行処分に対する第三者の実効的権利救済手続の有無を違法性の承継の是非を判断する際の考慮要素として明示しており、裁判実務においても、違法性の承継の是非が、私人の権利利益の実効的救済と行政法関係の早期安定の利益衡量によって判断されることを明示した点に意義があると考えられる。

　もっとも、①における行政処分相互間の一体性の判断指標となる行政目的は多義的な概念である。そのため、先行処分と後行処分の一体性が一義的に

---

9　なお、本判決以前に最高裁において違法性の承継が認められた事案としては、農地買収処分について、先行処分である農地買収計画の違法性を承継したとされる事案がある（最判1950（昭25）・9・15民集4巻9号404頁（行政判例百選Ⅰ（第5版）83事件））。しかし、この事案は農地買収処分そのものに違法性が認められると解すこともできることから、判例3は違法性の承継について「最高裁が正面から肯定した初めての事例」（倉知康弘・ジュリ1415号（2011年）82頁〜83頁）と評価することもできる。なお、下級審において違法性の承継を認めた裁判例としては、二風谷ダム訴訟地裁判決（札幌地判1997（平9）・3・27判時1598号33頁）、徳山ダム訴訟地裁判決（岐阜地判2004（平16）・9・15判例自治270号79頁）等がある。

明確とはいえないが、国民の実質的権利救済の観点から違法性の承継を認める要請が強い場合には、②が①における各行政処分の行政目的の一体性の判断に組み込まれる可能性もある。また②は違法性の承継を肯定する際の論拠なのか、あるいは逆に②が考慮された結果として違法性の承継が否定される場合もありうるのかは必ずしも明らかではない。しかし、本判決は、こうした①と②の相互関係や②の本質的意義についてまでは言及しておらず、この点については今後の判例の展開に注視する必要がある[10]。

### □■■　検討問題　違法性の承継にかかわる判例3の今後の課題　□■■

　処分性の拡大は、一面においては、取消訴訟提起の可能性を拡大し、紛争の早期解決につながる。しかしその反面で、処分性が認められた行政計画や行政指導（最判2005（平17）・7・15民集59巻6号1661頁、行政判例百選Ⅱ（第7版）160事件、最大判2008（平20）・9・10民集62巻8号2029頁、行政判例百選Ⅱ（第7版）152事件等）についてはその違法性を後行処分の違法事由として主張することはもはや原則として認められないこととなろう（最大判2008（平20）・9・10判決における近藤崇晴裁判官の補足意見参照）。

　しかし、行政計画や行政指導に判例上処分性が認められたとしても、それだけで当該行政計画や行政指導の違法性は、もはや後続の行政処分には一切承継されないとすることは、国民の実質的権利救済の観点から妥当とはいえないだろう。そこで、こうした定型的行政処分とはいえない行政活動に処分性が認められた場合に、**判例3**の最高裁判旨を前提として、例外的にその違法性の後行処分へ承継が認められるのはどのような場合なのか。上記の2つの判例や最判2002（平14）・1・17民集56巻1号1頁（行政判例百選Ⅱ（第7版）154事件）を例に検討してほしい。

### ■参考文献
・橋本博之『解説 改正行政事件訴訟法』（弘文堂、2004年）
・人見剛「行政処分の法効果・規律・公定力」磯部力ほか編『行政法の新構想Ⅱ』（有斐閣、2008年）83～84頁
・石森久広「違法性の承継」法教383号（2012年）4～13頁
・藤田宙靖『行政法総論』（青林書院、2013年）

---

10　下井康史・法教362号（2010年）137頁、川合敏樹「解説」行政判例百選Ⅰ（第7版）84事件170頁等も参照。

# 6 裁量的行政処分の違法性

榊原秀訓

1 行政裁量とは何か、裁判所の審理方式、審査基準はどうなっているのか。
2 社会観念審査、判断過程審査、比例原則審査とはどのようなものか、審査密度はどう考えられるのか。
3 判断過程合理性審査とはどのようなものか、審査密度はどう考えられるのか。
4 審査基準に基づく審査と個別事情審査(個別事情考慮義務)はどのようなものか。

■キーワード
判断代置、裁量の踰越・濫用(裁量濫用)、(重大な)事実誤認、社会観念審査、比例原則、審査密度、判断過程審査、要考慮事項、他事考慮、判断過程合理性審査、審査基準、個別事情審査(個別事情考慮義務)

■主要判例
**判例1**・神戸全税関事件:最判1977(昭52)・12・20民集31巻7号1101頁[行政判例百選Ⅰ(第7版)80事件]
**判例2**・日光太郎杉事件:東京高判1973(昭48)・7・13行集24巻6・7号533頁[環境判例百選(第3版)77事件]
**判例3**・「エホバの証人」剣道実技拒否事件:最判1996(平8)・3・8民集50巻3号469頁)[行政判例百選Ⅰ(第7版)81事件]
**判例4**・日の丸・君が代懲戒処分事件:最判2012(平24)・1・16判時2147号127頁[地方自治判例百選(第4版)78事件]
**判例5**・伊方原発事件:最判1992(平4)・10・29民集46巻7号1174頁[行政判例百選Ⅰ(第7版)77事件]
**判例6**・三菱タクシーグループ運賃値上げ申請却下国賠事件:最判1999(平11)・7・19判時1688号123頁[行政判例百選Ⅰ(第7版)72事件]

## 一　行政裁量と司法審査

### 1　行政裁量はどのようなものか？

**（1）行政裁量とそれが存在する場所**　裁量とは、法令の規定から一義的な結論が導かれず、決定を行う者に判断選択の余地があるものである。裁量は、行政だけではなく、立法や司法においても考えることが可能であり、また、行政裁量を考える場合にも、行政処分だけではなく、行政立法、行政指導、行政契約等においても考えることができる。しかし、取消訴訟で争う場面としては、行政処分が重要である。さらに、その場合でも、手続や時間（タイミング）についても裁量を考えることが可能であるが、ここでは、一般的である処分の要件と効果における裁量を考える。

**（2）行政裁量の具体例**　要件における裁量の具体例として、外国人の在留期間の更新をみると、出入国管理及び難民認定法21条3項は、法務大臣は、「在留期間の更新を適当と認めるに足りる相当の理由があるときに限り」、許可することができるとしており、これに該当するかの判断は一義的に決定し難い。また、効果における裁量の具体例として、公務員の懲戒処分があげられる。国家公務員法82条1項1号から3号までのいずれかに該当した場合に、「懲戒処分として、免職、停職、減給又は戒告の処分をすることができる」と規定されていることから、懲戒処分をするか否か、懲戒処分をするとしても4つの内のいずれの処分を行うかについて選択の余地があることになる。さらに、停職の場合にはその期間が、減給の場合には期間と減給額について選択の余地がある。

**（3）行政裁量の司法審査と審査密度**　以上のように、要件や効果について、行政庁に判断選択の余地が存在し得る。立法において要件と効果を特定すれば裁量は消滅することになるが、一般的に、立法において詳細に要件と効果を規定することは容易ではないことから、行政庁に裁量が認められることが少なくない。要件や効果が一義的に決定できないことから、司法審査は困難であるものの、行政事件訴訟法30条は、「裁量権の範囲をこえ又はその濫用があつた場合に限り」、「処分を取り消すことができる」と行政裁量の司法審査を認めている。もっとも、裁判所の審査が限定的で裁量が比較的広く認められる場合と、裁判所の審査が厳格で裁量が比較的限定的に認められる場合がある。このような審査の厳格さの程度を審査密度と呼び、密度が高いまたは低いと表現している。

## 2 行政裁量の審査方式、審査基準と審査密度はどのような関係にあるのか？

**（1）「判断代置審査」と「裁量濫用審査」**　行政裁量の審査について、一般的に、「判断代置審査」と「裁量濫用審査」があるとされる。判断代置審査とは、特定の法令や事実関係に照らして、裁判所が自ら行う判断を行政庁の判断と比べ、両者の判断が一致すれば、行政庁の判断は適法であり、裁判所の判断が行政庁の判断とは異なるのであれば、行政庁の判断は違法とする審査方式である。このような審査方式は、羈束処分については一般的に行われている。裁量の中でも羈束裁量については、羈束処分と同様に扱い、判断代置審査をすることが考えられる。

しかし、それ以外の裁量処分に関してこのような審査方式を採用するということは、実際には、行政庁に全く自由を与えないことを意味することになるから、裁判所は、当該行政処分を裁量としては扱っていないことになる[1]。そこで裁判所は、羈束裁量を別にすれば、一般に行政裁量に関して、判断代置審査を用いず、審査を行うことになる。その審査方法として裁量濫用審査、さらに、その中間にあるものとして、結論ではなく判断過程に焦点を当てた三で説明する「判断過程審査」があげられることが多い。

**（2）審査基準**　次に、裁量濫用審査において採用されている審査基準を確認すると、ほぼ共通して、①（重大な）事実誤認、②目的違反・不正な動機、③平等原則違反、④比例原則違反があげられる[2]。また、⑤信義則違反があげられることもある[3]。さらに、これらと並ぶ基準として、社会観念審査で用いられる⑥「社会観念上著しく妥当性を欠く」といった基準があげられることもある[4]。もっとも、この基準は、緩やかな比例原則違反という

---

[1] 市橋克哉ほか『アクチュアル行政法（第2版）』（法律文化社、2015年）111頁〔本多滝夫〕、小早川光郎『行政法講義・下Ⅱ』（有斐閣、2005）195頁、高木光「行政処分における考慮事項」曹時62巻8号（2010年）16頁参照。

[2] 例えば、宇賀克也『行政法概説Ⅰ：行政法総論（第6版）』（有斐閣、2017年）330～332頁。

[3] 例えば、稲葉馨ほか『行政法（第4版）』（有斐閣、2018年）114～116頁〔人見剛〕。

[4] 塩野宏『行政法Ⅰ：行政法総論（第6版）』（有斐閣、2015年）147～149頁。芝池義一『行政法読本（第4版）』（有斐閣、2016年）75～78頁は、「最高裁判所が用いている基準」として、社会観念審査をあげる。

基準として位置付けることができると考えられる。①と並んで、社会観念違反を審査するために、②から⑤の基準を用いるという説明もある[5]。

（3）**裁量処分と非裁量処分に共通する審査基準**　また、上記の審査基準は、例えば、目的違反ないし不正な動機のように、必ずしも裁量処分だけではなく、非裁量処分にとっても違法性判断の基準となる[6]。四で触れる比例原則も、憲法上または条理上の原則とすれば、裁量処分と非裁量処分のいずれに対しても適用されると考えられる。ただし、比例原則を裁量処分に適用する場合に、比例性の程度を裁判所が操作することによって、審査密度を変化させ得ることにも注意が必要である。このことは、審査密度が先に述べたような審査方式だけではなく、審査基準の適用のあり方によっても変化することを意味している。

## 二　社会観念審査とその審査密度

### 1　社会観念審査とはどのようなものか？

（1）**公務員の懲戒処分と社会観念審査**　行政裁量の審査の中でも、「社会観念上著しく妥当性を欠く」場合を違法と判断する審査にとどまる「社会観念審査」と呼ばれる審査方式が存在する[7]。例えば、**判例1**は、①「国公法は、同法所定の懲戒事由がある場合に、懲戒権者が、懲戒処分をすべきかどうか、また、懲戒処分をするときにいかなる処分を選択すべきかを決するについては、公正であるべきこと（74条1項）を定め、平等取扱いの原則（27条）及び不利益取扱いの禁止（98条3項）に違反してはならないことを定めている以外に、具体的な基準を設けていない」。したがって、懲戒権者は、②「懲戒事由に該当すると認められる行為の原因、動機、性質、態様、結果、影響等のほか、当該公務員の右行為の前後における態度、懲戒処分等の処分歴、選択する処分が他の公務員及び社会に与える影響等、諸般の事情を考慮して、懲戒処分をすべきかどうか、また、懲戒処分をする場合にいか

---

5　市橋ほか・前掲注1　109～110頁〔本多滝夫〕。

6　室井力編『新現代行政法入門（1）：基本原理・行政作用・行政救済（補訂版）』（法律文化社、2005年）152～153頁〔浜川清〕、曽和俊文『行政法総論を学ぶ』（有斐閣、2014年）194～196頁。

7　榊原秀訓「判批」行政判例百選Ⅰ（第4版）88事件179頁、小早川・前掲注1　196頁。

なる処分を選択すべきか、を決定することができるものと考えられるのであるが、その判断は、右のような広範な事情を総合的に考慮してされるもの」として、裁判所の審査は、③「懲戒権者と同一の立場に立つて懲戒処分をすべきであつたかどうか又はいかなる処分を選択すべきであつたかについて判断し、その結果と懲戒処分とを比較してその軽重を論ずべきものではなく」、④懲戒権者の裁量権の行使に基づく処分が「社会観念上著しく妥当を欠き、裁量権を濫用したと認められる場合に限り違法であると判断すべきものである」とした。**判例1**では、法律において具体的基準が設けられておらず（①）、また、広範な事情を総合的に考慮する必要性から（②）、裁判所が判断代置方式により審査するものではなく（③）、「社会観念審査」によって審査すべきとされるわけである（④）。

（2）**外国人の在留許可更新申請拒否処分と社会観念審査**　同様の審査方法は、法務大臣による外国人の在留許可更新申請拒否処分に関する同時期の最大判1978（昭53）・10・4民集32巻7号1223頁（マクリーン事件）においても採用されている。それは、「在留期間の更新事由が概括的に規定されその判断基準が特に定められていない」ことや、「諸般の事情をしんしゃくし、時宜に応じた適格な判断をしなければならない」ことをあげ、法務大臣の裁量権の範囲が広汎であるとして、その判断が「全く事実の基礎を欠き又は社会通念上著しく妥当性を欠くことが明らかである場合に限り」、違法とする。

**判例1**とは異なり、「事実誤認」とセットで用いられているが、それは、審査範囲の広狭を示唆するものとは考えられない。また、判例において、「著しく妥当性」を欠くのが「社会観念上」の場合と「社会通念上」の場合がある。裁判所が用語の継続性・統一性に十分関心を払っていないことの妥当性は問題になるが、この相違も特に両者を区別して審査範囲の広狭を示唆するものとは考えられない。

## 2　社会観念審査の審査密度はどのようなものか？

（1）**「最小限審査」としての社会観念審査**　社会観念審査に対しては、早い時期から「社会観念」の具体的分析がなければ、有効なものになり得ないとして[8]、社会観念審査がブラックボックスに包まれ、それと結び付いて社会観念審査の審査密度が低いことが批判されてきた。「社会観念審査」の審査密度が低いことには共通理解があり、最低限の審査を行う「最小限審

査」と呼ぶことができる[9]。

（２）**比例原則との関係**　「社会観念上著しく妥当性を欠く」という基準について、それを比例原則違反という基準として理解するのか、または、それと並ぶ基準と理解するのかという相違がある。比例原則の用い方に幅が存在し[10]、前者の考えは、最も比例に適合する関係にある唯一の行政処分を導き出し、行政裁量を否定するほど厳格に適用するというものではなく、行政裁量を認めつつ、比例性に極端なズレが存在し、過度に厳しい場合のみを違法として、緩やかに適用するものである[11]。後者の社会観念審査は比例原則審査とは異なるとする考えは、一義的な行政処分を導き出すほどに厳格に適用した場合のみが比例原則違反と限定しつつ、誰もが合理的とは判断できないものを違法とするものと考えられる。

　社会観念審査に対して、「社会観念」をより具体化する作業が必要となるという批判も、審査基準を客観的な法的基準の中に組み込む必要性を述べるものとして理解できる[12]。社会観念審査を緩やかな比例原則に基づく審査とする考えは、比例原則という客観的な法的基準の中に組み込もうとするものと思われる。

## 三　判断過程審査審査とその審査密度

### 1　オリジナルな判断過程審査とはどのようなものか？

（１）**土地収用と判断過程審査**　判断過程審査を採用し、一般的に注目を集めたものが**判例2**である。それは、「①本来最も重視すべき諸要素、諸価値を不当、安易に軽視し、その結果当然尽すべき考慮を尽さず、または②

---

　8　室井力「現代行政と行政法の理論」同『現代行政法の展開』（有斐閣、1978年）19頁、同「行政裁量論」同『現代行政法の原理』（勁草書房、1973年）88頁。

　9　小早川・前掲注1　195頁。

　10　村田斉志「行政法における比例原則」藤山雅行・村田斉志編『新・裁判実務体系25：行政争訟（改訂版）』（青林書院、2012年）85頁。高木光「比例原則の実定化：『警察法』と憲法の関係についての覚書」芦部信喜先生古稀『現代立憲主義の展開（下）』（有斐閣、1993年）219頁。

　11　塩野・前掲注4　148頁、須藤陽子「行政裁量統制と『比例原則』」同『比例原則の現代的意義と機能』（法律文化社、2010年）226頁。

　12　三浦大介「行政判断と司法審査」磯部力ほか編『行政法の新構想Ⅲ：行政救済法』（有斐閣、2008年）122頁参照。

本来考慮に容れるべきでない事項を考慮に容れもしくは③本来過大に評価すべきでない事項を過重に評価し」、判断が左右された場合に、「裁量判断の方法ないしその過程に誤りがあるものとして、違法」と判断しようとするものである。

そして、**判例2**は、①「本件土地付近のもつかけがいのない文化的諸価値ないしは環境の保全という本来最も重視すべきことがらを不当、安易に軽視し、その結果右保全の要請と自動車道路の整備拡充の必要性とをいかにして調和させるべきかの手段、方法の探究において、当然尽すべき考慮を尽さず」、②「オリンピックの開催に伴なう自動車交通量増加の予想という、本来考慮に容れるべきでない事項を考慮に容れ」、かつ、③「暴風による倒木（これによる交通障害）の可能性および樹勢の衰えの可能性という、本来過大に評価すべきでないことがらを過重に評価し」ており、これらの諸点につき正しい判断がなされたとすれば、「建設大臣の判断は異なつた結論に到達する可能性があつた」として、違法なものとする。

（２）**社会観念審査との異同**　社会観念審査と比較したとき、判断過程審査は、最後の実体判断に焦点を当てるのではなく、それを導くための判断過程に焦点を当てる点に特徴があるといえるし、また、審査密度を向上させている。もっとも、実体判断に焦点を当てる場合であっても、要件や効果の判断に問題があれば違法になり得るし、判断過程審査においても、何を考慮すべきで、何を考慮すべきではないかの判断は、必ずしも法令から導かれるわけではなく、さらに、考慮事項の比重を法令から導くことは期待できないであろうから、これらについては、裁判所が実体的に判断しているといえる。そうすると、実際には、判断過程審査は、実体判断に焦点を当てる審査方式と全く異なるとはいい難い。こういったこともあり、判断過程を行う場合、考慮事項の比重は審査せず、要考慮事項の不考慮と他事衡量の審査にとどまっている場合もあり、考慮事項の比重を審査しないものを「形式的考慮要素審査」、比重の審査を行うものを「実質的考慮要素審査」とする呼称もある[13]。後者の審査の方が前者よりも審査密度は高いといえる。

---

13　村上裕章「小田急訴訟本案判決」、同『行政訴訟の解釈理論』（弘文堂、2019年）254頁、同「判断過程審査の現状と課題」同前240頁。

## 2 社会観念審査が結合したような判断過程審査はどのようなものか？

（1）「エホバの証人」剣道実技拒否退学処分　近年のリーディングケースと考えられるのが、**判例3**である。そこでは、信仰上の理由から体育の授業において、剣道実技を行うことを拒否したために、単位が取得できず、原級留置となり、それを繰り返したために退学処分を受けた「エホバの証人」信者が、原級留置と退学処分を違法として争ったものである。裁判所は、①「考慮すべき事項を考慮しておらず、又は考慮された事実に対する評価が明白に合理性を欠き」、その結果、②「社会観念上著しく妥当を欠く処分をした」として、違法と判断した。この判断方法は、判断過程審査（①）と社会観念審査（②）とが結合したものとなっている。また、信仰上の理由による剣道実技の履修拒否について、「代替措置が不可能というわけでもないのに、代替措置について何ら検討することもなく、体育科目を不認定とし」ていることなどが問題とされている。体育科目の場合には、怪我や病気によって、一定の実技を行うことができないときに、代替措置がとられることからも、代替措置不考慮の違法が導きやすかったと思われる。

このような判断過程審査と社会観念審査との結合は、例えば、最判2006（平18）・2・7民集60巻2号401頁（呉市公立学校施設使用不許可事件）、最判2006（平18）・11・2民集60巻9号3249頁（小田急線高架化事件（本案））でもみられる。そのため、オリジナルの社会観念審査を「形式的社会観念審査」、判断過程審査と結合した社会観念審査を「実質的社会観念審査」と呼ぶ呼称も登場してきた[14]。

（2）社会観念審査と結合した判断過程審査の審査密度　判断過程審査が社会観念審査と結合した場合にも、必ずしも審査密度が低下しているとは思われない。**判例3**における審査密度が高いのは、信教の自由という憲法上の権利がかかわり、また、退学処分といった不利益の程度が重いことによると考えられる。しかし、判例において、常に審査密度が高いわけではなく、審査密度は可変的なものである。それを最後の実体判断に焦点を当てた社会観念審査の一種と考えた場合、社会観念審査の審査密度は可変的となる。他方、判断過程審査も実際には最後の実体判断に影響を与えるとすると、これを判断過程審査と考え、社会観念審査の審査密度は低いものと固定し、判断

---

14　曽和・前掲注6 196～212頁、常岡孝好「行政裁量の判断過程の統制」法教383号（2012年）16～23頁。

過程審査の審査密度を可変的と考えることも可能だと思われる。さらに、審査において重要であるのは、いかなる考慮事項をいかなる比重で考慮するかであり、翻って考えると、社会観念審査の典型例であった**判例1**も、考慮事項の評価が適切ではないことにより審査密度が低いものと説明することができる[15]。

## 四　比例原則審査とその審査密度

### 1　比例原則審査とはどのようなものか？

もう一つ審査密度の向上のために、より厳格化した比例原則審査が活用されている。最近のものとして、**判例4**をあげることができる。それは、「不起立行為等に対する懲戒において戒告を超えてより重い減給以上の処分を選択する」ことができるのは、「学校の規律や秩序の保持等の必要性と処分による不利益の内容との権衡の観点から当該処分を選択することの相当性を基礎付ける具体的な事情が認められる場合であること」を必要とし、「過去に入学式の際の服装等に係る職務命令違反による戒告1回の処分歴があることのみを理由に」、「減給処分を選択した都教委の判断は、減給の期間の長短及び割合の多寡にかかわらず、」①「処分の選択が重きに失するものとして」②「社会観念上著しく妥当を欠き」違法であるとする。判断過程審査の場合と同様、比例原則審査（①）と社会観念審査（②）を結合しているといえる。

### 2　比例原則審査の審査密度はどのようなものか？

（1）制裁的不利益処分と比例原則　　比例原則は、制裁的不利益処分の文脈で用いられている。例えば、公務員関係において、飲酒運転を理由にする懲戒免職処分を違法とする判断がみられるが、これは、なんらかの懲戒をすることができるとしても、「免職」は厳し過ぎる（比例原則違反）とするものである。もともと社会観念審査は、緩やかな比例原則審査であるという理解も示されていたが、**判例4**などの比例原則審査により、非違行為などとそれを理由とする不利益処分との比例性を厳格に判断するという意味で、審査密度を向上させるものである。また、現在の比例原則審査の特徴は、社会

---

[15]　岡田正則「教育公務員の懲戒処分に関する裁量権逸脱・濫用の違法について」Law & Practice 5号（2011年）179頁参照。

観念審査と結合していることであるが、判断過程審査に関して述べたように、両者の結合によって審査密度が低下しているとはいえない。

（2）**判断過程審査と比例原則の類似性**　もっとも、審査密度は、判断過程審査や比例原則審査において、考慮事項についてより厳密に審査していることから向上しており、判断過程審査や比例原則審査によっても、考慮事項に対して要求する厳密さしだいで、その審査密度は異なり得ると思われる。例えば、起立斉唱を命じる旨の職務命令違反を理由に懲戒処分を受けた教職員の再任用等の拒否に関して、最判2018（平成30）・7・19判時1704号4頁（日の丸・君が代再任用等拒否事件）は、「従前の勤務成績の内容として本件職務命令に違反したことを被上告人らに不利益に考慮し、これを他の個別事情のいかんにかかわらず特に重視すべき要素であると評価し、そのような評価に基づいて本件不合格等の判断をすることが、その当時の再任用制度等の下において、著しく合理性を欠くものであったということはできない」とし、**判例4**とは異なり、再任用制度における裁量の審査密度は低いものとなっている。

他方、厳密な審査を行う審査密度が高い比例原則審査は、考慮事項の比重も審査する実質的考慮要素審査の一つのバリエーションとして、判断過程審査と類似の審査方式であり、制裁的不利益処分の文脈で、あらかじめ非違行為と制裁の比例性が枠付けられた判断過程審査ということができる[16]。

## 五　判断過程合理性審査とその審査密度

### 1　判断過程合理性審査はどのようなものか？

（1）**原子炉の安全性審査と審査密度**　判断過程に注目するものの、専門機関が設定した審査基準に焦点を当てた審査として、判断過程合理性審査と呼ばれる審査がある[17]。**判例5**は、原子炉設置の安全性審査に関して、「審査の対象には、将来の予測に係る事項も含まれて」、審査においては、「原子力工学はもとより、多方面にわたる極めて高度な最新の科学的、専門技術的知見に基づく総合的判断が必要とされる」とする。そして、「原子力委員会

---

16　山本隆司「判断過程統制の構造」同『判例から探究する行政法』（有斐閣、2012年）228頁は、「衡量過程の審査も、比例原則の応用形態と見ることができる」とする。

17　村上・前掲注13「判断過程審査の現状と課題」240頁。

若しくは原子炉安全専門審査会の専門技術的な調査審議及び判断を基にしてされた被告行政庁の判断に不合理な点があるか否かという観点から行われるべきであって、現在の科学技術水準に照らし」、①「右調査審議において用いられた具体的審査基準に不合理な点があり」、あるいは②「当該原子炉施設が右の具体的審査基準に適合するとした原子力委員会若しくは原子炉安全専門審査会の調査審議及び判断の過程に看過し難い過誤、欠落があり、被告行政庁の判断がこれに依拠してされたと認められる場合」に、許可処分が違法になるとする。

**図表 6-1　判断過程合理性審査**

| 法令 ― ○(合理性を有する) ➡ 審査基準 ― ○(看過し難い過誤、欠落がない) ➡ 許可 |
|---|
| (法令に照らして)審査基準に不合理な点がないか？ | 原子炉施設が具体的審査基準に適合するとした原子力委員会・原子炉安全専門審査会の調査審議及び判断の過程に看過し難い過誤、欠落がないか？ |

つまり、**図表 6-1** に示したように、審査は二段階で行われ、第一段階（①）では、「具体的審査基準」における「不合理な点」の有無が審査され、第二段階（②）では、具体的審査基準に適合するとした「調査審議及び判断の過程に看過し難い過誤、欠落があ」るか否かが審査される。そこでは、専門機関が設定した「具体的審査基準」が法令と同様の機能を果たし、その後の審査が「看過し難い過誤、欠落」に限定されるものといえる。専門機関による基準設定を高度に尊重した審査方法と考えられる。

しかし、社会観念審査と比較すると審査密度は向上しているといえるであろうが、専門機関の判断をここまで尊重し、「不合理性の審査」にとどめ、第二段階の審査が「看過し難い過誤、欠落」に限定される理由も不明である[18]。また、このような専門機関が設定する審査基準に依拠した審査は、理解の仕方によっては、極めて広範囲で利用できることになることから、どういった場合に利用できるのかも問題となる。

---

18　亘理格「原子炉安全審査の裁量統制論」同『行政行為と司法統制』（有斐閣、2018年）438～439頁、山田洋「判批」平成4年度重判解（1993年）・行政法4事件46～47頁。

**（２）判断過程合理性審査の活用範囲の拡大**　同様の審査方法は、教科書検定裁判においても採用されている。最判1993（平５）・３・16民集47巻５号3483頁（家永教科書検定第１次訴訟）は、「教科用図書検定調査審議会の判断の過程（検定意見の付与を含む）に、原稿の記述内容又は欠陥の指摘の根拠となるべき検定当時の学説状況、教育状況についての認識や、旧検定基準に違反するとの評価等に看過し難い過誤があ」るかを問題にしている。審査基準の合理性審査とその適用の審査という二段階の審査を行う**判例5**と比較すると審査基準の合理性への言及はないが、**判例5**と同様に、専門的機関の判断に依拠したものである。しかし、教科用図書検定調査審議会の構成と運営＝手続がその判断を尊重し得るほどのものかは問題である[19]。

　**（３）判断過程合理性審査の活用範囲の限定**　反対に、判断過程合理性審査の活用範囲を限定するのが水俣病認定拒否処分に対する審査である。大阪高判2012（平24）・４・12LEX/DB25480931は判断過程合理性審査を行ったが、最判2013（平25）・４・16民集67巻４号1115頁（水俣病認定拒否処分大阪訴訟）は、認定拒否処分が行政裁量であることを否定して、判断過程合理性審査を採用しなかった。たしかに、現在または過去の病状が水俣病と判断できるかという客観的事実の確定が問題であり、専門技術的判断であるとしても、将来の予測にかかわる事項を含み、また、社会的許容限度といった政策的判断にかかわるとも考えられる原子炉の安全性とは異なる[20]。

## ２　老齢加算廃止処分における審査方法はどのようなものか？

　**（１）判断過程合理性審査の系譜に属する審査**　さらに、老齢加算廃止に関して、判断過程審査により法規命令と考えられる保護基準の改定とそれに基づく保護変更決定を違法とした福岡高判2010（平22）・６・14民集66巻６号2505頁が出されたが、最判2012（平24）・４・２民集66巻６号2367頁（老齢加算廃止九州事件）は、それを破棄し、福岡高裁に差し戻した。最判

---

[19] 室井力「教科書検定裁量論」名経創刊号（1994年）92～96頁。山下淳「判批」平成５年度重判解・行政法１事件43頁、中川丈久「判批」行政判例百選Ⅰ（第７版）79事件161頁も参照。

[20] 山下竜一「判批」法セ704号（2013年）111頁、深澤龍一郎「判批」判例セレクト2013・Ⅱ（2014年）５頁、越智敏裕「判批」平成25年度重判解・行政法１事件40頁、島村健「公害健康被害の補償等に関する法律等における水俣病の概念（２）」法教397号（2013年）43～44頁。

は、厚生労働大臣の「専門技術的かつ政策的な見地からの裁量権」を認め、「裁判所の審理においては、主として老齢加算の廃止に至る判断の過程及び手続に過誤、欠落があるか否か等の観点から、統計等の客観的な数値等との合理的関連性や専門的知見との整合性の有無等について審査されるべき」とし、改定に基づく生活扶助額の減額が被保護者の「期待的利益の喪失を通じてその生活に看過し難い影響を及ぼすか否か等の観点から」、「改定の被保護者の生活への影響の程度」や「それが激変緩和措置等によって緩和される程度等」について、統計等の客観的な数値等との合理的関連性等を含めて審査されるべきとする。

（2）**法規命令の裁量審査と審査密度**　法規命令における立法裁量の司法審査を行政裁量の司法審査と同列に扱えるとして[21]、この最判は、**判例5**の系譜に属しており、審査密度が高いとはいえない。**判例5**と比較すると、審査対象を「判断の過程」のみならず「判断の手続」も含み、「過誤、欠落」には「看過し難い」というほどの厳格さを要求しないといった相違を有しており、また、専門委員会の検討過程を跡づけてそこでの過誤を審査するものではない点で相違がある。最高裁が統計等の客観的な数値等との合理的関連性を主たる考慮事項とした結果、保護基準の改定の適法性に対する審査密度が低められ、専門委員会での検討と区別される大臣の判断要素に審査を及ぼすべきであったと指摘されている[22]。

## 六　審査基準の意味と個別事情審査（個別事情考慮義務）

### 1　法令、審査基準と行政処分の関係はどのようなものか？

以上のような専門機関が設置した基準に依拠した判断過程合理性審査とは異なり、通常の行政庁が策定した審査基準を用いる審査もある。法令との関係で、行政規則である審査基準に合理性が認められる場合に、許認可の申請が審査基準に適合しないとしても、法令には適合することも考えられる。こ

---

21　榊原秀訓「行政裁量と行政救済」浜川清ほか編『行政の構造変容と権利保護システム』（日本評論社、2019年）110〜118頁。
22　豊島明子「行政立法の裁量統制手法の展開」法時85巻2号（2013年）33〜34頁、前田雅子「判批」平成24年度重判解・行政法2事件39〜40頁。同「保護基準の設定に関する裁量と判断過程審査」芝池義一先生古稀『行政法理論の探究』（有斐閣、2016年）311〜338頁も参照。

のような場合、許認可の申請が法令に適合するか否かについて個別事情審査（個別事情考慮義務）が必要となる[23]。

**図表6-2　個別事情審査（個別事情考慮義務）**

| 法律(法令) ― ○(合理性を有する) → 審査基準 ― ×(審査基準に適合しない) → 認可 |
| --- |
| ○(個別事情を審査し、法律(法令)の基準に適合) |

| 通達の定める運賃原価算定基準に示された原価計算の方法が、法律の基準に適合するか否かの具体的判断基準として「合理性」を有するか？ | 申請が審査基準に適合しないときに、「個別に審査判断」し、法律(法令)の基準に適合しているか？ |
| --- | --- |

## 2　個別の事情はどのように考慮されるのか？

　個別事情審査の例として、**判例6**をみてみたい。それは、①「通達の定める運賃原価算定基準に示された原価計算の方法」が、法律の基準に「適合するか否かの具体的判断基準として合理性を有する」として、「平均原価方式に従って算定された額をもって当該同一地域内のタクシー事業者に対する運賃の設定又は変更の認可の基準とし、右の額を変更後の運賃の額とする運賃変更の認可申請については、特段の事情のない限り同号の基準に適合しているものと判断すること」を裁量権の行使として是認し得るとしつつ、他方で、②「タクシー事業者が平均原価方式により算定された額と異なる運賃額を内容とする運賃の設定又は変更の認可申請をし」、運賃額が同号の基準に適合することを明らかにするため、省令所定の原価計算書その他運賃の額の算出の基礎を記載した書類を提出した場合には、申請が法律の基準に適合しているか否かを提出書類に基づいて「個別に審査判断すべきである」として、「個別事情考慮義務」を課す。

　**図表6-2**で示したように、許認可が法令に基づいてなされることから、

---

23　深澤龍一郎「裁量基準の法的性質と行政裁量の存在意義」同『裁量統制の法理と展開：イギリス裁量統制論』（信山社、2013年）118〜123頁、同「裁量審査の密度と方法」法時90巻8号（2018年）41頁、山下竜一「裁量基準の裁量性と裁量規律性」法時85巻2号（2013年）22〜28頁。高橋正人「行政規則の外部効果に関する一考察」同『行政裁量と司法審査論』（晃洋書房、2019年）131〜165頁も参照。

仮に申請が合理性を有する行政規則である審査基準（①）に適合しない場合であっても、法令には適合することが考えられる以上は、その個別事情審査が必要になり（②）、法令に適合すれば許認可を得られるわけである。このように、審査基準は、すべての申請に対する判断基準となるものではない。その後、最判2015（平27）・3・3民集69巻2号143頁（北海道パチンコ店営業停止事件）は、裁量権が「処分基準に従って行使されるべきことがき束されて」いるとまでする一方で、「特段の事情がない限り」という限定をしている。これは、行政規則に一定の外部効果を認めつつ、個別事情審査（個別事情考慮義務）の必要性を示すものと考えられる。

### □■■　検討問題　都市計画変更決定（道路の拡幅）の違法性　□■■

　Aは、B市内の土地に鉄筋コンクリート造の建築物を建築しようとして、都市計画法（以下「都計法」）53条1項に基づき建築の許可申請をした。しかし、その敷地の一部が都市計画変更決定により定められた都市計画道路の区域内に位置していたため、Aは計画変更決定による都市計画施設（道路）に関する都市計画に適合しないとして、C県知事から不許可決定を受けた。そこで、Aは、弁護士と相談し、取消訴訟で争うことにした。都市計画変更決定の主な内容は、約180メートル区間の道路の幅員を11メートルから17メートルに拡幅するというものであり、道路を拡幅する理由は、都市計画基礎調査（都計法6条1項）における将来の人口増による交通量増加に対応しようとするものであった。しかし、実際には、B市では人口が減少しており、市役所、商工会議所や銀行等の重要施設も移転されていた。都計法6条1項と13条1項11号、19号との関係も考慮しつつ、不許可決定の違法性をどのように考えればよいか（東京高判2005（平17）・10・20判時1914号43頁参照）。

### ■参考文献
・榊原秀訓「行政裁量の『社会観念審査』の審査密度と透明性の向上」室井力先生追悼『行政法の原理と展開』（法律文化社、2012年）117頁
・榊原秀訓「行政裁量の審査密度—人権・考慮事項・行政規則」行政法研究23号（2018年）1頁
・村上裕章『行政訴訟の解釈理論』（弘文堂、2019年）「第3部　裁量統制」235頁
・亘理格『行政行為と司法統制』（有斐閣、2018年）「第Ⅲ部　適法性審査のあり方」333頁
・深澤龍一郎『裁量統制の法理と展開』（信山社、2013年）「第二部　裁量基準」59頁

# 7 行政手続法と手続的瑕疵

石塚武志

1 審査基準の未設定・未公表は、拒否処分の取消事由となるか。
2 意見陳述手続（聴聞・弁明の機会の付与）に瑕疵がある場合、不利益処分は取り消されるべきか。
3 理由の提示が不十分な拒否処分・不利益処分は取り消されるべきか。

■キーワード
手続違法（手続的瑕疵）、審査基準の設定・公表に関する瑕疵、聴聞手続の瑕疵、理由提示の瑕疵

■主要判例
**判例1**・個人タクシー事件：最判1971（昭46）・10・28民集25巻7号1037頁［行政判例百選Ⅰ（第7版）117事件］
**判例2**・群馬中央バス事件：最判1975（昭50）・5・29民集29巻5号662頁［行政判例百選Ⅰ（第7版）118事件］
**判例3**・旅券発給拒否事件：最判1985（昭60）・1・22民集39巻1号1頁［行政判例百選Ⅰ（第7版）121事件］
**判例4**・一級建築士免許取消処分事件：最判2011（平23）・6・7民集65巻4号2081頁［行政判例百選Ⅰ（第7版）120事件］

## 一 手続的瑕疵の効果

本章では、行政手続法等が定める手続規範への違反につき、行政訴訟（とりわけ処分取消訴訟）においてどのような効果が認められるのか、という問題を取り上げる。

### 1 なぜ手続的瑕疵の効果が問題となるのか？

**（1）手続的瑕疵**　行政手続法（以下「行手法」という）は、行政処分のうち、許認可等の申請に対する処分および不利益処分を行う際の手続について一般的な規定を置いている[1]。取消訴訟等では、処分の違法事由として、これらの手続規定に対する違反が主張されることがある（「手続的瑕疵」、「手続違法」等といわれる）。

**（2）手続的瑕疵の法効果**　手続的瑕疵は、処分の内容（実体）の適法・違法にかかわらず、それだけで処分の取消しを基礎付ける事由（取消事由）となるだろうか。

行政処分について司法的救済が必要な場合として、伝統的には、処分に実体的な違法がある場合が第一義的に念頭に置かれてきた。また、処分の内容が適正である場合に、手続の瑕疵を理由として処分を取り消しても、適正な手続を履践して再び同内容の処分が行われる可能性がある。これらのことから、処分手続の瑕疵について行政救済法上どのような効果を認めるべきかを検討することが必要となる。

### 2 手続的瑕疵の法効果を認めるべき／限定すべき根拠は何か？

**（1）行手法制定前の判例──手続的瑕疵と処分内容の関係**　手続的瑕疵がどのような法効果をもつかについては、行手法が規定を置いていないため、判例・学説による解釈に委ねられることになる[2]。

**判例1・判例2**は、手続の瑕疵が処分内容に影響を与えたか否かに応じて

---

1　行政手続法の内容について一般的に、宇賀克也『行政法概説Ⅰ：行政法総論（第6版）』（有斐閣、2017年）417〜458頁、下山憲治ほか『行政法』（日本評論社、2017年）93〜104頁〔筑紫圭一〕、大橋洋一『行政法Ⅰ：現代行政過程論（第4版）』（有斐閣、2019年）217〜242頁等を参照。

2　以下について、本多滝夫「手続的瑕疵の是正訴訟について：『手続的瑕疵の効果』の再検討」『室井力先生追悼論文集：行政法の原理と展開』（法律文化社、2012年）160〜167頁を参照。

手続違法の効果の有無を判断するという方法を採用した（相対的取消事由説）。**判例1**は、個人タクシー事業免許の審査の基準が行政職員間で周知されておらず、申請者にも基準が知らされていなかったという瑕疵を理由として、免許申請拒否処分は取り消されるべきとしたが、最高裁はこの中で、当該事案において申請人に主張・証拠提出の機会が与えられその結果がしん酌されていれば、拒否処分という「判断と異なる判断に到達する可能性がなかったとはいえない」としている。**判例2**は、路線バス事業免許の審査過程で、申請者に公聴会での主張・資料提出の機会が十分に与えられていなかったという瑕疵があることを認めながらも、仮に申請者に対して意見・資料の提出が促されていたとしても、行政機関の「認定判断を左右するに足る意見及び資料を追加提出しうる可能性があったとは認め難い」として、拒否処分の取消しを認めなかった。

（2）**手続の適正の価値を重視する見解**　他方、学説においては、手続の適正それ自体の価値をより重くみて、手続の瑕疵は基本的に処分の独立的な取消事由となるとする見解が有力に主張されている（絶対的取消事由説）。この見解は、行政処分が適正・公正な手続を経て行われることについて私人の手続的権利を認める[3]。

（3）**絶対的取消事由と相対的取消事由の区別**　また、手続的瑕疵のうち、処分の実体的適正とは独立して法効果を認めるべき絶対的取消事由と、処分内容の適正と関係付けられて法効果が認められる相対的取消事由とを区別する見解もみられる（二元的取消事由説）。この見解が絶対的取消事由とするのは、「制度の根幹にかかわる手続の違反でその瑕疵を許したのでは制度自体の信用信頼をゆるがせることになるもの」[4]、あるいは、手続自体の公正を図ることを目的とする手続法規への違反が「当該法規の目的である手続の公正を害する程度に至っているとき」[5]である。また、「私人の法益を保護することを意図した手続」等について手続的権利を認め、手続の瑕疵が私人の手続権の保護範囲にかかるものか否かによって絶対的取消事由と相対的取

---

3　塩野宏『行政法Ⅰ：行政法総論（第6版）』（有斐閣、2015年）346～348頁。
4　越山安久「判解」昭和50年度最判解民（1979年）255～256頁。
5　田中健治「行政手続の瑕疵と行政処分の有効性」藤山雅行・村田斉志編『新・裁判実務大系25：行政争訟（改訂版）』（青林書院、2012年）204頁。

**図表 7-1　手続的瑕疵の効果に関する考え方**

| (1)相対的取消事由説 | 処分内容に影響を与えた手続的瑕疵は処分の取消事由となる |
| --- | --- |
| (2)絶対的取消事由説 | 手続的瑕疵はすべて処分の取消事由となる |
| (3)二元的取消事由説 | 絶対的取消事由となる手続的瑕疵と相対的取消事由である手続的瑕疵を区別する |

消事由とを区別する見解も提示されている[6]。

　従前の判例は（1）の相対的取消事由説を採用したものと理解されてきたが、行手法の制定（1993年）を経て行政手続の価値に対する理解が浸透した現在、この説を維持することは適切ではない[7]。他方で、処分手続の瑕疵がいかに軽微なものであっても処分の取消事由となると解することは現実的ではなく、（2）絶対的取消事由説をとる論者も、行政庁の手続的な義務を明確に定める行手法等の規定の意義を重視し、それに対する違反は基本的に処分の取消事由となると解する立場と考えられる。このように、手続的瑕疵の法効果については、行政庁の手続上の義務を定める法律上の規定がある場合にはそれを重視しながら、具体的な事案で問題とされる手続に「手続の適正・公正」の観点で認められる意義や、手続の瑕疵が処分の相手方等の権利保護に手続面・実体面で及ぼした影響を考慮して解釈を行うことが求められる[8]。

---

[6]　常岡孝好「裁量権行使に係る行政手続の意義：統合過程論的考察」磯部力ほか編『行政法の新構想 II』（有斐閣、2008年）259頁。

[7]　大橋・前掲注1　238〜241頁。また、「手続違法は取消事由とならない」と単純に言明することは、取消訴訟の訴訟物に関する一般的な理解とも抵触する。髙木光『行政法』（有斐閣、2015年）308頁を参照。

[8]　すでに挙げた文献のほか、曽和俊文『行政法総論を学ぶ』（有斐閣、2014年）324〜325頁、宇賀・前掲注1　470〜472頁、髙橋滋『行政法（第2版）』（弘文堂、2018年）95頁、稲葉馨ほか『行政法（第4版）』（有斐閣、2018年）108〜109頁〔人見剛〕、曽和俊文ほか『現代行政法入門（第4版）』（有斐閣、2019年）149〜150頁〔亘理格〕等を参照。

## 二 手続的瑕疵の内容と効果

　本節では、処分手続の種類に応じて、手続に瑕疵があった場合の法効果について検討する。

### 1 審査基準が設定・公表されずに行われた拒否処分は取り消されるべきか？

　（1）**審査基準の制度趣旨と、基準未設定・未公表の効果**　　行政庁は、許認可等、申請に対する処分の認否について判断する前提として、審査基準を設定し公表しなければならない（行手法5条）[9]。これは、許認可等の審査に関する基準を予め設定・公表することで、行政庁による恣意的な判断を防止し、関係者に対して許認可に関する予測可能性を与えるためである。

　審査基準の設定・公表に関する瑕疵については、拒否処分に対する理由の提示を含めて手続の公正さが害されているか否かを判断すべきとの見解もある[10]が、審査基準は、それ自体処分の公正の確保にとって重要な意義を有していることから、審査基準が設定・公表されないまま行われた処分は取り消しを免れないとする見解が有力である[11]。

　（2）**審査基準設定・公表の瑕疵に関する裁判例**　　東京高判2001（平13）・6・14判時1757号51頁は、外国医学校卒業者の医師国家試験受験資格認定について厚生大臣（当時）の定めた審査基準が公表されていなかったことを行手法5条3項違反とし、それが受験資格認定拒否処分の取消理由となるとした。また、那覇地判2008（平20）・3・11判時2056号56頁は、港湾施設内の土地の使用許可申請が拒否された場合について、行政財産使用許可に関する審査基準の設定・公表の懈怠を拒否処分取消の理由とした。

### 2 意見陳述手続に瑕疵がある場合、不利益処分は取り消されるべきか？
　（1）**意見陳述手続の重要性**　　許認可の取消し等の重大な不利益処分を

---

9　処分基準の設定・公表は努力義務とされているため（行手法12条）、ここでは審査基準の設定・公表に関する瑕疵のみを取り上げる。
10　田中・前掲注5　209頁。
11　髙橋滋『行政手続法』（ぎょうせい、1996年）434〜435頁、塩野・前掲注3　348頁、髙木光ほか『条解行政手続法（第2版）』（弘文堂、2017年）169頁〔須田守〕等。

行う際には、口頭での審理を伴う聴聞手続が執られなければならず（行手法13条1項1号）、それ以外の不利益処分については、書面の提出による弁明の機会が付与されねばならない（同2号）。これらの意見陳述手続は、不利益処分に先立って相手方に処分の内容と理由を知らせ、反論とそれを基礎付ける証拠の提出を認めることにより、権利利益を予め防御する機会を確保するものである。意見陳述手続は事前の権利保護を趣旨とする行政手続の代表例であり、意見陳述手続の瑕疵は、処分の独立的な取消事由であるとするのが多数の見解である[12]。

**（2）意見陳述手続の瑕疵に関する裁判例[13]**　長野地判2005（平17）・2・4判タ1229号221頁は、弁明の機会が付与されなかったことを違法事由として、薬事法（当時）に基づく医療用具の回収命令を取り消した。この判決は、弁明の機会を付与しなかった瑕疵は「手続全体の公正を害するものとして、その処分要件（実体的要件）を満たしているか否かにかかわらず、当該行政処分も違法となり、取消しを免れない」として、意見陳述手続の瑕疵が処分の絶対的な取消事由となることを明示した。広島高松江支判2014（平26）・3・17判時2265号17頁は、弁明通知書で不利益処分の根拠となる事実が具体的に示されていなかったことを行手法30条違反とし、道路運送法に基づく輸送施設の使用停止処分を取り消した。

## 3　理由提示に関する瑕疵は、処分の取消事由となるか？

**（1）理由提示の義務と瑕疵**　行政手続法は、許認可等の申請を拒否する処分および不利益処分について、原則として、処分理由が処分と同時に提示されなければならないと定めている（拒否処分について行手法8条、不利益処分について同14条）。

行政庁が理由提示の義務に反して処分理由を提示しない場合には、それだけで処分の取消事由となる。また、処分理由が提示された場合であっても、

---

[12] 髙橋・前掲注8　95頁、宇賀・前掲注1　472頁、塩野・前掲注3　347〜348頁、芝池義一『行政法読本（第4版）』（有斐閣、2016年）236〜237頁、髙木ほか・前掲注11　245頁〔髙木光〕、室井力ほか編著『コンメンタール行政法Ⅰ　行政手続法・行政不服審査法（第3版）』（日本評論社、2018年）172頁〔高橋正徳〕等を参照。

[13] 行手法制定前のものでは、聴聞手続の瑕疵が処分内容にかかわらず独立的な取消事由となるとした大阪地判1980（昭55）・3・19行集31巻3号483頁（ニコニコタクシー事件）が注目された。

提示された理由の内容・程度が不十分な場合には、処分は理由不備の瑕疵を帯びる。

（2）**理由提示制度の趣旨と、理由提示の瑕疵の効果**　行手法8条・14条は、提示されるべき理由の内容・程度については規定しておらず、この点に関しては判例が示してきた基準が参考とされる。判例は、この問題を、理由提示制度の趣旨との関係で検討してきている。

最高裁は、青色申告に対する更正処分の理由不備が争われた最判1963（昭38）・5・31民集17巻4号617頁において、理由提示制度の趣旨として、①「処分庁の判断の慎重・合理性を担保してその恣意を抑制する」こと（恣意抑制機能、慎重配慮確保機能）、および、②「処分の理由を相手方に知らせて不服の申立に便宜を与える」こと（不服申立便宜機能）を挙げた。このような理由提示制度の機能を法的に担保するためには、理由提示の瑕疵を帯びた処分を取り消すことが必要であると考えられることから、判例は、1963年最判など比較的早期から、理由提示の瑕疵を行政処分の独立的な取消事由と解してきた[14]。

（3）**提示を求められる理由の内容・程度**　判例は、提示されるべき理由の程度について、一般的に、「処分の性質と理由附記を命じた各法律の規定の趣旨・目的に照らしてこれを決定すべき」とする（前掲1963年最判、**判例3**等）。また、**判例4**は、不利益処分について要求される理由提示の程度について、行手法14条1項本文の趣旨に照らし「当該処分の根拠法令の規定内容、当該処分に係る処分基準の存否及び内容並びに公表の有無、当該処分の性質及び内容、当該処分の原因となる事実関係の内容等を総合考慮してこれを決定すべき」とした。

このような判断枠組みによって、具体的には、次のような内容・程度の理由提示が求められる。まず、処分理由として、処分の根拠法条を示すことに加えて、処分の原因となった事実関係を示すことが求められる。**判例3**は、一般旅券発給拒否処分に対する理由の提示について、「いかなる事実関係に基づきいかなる法規を適用して一般旅券の発給が拒否されたかを、申請者においてその記載自体から了知しうるものでなければならず、単に発給拒否の

---

14　塩野宏「理由のない行政処分はない」室井力・塩野宏編『行政法を学ぶ1』（有斐閣、1978年）257～259頁、小早川光郎「手続瑕疵による取消し」法教156号（1993年）95～97頁を参照。

根拠規定を示すだけでは……旅券法の要求する理由付記として十分でない」としている。

また、一級建築士免許取消処分が争われた**判例4**は、「処分の原因となる事実及び処分の根拠法条に加えて、本件処分基準の適用関係が示されなければ、処分の名宛人において……いかなる理由に基づいてどのような処分基準の適用によって当該処分が選択されたのかを知ることは困難であるのが通例」とし、不利益処分について複雑な処分基準が設定されている場合には、処分基準がどのように適用されたかも処分理由として提示されねばならないとした。その後の裁判例では、不利益処分に対する理由提示に関し、処分の根拠となる事実の特定が不十分であること、あるいは処分基準の適用関係が明らかにされていないことを行手法14条1項違反とし、処分を取り消す例が増えている（大阪地判2012（平24）・6・28 LEX/DB25444774、名古屋高判2013（平25）・4・26判例自治374号43頁等）。また、理由提示に関する判例法理が拒否処分をも対象として形成されてきたことに照らすと、**判例4**の射程は拒否処分の理由としての審査基準の適用関係にも及ぶと考えられる[15]。

このように、判例は、処分の根拠法条に加えて処分原因事実や処分基準の適用関係が説明されなければ、理由提示の慎重配慮確保機能、不服申立便宜機能が十分に発揮されないとしている。これは、①処分の根拠法規の要件規定が抽象的・概括的なものに留まる場合があること（**判例3**、**判例4**）、②効果裁量が認められる処分については、なぜ当該処分が選択されたのかが説明される必要があること（**判例4**）、③処分について複雑な基準が設定されている場合には、処分の根拠法条を示すだけでは、名宛人は当該処分が行われた具体的な理由がわからないこと（**判例4**）等による。

□■■　**検討問題　個人タクシー事件最判と行政手続法5条以下**　□■■

（1）**判例1**と行手法5条以下を比較し、**判例1**で最高裁が示した手続規範と行手法5条以下の規定内容について、共通点と相違点を整理しなさい。
（2）「審査基準の存在や内容について、行政庁の職員からきちんとした説明をされなかったために、申請にあたり自己に有利な事柄について主張、証拠

---

15　**判例4**について、とりわけ、藤原静雄「理由付記判例にみる行政手続法制の理論と実務：一級建築士免許取消事件」論ジュリ3号（2012年）72頁以下、野口貴公美「審査基準・処分基準と理由の提示：平成23年判決の再読」法時90巻8号（2018年）30頁以下を参照。

の提出ができなかった」という不服を抱く者が救済を求める場合、行手法5条以下や**判例1**に依拠してどのような主張をすることが考えられるか、検討しなさい。

■参考文献
・本多滝夫「行政手続法における理由の提示と瑕疵の効果」龍谷法学45巻4号（2013年）1229頁
・神橋一彦「手続的瑕疵の効果」髙木光・宇賀克也編『行政法の争点』（有斐閣、2014年）88頁
・杉原丈史「行政の違法事由と行政訴訟」現代行政法講座編集委員会・岡田正則ほか編『現代行政法講座Ⅱ：行政手続と行政救済』（日本評論社、2015年）
・大橋洋一「行政手続と行政訴訟」同『対話型行政法の開拓線』（有斐閣、2019年）226頁

# 8 審査請求と処分・裁決取消訴訟との関係

小林明夫

1 改正行政不服審査法で何が変わったのか。
2 不服申立てにおける申立適格とは何か。取消訴訟の原告適格とは異なるのか。
3 取消訴訟を提起する場合に不服申立てを経る必要はあるのか。自由選択主義、審査請求前置とは、それぞれどのようなものか。
4 審査請求前置の要件を充たすと認められるのはどのような場合か。また、審査請求前置義務が免除されるのはどのような場合か。
5 処分取消訴訟と裁決取消訴訟との関係はどのように整理されるのか。原処分主義、裁決主義とは、それぞれどのようなものか。
6 原処分の修正裁決がなされた場合の取消訴訟は何を対象に提起するべきか。

■キーワード
不服申立適格、法律上保護された利益、反射的利益、自由選択主義、審査請求前置、原処分主義、裁決主義

■主要判例
**判例1**・主婦連ジュース不当表示事件：最判1978（昭53）・3・14民集32巻2号211頁［行政判例百選Ⅱ（第7版）132事件］
**判例2**・浅草税務署更正処分事件：最判1961（昭36）・7・21民集15巻7号1966頁［行政判例百選Ⅱ（第7版）184事件］
**判例3**・米子鉄道郵便局懲戒処分事件：最判1987（昭62）・4・21民集41巻3号309頁［行政判例百選Ⅱ（第7版）138事件］
**判例4**・大阪府農地委員会裁決取消請求事件：最判1975（昭50）・11・28民集29巻10号1797頁［行政判例百選Ⅱ（第7版）185事件］

## 一　処分取消訴訟と不服申立て

### 1　改正行政不服審査法で何が変わったのか？

　行政不服審査制度は、簡易迅速な手続により手数料無料で国民の権利利益を救済できる制度として広く国民に活用されてきたが[1]、その一般法である行政不服審査法（以下「行審法」という）は、1962年に旧法が制定された後50年以上も実質的な改正がなされなかった。しかし、その間に、行政手続法（以下「行手法」という）の制定（1993年）、行政事件訴訟法の改正（2004年）など、国民の権利利益の救済のための関連法の整備・拡充がなされ、行政の公正性・透明性等に関する国民の意識も大きく変わってきた。このような中で、旧法についても時代に即した見直しが必要となり、2014年に全部改正が国会で成立し、平成26年法律第68号として、2016年から施行された（現行の行審法）。その改正法の趣旨[2]は、不服申立制度の①公正性の向上と、②使いやすさの向上である[3]。①公正性の向上については、職員のうち処分に関与しない者（審理員）による審理手続の創設、第三者機関（行政不服審査会など）の新設や審理手続における審査請求人・参加人の権利の拡充（口頭意見陳述における処分庁に対する質問権の新設など）が挙げられる。②使いやすさの向上については、不服申立期間の延長や不服申立の種類の審査請求への一元化、標準審理期間の規定が新設された。また、個別法による審査請求前置について、旧法下では、審査請求等を経なければ取消訴訟を提起できないとする例外規定が多数の個別法（96法律）に存在し、国民が司法的救済を受けるための障害になっているとの批判が強かったため、現行法制定と同時にこれを見直して審査請求前置を47法律で廃止した（「行政不服審査法の施行に伴う関係法律の整備等に関する法律」）。

---

1　不服申立て件数は国と地方を合わせて約4万8000件に上るのに対して（2011年度）、行政事件訴訟第1審の受付件数（2012年）は約2000件にとどまっていた（総務省行政管理局「行政不服審査法関連三法案について」2014年3月）。
2　改正行審法の詳細については、第1部冒頭の解説参照。
3　他に、国民の救済手段の充実・拡大の趣旨から行審法と同時に行手法も改正され、行政指導の中止等の求め（同法36条の2）や処分等の求め（同法36条の3）が新設された。

## 2　不服申立適格とは？

**（1）不服申立適格と原告適格**　不服申立ての要件は、①処分（または不作為）の存在、②不服申立適格、③権限を有する行政庁に申し立てること、④不服申立期間、⑤形式と手続の遵守といったものがあげられるが、この中で、取消訴訟の訴訟要件との比較で特に問題となるのは、②不服申立適格である。この点について、行審法が、その目的として「国民の権利利益の救済を図る」ことと併せ、「行政の適正な運営を確保すること」をあげていることから（行審法1条1項）、取消訴訟における原告適格より拡大してとらえるべきとする見解もあるが、原告適格と同様に解して不服申立てをする法律上の「利益」がある者のみが不服申立適格を有するとの解釈が通説的見解である[4]。

**（2）法律上の利益がある者**　この法律上の利益がある者とは具体的にどのような者をいうのか。まず、違法または不当な行政処分の名宛人は、これに該当することに争いはない。問題は、第三者に法律上の利益が認められるか、という点にある。この点について、最高裁は**判例1**において一定の判断を示している。このケースは、公正取引委員会が日本果汁協会に対し、果汁飲料等の表示に関する公正競争規約を認定したが、これに対し主婦連合会はこの認定は景表法に反し、違法であると不服申立てをした事案である。この判例において最高裁は、処分を受けた者以外の第三者に不服申立てをする法律上の利益が認められるためには、当該第三者が行政実体法規によって保護された利益を有することが必要との趣旨の判断を示している。

## 二　処分取消訴訟を提起する場合の不服申立前置の要否

### 1　自由選択主義の原則とは？

**（1）歴史的経緯（訴願前置主義）**　処分取消訴訟と不服申立ての関係について、戦前の行政裁判法（1890年）は、行政庁の処分に不服がある場合、まず、訴願（当時の不服申立て）を行い、その裁決を得た後でないと行政訴訟は提起できないとしていた（同法17条1項・訴願前置主義）。このことは、前置される訴願制度自体が列記主義（法律が特に列記して争訟を許した処分

---

4　田中二郎『新版　行政法（上）（全訂第2版）』（弘文堂、1974年）239頁。

についてのみ争訟提起を認める方式）を採用していたことと相まって、実質的に私人の救済の妨げとなっていた。

戦後、行政裁判所制度を前提とする行政裁判法は、日本国憲法の施行（1947年5月3日）とともに廃止されたが、1948年に急ぎ立法化された「行政事件訴訟特例法」（以下「行特法」という）は、行政裁判法と同様に訴願前置主義を採用した（同法2条）。また、訴願制度自体についても、その根拠法たる訴願法が廃止されずに戦後も存続した。これらのことから、不備な訴願制度と訴願前置主義が、行政訴訟提起の大きな障害として立ちはだかるという問題は依然として解消されなかったのである。

このように、かねてから行特法には、訴願前置主義の採用をはじめさまざまな問題点が指摘されていた。このことから、1955年に法制審議会に行政訴訟部会が設置されて同法の見直し作業が開始されるに至り、その結果、1962年に現行の行政事件訴訟法（以下「行訴法」という）が制定され、行特法は廃止された。また、同年には、現在の行政不服申立ての一般法として現在につながる行審法（旧法）の制定と訴願法の廃止も行われた（その後、行審法は、2014年に改正法が成立・公布され、2016年に施行された[5]。これが現行の行審法である）。

**（2）自由選択主義の原則**　行訴法8条1項本文は、「処分の取消しの訴えは、当該処分につき法令の規定により審査請求をすることができる場合においても、直ちに提起することを妨げない。」と規定している（この条項における「審査請求」とは、行審法所定の審査請求、再審査請求のほか、他の法令で定める特別の不服申立てを広く含む概念であって、本稿においても、特に断りのない限り、同様の意味で「審査請求」という語を用いる[6]）。これは、行特法が採用していた訴願前置主義の弊害にかんがみ、審査請求前置主義を採用しないことを定めた規定である。すなわち、行政庁の処分に不服がある私人は、次の①から③のうち、いずれの途をとるのも自由であるとされる（自由選択主義）。

① 審査請求をせずに直ちに取消訴訟を提起すること

---

5 前述一の1参照。
6 行訴法3条3項参照。また、これに対応して「裁決」という語も、特に断りのない限り、行審法上の審査請求・再審査請求に対する裁決のほか、他の法令で定める特別の不服申立てに係る義務的な応答行為を広く含む概念として用いる。

② まず審査請求を行い、それに対する裁決を経てなお不服がある場合に取消訴訟を提起すること
③ 審査請求と同時並行で取消訴訟を提起すること

行訴法においては、このような意味での自由選択主義が原則として採用されているのである。

なお、上記③の場合、裁判所が、審査請求に対する裁決を先行させることが訴訟経済上などから望ましいと考える場合には、その裁量により、原則として審査請求に対する裁決があるまで訴訟手続を中止することができることとされている（行訴法8条3項）。

## 2 例外的審査請求前置とは？

**（1）個別法による審査請求前置の採用**　行訴法が自由選択主義をとっていることは前述した通りであるが、この原則には例外がある。すなわち、個別法に当該処分についての審査請求に対する裁決を経た後でなければ処分の取消しの訴えを提起することができない旨の定めがあるときは、例外的に審査請求前置となる（行訴法8条1項ただし書）。このように個別法で審査請求前置が採用されている場合、審査請求に対する裁決を経ることは、取消訴訟の訴訟要件となるので、これを経ていない訴えは、不適法なものとして却下されることとなる。

この審査請求前置は、出訴の自由の障害となることから、「裁判を受ける権利」（憲法32条）を侵害しないのかが問題となる。この点については、行訴法ではなく、行特法時代の訴願前置主義（行特法2条）と憲法32条との関係についての判例が存在する。最高裁は、「行政機関は、終審として裁判を行ふことができない。」（傍点筆者）と定める憲法76条2項を引きつつ、同項は「行政機関もまた裁判を行うことのあることを前提としており」、また、「行政機関の行う裁判を裁判所に対する訴訟提起の前提要件とするか否かは法律の定めるところに一任している」と判示し、合憲であると結論づけている[7]。この論理は、現在、個別法で例外的に認められる審査請求前置についても当てはまるものと考えられよう。

なお、審査請求前置が個別法の立法で採用される実質的理由（正当化根

---

7　最大判1951（昭26）・8・1民集5巻9号489頁（農地買収計画取消請求事件）。

図表 8-1　自由選択主義と審査請求前置

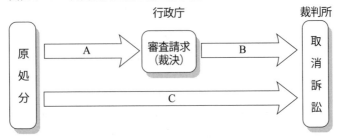

　自由選択主義（行訴法 8 条 1 項＝原則）
　　……矢印 A＋B のルートか矢印 C のルートかを自由に選択できる。
　　　また、矢印 A と矢印 C を並行して行っても良い。
　審査請求前置（行訴法 8 条 1 項ただし書＝例外）
　　……矢印 A＋B のルートによって争うよう個別の法律で制限

（出典）大橋洋一『行政法Ⅱ：現代行政救済論（第 3 版）』（有斐閣、2018年）387頁掲載図を参考に筆者において作成

拠）としては、従来から大量的に行われる処分であって審査請求に対する裁決により行政の統一を図る必要があるもの、専門技術的な性質を有する処分、審査請求に対する裁決が第三者機関によってなされることになっているもの、という 3 つの場合があった[8]。その後、前述の2014年改正行審法（2016年 4 月 1 日施行）と同時に施行された関連法において、上記正当化根拠の 3 類型をより厳格に解する方向で個別法の審査請求前置規定の見直しが行われた。すなわち、①大量に審査請求が行われ、審査請求前置が裁判所の負担軽減にとり重要な役割を果たしていると認められるもの、②高度に専門技術的事項について第三者機関による審理が行われるものであって、審査請求前置を廃止すると裁判所に多大な負担をかけると認められるもの、③第一審の裁判に代替するものに限り、審査請求前置を認める立法方針がとられ、その結果、前述のとおり審査請求前置を定めていた96法律のうち47法律で前置が廃止された。

　（2）審査請求前置の要件を充たすと認められる場合　　審査請求前置において、「裁決を経た」というのは、適法な審査請求を経たことをいう。し

---

8　杉木良吉『行政事件訴訟法の解説』（法曹会、1963年）33頁。

たがって、審査請求が不適法であるとして却下裁決が出されたときには、この訴訟要件を充たしたことにはならないとされる。最高裁は、労働者災害補償保険審査会に対する審査請求が審査請求期間を徒過していることを理由に不適法として却下された場合、その却下が正当である以上、保険給付に関する原決定の取消しを求める訴えは不適法であるとして却下判決を下している。この判例においては、このように解しないと「原決定後数ケ年を経過した後においても審査請求をし、」期限徒過を理由とする却下裁決を得て、「さらに訴をもつて原決定の当否までも争い得ることになり、審査請求について期間を限つた法律の趣旨は全く没却され」、不合理であると述べられている[9]。

これに対し、適法な審査請求をしたにもかかわらず、審査庁が誤って不適法却下した場合には、行政庁側が再度の考慮の機会を与えられていながらそれを適切に行使しなかったのであるから、審査請求前置を経たものとして扱うのが合理的であるとするのが通説である[10]。**判例2**は、所得税更正処分の取消訴訟において、所得金額更正に関する審査請求の却下決定があった場合でも、却下が違法である場合には、更正処分の取消しを求める訴えは審査の決定を経たものとして適法である旨判示しており、通説と同様の立場をとっている。

以上から、結局のところ、審査庁の下した却下裁決が適法か否かに関して当事者間に争いがある場合、裁判所は、訴えが真に審査請求前置の要件を充たしていないのかについて実体審理を行うべきとされる[11]。そう解釈しなければ、審査庁が不適法却下しさえすれば司法審査の機会を奪うことが可能となってしまうことになり、すなわち、それは、とりもなおさず、審査請求人に司法審査の機会を与えるか否かが、別途裁決が取り消されない限り、審査庁の任意に委ねられてしまうことを意味する。このような不合理な事態を招くことは避けなければならない。裁判例も「審査請求が法定期間経過後のそれであることを理由として審査庁により不適法却下の裁決がなされたが、原処分取消しの訴えにおいて右期間遵守の有無、従つて裁決の当否について当事者間に争いがあるときは、この点につき審理判断をした上でなければ右取消しの訴えが『裁決を経た後』に提起されたものであるか否かを決定するこ

---

9 最判1955（昭30）・1・28民集9巻1号60頁（鈴木炭礦事件）。
10 塩野宏『行政法Ⅱ：行政救済法（第6版）』（有斐閣、2019年）102頁。
11 宇賀克也『行政法概説Ⅱ：行政救済法（第6版）』（有斐閣、2018年）148頁参照。

とはできない道理」と述べる[12]。

## 3 審査請求前置義務が免除されるのはどのような場合か？

個別法で審査請求前置がとられる場合でも、以下の（1）から（3）の場合は審査請求前置義務が免除される（行訴法8条2項）。

**（1）裁決の遅延**　審査請求があった日から3か月を経過しても裁決がないときは（同項1号）、裁決を経ないで取消訴訟を提起することができる。これは、裁決庁側の手続の遅延によって、私人の救済が遅れることを防止するための規定である。審査請求から3か月を経過すれば、いつでも出訴が可能となる。

**（2）緊急の必要（執行停止制度との関係）**　処分、処分の執行または手続の続行により生ずる著しい損害を避けるため緊急の必要があるときは（同項2号）、裁決を経ないで取消訴訟を提起することができる。この定めは、行訴法25条2項に定める執行停止の要件と類似した規定ぶりである[13]。執行停止を行うには、まず、本案たる取消訴訟が係属していることが必要とされるが、執行停止がなされるべき事案についてまで審査請求前置を要求することは適当でない。そこで、このような事案については、審査請求前置義務を免除し、私人において直ちに本案たる取消訴訟を提起の上、執行停止の申立てができるようにしたものである。この場合、裁決を経ずに取消訴訟を提起することが認められることはもちろん、そもそも審査請求をしないで出訴することも認められている[14]。

**（3）その他正当な理由**　その他裁決を経ないことにつき正当な理由があるときは（同法8条2項3号）、裁決を経ないで取消訴訟を提起することができる。この定めは、同項1号および2号により救済されない場合に備えた一般的救済規定である。

例えば、審査請求人と取消訴訟の原告が別人だが両者の間に特別の関係が

---

12　東京高判1981（昭56）・9・28行集32巻9号1682頁。
13　執行停止の要件を定める行訴法25条2項は「処分、処分の執行又は手続の続行により生ずる重大な損害を避けるため緊急の必要があるとき」と定める。この規定は、当初、「回復の困難な損害」という文言が使用されていたものが、2004年の行訴法改正により改められ、執行停止の要件が緩和されたものである。
14　宇賀・前掲注11 151頁参照。

あり、審査請求があったとみて良いときに「正当な理由」と認められる場合、あるいは、教示の誤りにより審査請求をすべき処分に対する審査請求がなされなかった場合においても、裁決を経ない正当な理由があるといえる[15]。なお、審査請求が前置されている処分であることは教示義務の対象となっていることに注意が必要である（行訴法46条1項3号）。

## 三 裁決取消訴訟

裁決取消訴訟（裁決の取消しの訴え）とは、「審査請求その他の不服申立て（以下単に「審査請求」という。）に対する行政庁の裁決、決定その他の行為（以下単に「裁決」という。）の取消しを求める訴訟」をいう（行訴法3条3項）。

裁決取消訴訟の意義は、行政庁の処分一般と区別して、「裁決」を別途取消しの対象とする点にある。

### 1 処分取消訴訟と裁決取消訴訟との関係はどのように整理されるのか？

（1）原処分主義と裁決主義　原処分に対し審査請求がなされ、これに対しこの審査請求を棄却する裁決がなされた場合、原処分と棄却裁決という2つの行政行為が存在する。この場合、処分取消訴訟と裁決取消訴訟のいずれを提起すべきであろうか。

この点に関して、行訴法は原処分主義を採用している（行訴法10条2項）。すなわち、原処分の違法を主張する場合には処分取消訴訟を提起しなければならず、裁決取消訴訟では原処分の違法性を主張して裁決の取消しを求めることはできないとしている。よって、裁決取消訴訟では、裁決固有の瑕疵のみしか主張できないこととなる。

これを、より具体的に説明すると、行政庁YがXに対して行政処分をしたところ、これを不服としたXは審査請求を行ったが、棄却裁決が下されてしまったというケースを考えてみよう。この場合、形式的には2つの処分が存することとなり、Xは、原処分の取消訴訟と、裁決取消訴訟との両方を提起することができる。しかし、行訴法では、原処分主義が採用されているため、原処分の違法性を主張する場合には処分取消訴訟によらなければならない。

---

15　宇賀・前掲注11 151頁参照。

これに対して、棄却裁決固有の瑕疵を主張する場合には裁決取消訴訟によることになる。ここで、原処分に内在する違法のみを主張して裁決取消訴訟を提起しても、請求は棄却されることになる。

この原処分主義が妥当するのは「処分の取消しの訴えとその処分についての審査請求を棄却した裁決の取消しの訴えとを提起することができる場合」（同法10条2項）であるので、個別法の規定で、原処分については出訴を許さず、裁決のみについて出訴できることを定めている場合（これを裁決主義という。また、この場合は当然、審査請求前置となる）には、原処分主義は妥当しない。すなわち、この場合には原処分の違法も裁決取消訴訟において主張することができる。裁決主義が採られている例として、弁護士法16条3項及び同法61条2項、地方税法434条、電波法96条の2等がある。

（2）裁決固有の瑕疵　　前述のとおり、原処分主義が妥当する場合に裁決取消訴訟では裁決固有の瑕疵のみ主張できることになるが、ここでいう裁決固有の瑕疵とは、例えば、裁決権限のない行政庁が裁決を行った場合、裁決手続の瑕疵がある場合（利害関係人の参加の申立て（行審法13条1項）や提出書類等の閲覧・写しの交付の請求（同法38条1項）を違法に拒否した場合、裁決に理由付記（同法50条1項4号）の不備がある場合等）がこれに該当する[16]。他方で、処分取消訴訟においては裁決固有の瑕疵を主張することができない。

## 2　不服申立てに対して原処分を修正する裁決がなされ依然として不服がある場合の訴訟は？

（1）原処分主義と修正裁決　　不服申立てと訴訟との関係について問題となる場合として、不服申立てにおいて原処分を修正する裁決がなされたが依然として不服がある場合の訴訟類型の選択の問題がある。すなわち、このような場合に、原処分の取消訴訟によるべきか、それとも裁決取消訴訟によるべきかという問題である。原処分の違法は処分取消訴訟においてのみ主張でき、裁決取消訴訟においてはこれを主張できないとする原処分主義が原則であることは、前述のとおりである。この原則が、修正裁決がなされた場合にも妥当するのかどうかが問題となる。

（2）判例の立場　　（1）の点について判示したのが**判例3**である。この

---

16　宇賀・前掲注11 134頁参照。

ケースは、郵政事務官Ｘが職場闘争にかかわって傷害事件を起こしたとの理由で中国郵政局長Ｙにより、停職6か月の懲戒処分を受けたが、これを不服として人事院に審査請求し、人事院は審査の結果、より軽い減給処分に裁決で修正した。しかし、Ｘはなおも処分事由の不存在を主張し、Ｙを被告とする本件懲戒処分の取消訴訟と、人事院を被告とする本件裁決の取消訴訟を併合提起したという事案である。最高裁は、「修正裁決は、原処分を行った懲戒権者の懲戒権の発動に関する意思決定を承認し、これに基づく原処分の存在を前提とした上で、原処分の法律効果の内容を一定の限度のものに、変更する効果を生ぜしめるにすぎないものであり、これにより、原処分は、当初から修正裁決による修正通りの法律効果を伴う懲戒処分として存在していたものとみなされることになるものと解すべきである。」と述べており、これによれば、このような場合、原処分の取消訴訟を提起すべきことになる。

### 3 裁決取消訴訟の判決と原処分との関係は？

個別法で裁決主義が採られている場合に、裁決取消訴訟の判決で、原処分が違法であるとの理由で原処分を支持した裁決（棄却裁決）が取り消されると、原処分の効力はどうなるか。この点に言及したのが**判例4**である。これは、行特法下の事案であるが、最高裁は「裁決取消の訴が提起され、右訴について」原処分の「違法を理由として裁決を取り消す判決がされ、右判決が確定したときは、原処分「の違法であることが確定して右処分は効力を失うと解するのが、相当である」と述べて、このような場合には原処分も効力を失うとしている。行訴法の下でも、**判例4**の立場を踏襲した下級審判決がある[17]。なお、学説にも同様の立場を採用するものがある[18]。

□■■　**検討問題　生活保護変更処分と世帯主による審査請求の効果**　□■■

世帯主Ａは、Ｂ市から生活保護を受給しつつ、その子Ｘとともに同一世帯において生活していた。Ａは、その受給中、子Ｘを被保険者とする学資保険に加入して積み立てを行い、後に満期返戻金を受領した。Ｂ市の福祉事務所

---

17　大津地判2002（平14）・10・28判タ1209号131頁およびその控訴審判決である大阪高判2005（平17）・12・8裁判所ウェブサイト参照。

18　小早川光郎『行政法講義下Ⅱ』（弘文堂、2005年）233頁および原田尚彦『行政法要論（全訂第7版補訂2版）』（学陽書房、2012年）431頁参照。

長Yはこの満期返戻金について収入認定し、生活保護費支給額を減額する旨の保護変更処分を行った。Aは、これを不服として県知事に審査請求し（生活保護法69条は審査請求前置を採用）、さらに厚生労働大臣に再審査請求したが、いずれも棄却された。そこでAとXは、本件変更処分の取消訴訟を提起したが、訴訟係属中にAが死亡した（生存している原告Xは、審査請求を行っていなかった）。この場合のXの訴えは、審査請求前置の要件を充たす適法なものといえるか（福岡高判1998（平10）・10・9民集58巻3号724頁参照）。

**■参考文献**
・宇賀克也『行政法概説Ⅱ：行政救済法（第6版）』（有斐閣、2018年）133〜135頁
・田中真次・加藤泰守『行政不服審査法解説（改訂版）』（日本評論社、1977年）1〜26頁
・福家俊朗・本多滝夫編『行政不服審査制度の改革』（日本評論社、2008年）64〜75頁〔岡田正則〕
・前田雅子『行政不服審査法改正の論点』法時86巻5号（2014年）82〜87頁
・室井力ほか編『コンメンタール行政法Ⅱ：行政事件訴訟法・国家賠償法（第2版）』（日本評論社、2006年）127〜136頁〔見上崇洋〕

# 9 取消訴訟の審理と判決

山田健吾

1 取消訴訟手続は誰がどのような原則に基づいて進めていくのか。
2 取消訴訟の訴訟物は何か。
3 理由の差替え・追加はどのような場合に認められるのか
4 取消訴訟における主張立証責任の分配はどのようして決まるのか。
5 取消訴訟の判決の効力にはどのようなものがあるのか。

■キーワード
訴訟物、理由の差替え・追加、主張立証責任、形成力、既判力、拘束力

■主要判例
**判例1**・中京税務署法人税増額更正事件：最判1981（昭56）・7・14民集35巻5号901頁［行政判例百選Ⅱ（第7版）188事件］
**判例2**・逗子市住民監査請求記録公開請求事件：最判1999（平11）・11・19民集53巻8号1862頁［行政判例百選Ⅱ（第7版）189事件］
**判例3**・労災保険不支給決定取消請求事件：最判1994（平6）・2・16民集47巻2号473頁［行政判例百選Ⅱ（第7版）190事件］
**判例4**・沖縄返還交渉情報公開請求事件：最判2014（平26）・7・14判時2242号51頁［行政判例百選Ⅱ（第7版）196事件］
**判例5**・伊方原発事件：最判1992（平4）・10・29民集46巻7号1174頁［行政判例百選Ⅰ（第7版）77事件］
**判例6**・横浜市保育所廃止条例事件：最判2009（平21）・11・26民集63巻9号2124頁［行政判例百選Ⅰ（第7版）204事件］

## 一 審理

　行政事件訴訟法（以下「行訴法」という）は、取消訴訟の審理に関して、釈明処分の特則（23条の2）と職権証拠調べ（24条）を定める。行訴法は、同法に定めのない事項については「民事訴訟の例による」と定めており、釈明処分の特則や職権証拠調べ以外の取消訴訟の審理に関する事項についても、取消訴訟の特質に応じて、民事訴訟法が準用される。以下では、取消訴訟の審理（後述する判決も含めて）につき網羅的に取り上げるのではなく、民事訴訟の審理と比較して特徴的な事柄を中心に概説する。

### 1　取消訴訟手続は、誰がどのような原則に基づいて進めていくのか

　（1）**処分権主義**　　取消訴訟（行訴3条2項）には裁判所、当事者である私人と行政体が登場し、この3者がそれぞれの役割を担いながら訴訟手続を進めていく。取消訴訟の提起と終了、審理・判決の対象の確定については、民事訴訟と同じく、当事者主義が採用されており、処分権主義が適用される。ただし、学説上は、訴訟上の和解や行政体による請求の放棄・認諾が法治主義の原理に抵触するとしてこれらを認めない立場が有力である[1]。他方、裁判例では、訴訟上の和解につき裁量の範囲内で許されるとするもの（長崎地判1961（昭36）・2・3行集12巻12号2505頁）や行政庁による請求の認諾を認めたものがある（東京地判1948（昭23）・11・10行政裁判月報9号33頁）。

　（2）**弁論主義**　　取消訴訟の審理にも当事者主義が採用され、弁論主義[2]が適用されるが、行訴法は職権証拠調べを法定し（24条）、弁論主義に修正を加えている。最高裁は、この職権証拠調べは権限であって、裁判所に義務を課すものではないとしている（最判1953（昭28）・12・24民集7巻13号1604頁）。

　（3）**職権進行主義**　　取消訴訟に係る手続の進行、審理の整序などの審理の進行手続については、民事訴訟と同じく職権進行主義が適用される。

---

1　雄川一郎『行政争訟法』（有斐閣、1957年）216頁、塩野宏『行政法Ⅱ（第6版）』（有斐閣、2019年）180頁、市橋克哉ほか『アクチュアル行政法（第2版）』（法律文化社、2015年）263頁〔平田和一〕、宇賀克也『行政法概説Ⅱ　行政救済法（第6版）』（有斐閣、2018年）221～222頁および高橋滋『行政法（第2版）』（弘文堂、2018年）393頁など参照。
2　高橋宏志『民事訴訟法』（有斐閣、2016年）116頁。

図表9-1　取消訴訟の審理手続

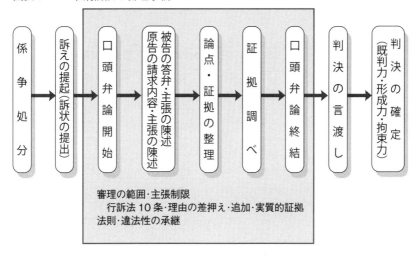

## 2　取消訴訟の審判の対象（訴訟物）は何か

　取消訴訟の訴訟物につき、通説判例は、取消訴訟を形成訴訟と解したうえで、訴訟物である形成要件を係争処分の違法性一般として理解する（最判1974（昭49）・4・18訟月20巻11号175頁）[3]。違法性一般とは抽象的違法であって、個別の違法事由の主張は攻撃防御の方法とみなされる。

## 3　取消訴訟の審理の範囲はどのようにして確定されるのか

　民事訴訟では、時期に遅れた攻撃防御方法の却下（民訴157条）、準備書面不記載の事実の主張制限（民訴161条3項）を除いて、口頭弁論終結まで、法律上および事実上の主張の提出に制限は受けない。取消訴訟においてもこの点は同様であるが、以上の民訴法上の制限に加えて、裁判所の審理の範囲を画する事項が存在する。これについては、以下で検討する事項以外に、行訴法10条に基づく主張制限、違法性の承継（これらについては、本書「3

---

[3] 訴訟物をめぐってはさまざまな学説が存在する。これらの学説を整理したものとして、南博方原編著、高橋滋・市村陽典・山本隆司編『条解行政事件訴訟法（第4版）』（弘文堂、2014年）213〜218頁〔人見剛〕参照。

原告適格」、「8　審査請求と処分・裁決取消訴訟との関係」、「5　出訴期間と違法性の承継」参照）に加え、実質的証拠法則とこれに基づく新証拠の提出制限がある。

（1）理由の差替え・追加　　①係争処分の同一性と理由の差替え・追加　取消訴訟の口頭弁論終結時までに、処分庁が処分時に付記した理由を別の理由に差替えたり、または、別の理由を追加することが認められるかがここでの問題である。最高裁は、理由の差替え・追加を制限しないが（最判1978（昭53）・9・19判時911号99頁参照）、係争処分の同一性を欠くような理由の差替は認めていない（最判1967（昭42）・4・21集民87号237頁。最判1978（昭53）・9・19も参照）。裁判例は、公務員の懲戒処分の取消訴訟で、処分時に付記された根拠事実と全く別の根拠事実を追加することは処分の同一性を欠くことになるとする（和歌山地判1973（昭48）・9・12判時715号9頁）[4]。他方で、公務員の分限処分の処分根拠の差替えを認める裁判例がある（東京高判1959（昭34）・1・30行集10巻1号171頁も参照）[5]。

②適正手続と理由の差替え・追加　　判例1は、理由付記が法定されている青色申告に係る更正につき[6]、総額主義を採用したうえで、処分時に付記された理由の差替・追加を認め、それが、納税者に「格別の不利益を与えるものではない」ことを確認する。他方で、判例1は、「一般的に青色申告書による申告についてした更正処分の取消訴訟において更正の理由とは異なるいかなる事実をも主張できると解すべきかどうかはともかく」と判示し、青色申告に係る更正時に付記された理由の差替え・追加に何らかの制約があるこ

---

[4]　学説もかかる場合には係争処分の同一性を欠くとする。塩野・前掲注1　184～185頁および小早川光郎『行政法講義〔下Ⅱ〕』（弘文堂、2005年）213頁など参照。最判1984（昭59）・12・18判例自治11号45頁は、懲戒処分の処分説明書記載の根拠事実と密接な関連性のある根拠事実の追加の主張を認める。大橋洋一『行政法Ⅱ：現代行政救済論（第3版）』（有斐閣、2018年）165頁も参照。

[5]　前掲・東京高判1959（昭34）・1・30と同様の立場に立つのが塩野・前掲注1　185頁である。大田直史「理由付記・提示と理由の追加・差替え」芝池義一先生古稀『行政法理論の探究』（有斐閣、2016年）145頁は、分限処分に係る根拠条文の差替えは認めないものと思われる。

[6]　最高裁は、青色申告に係る更正における理由付記の程度につき、「特に帳簿書類の記載以上に信憑力のある資料を摘示して処分の具体的根拠を明らかにすることを必要する」としている（最判1963（昭和38）・5・31民集17巻4号617頁）。

とを示唆するが、その内容を明らかにしてはいない。白色申告書に係る更正については、平成23年の国税通則法改正によって理由付記が義務づけられることになったが（国税通則74条の14第1項）、それ以前は、理由付記が義務付けられていなかった。最高裁は、同法改正以前の事案において、白色申告に係る更正における理由の差替え・追加を、以上の制約を付すことなく認めていた（最判1967（昭42）・9・12集民88号387頁）。学説は、理由付記が法定されている不利益処分の理由の差替え・追加を認めない立場[7]と、これを認める立場に分かれている[8]。ただし、弁明の機会の付与および聴聞手続を経た不利益処分の理由の差替え・追加は認められないことについて学説は一致しているといってよいであろう。

申請拒否処分について、**判例2**は、情報公開条例に基づく不開示決定の取消訴訟において、「非公開理由の具体的に記載して周知させること……自体でもってひとまず実現されるところ、本件条例の規定を見ても、……理由の通知の定めが、右の趣旨を超えて、一たび通知書に理由を付しした以上、実施機関が当該理由以外の理由を非公開決定処分の取消訴訟において主張をすることを許さない趣旨をも含むと解すべき根拠はない」とし、処分時に付記された理由（争訟の方針に関する情報に該当）に、別の理由を追加（意思形成過程における情報にも該当）することを認めた[9]。申請拒否処分については、理由付記が法定されている不利益処分の場合に理由の差替え・追加を認めない学説であっても、紛争の一回解決性を重視して、理由の差替え・追加を認める[10]。**判例3**は、労働災害補償保険法に基づく保険給付請求の不支給処分取消訴訟において、保険給付請求の申請者の疾病は同法の対象外という不支給処分時に付された理由に、申請者の疾病に業務起因性がないという理由を追加することを認めなかった。**判例3**が、理由の追加によって係争処分の同一性を欠いていると判断しているのか否かについては判然としないが、その射程は申請拒否処分一般の理由の追加に及ぶと解すべきではないであろ

---

7 小早川・前掲注4 210〜211頁および大田・前掲注5 154頁など。
8 塩野・前掲注1 186〜187頁など。
9 米田雅弘「情報公開訴訟の諸問題」現代行政法講座編集委員会編『現代行政法講座Ⅳ 自治体争訟・情報公開争訟』（日本評論社、2014年）207頁は、「理由付記規定に争訟定期便宜機能が挙げられている以上、平成11年最判のように最初に示した理由の通知のみをもって、争訟定期便宜を実現したとみなすことはやはり無理があろう」と述べる。
10 小早川・前掲注4 213頁以下参照。

う[11]。

　**（2）違法判断の基準時**　　裁判所が、係争処分の違法性を判断するにあたり、処分が行われた時点の法令と事実に基づくのか、又は、判決時のそれらに基づくのかが問題となる。最高裁は、処分時を原則としつつも（最判1952（昭27）・1・25民集6巻1号22頁および最判1953（昭28）・10・30行集4巻10号2316頁）、過去の事実に法の遡及適用を認める規定がある場合（最判1953（昭28）・12・1行集4巻12号3016頁）や係争処分に瑕疵の治癒が認められる場合（最判1972（昭47）・7・25民集26巻6号1236頁）など事案に応じて違法判断の基準を判決時に修正している[12]。

## 4　取消訴訟における主張立証責任の分配はどのようして決まるのか

　当事者から申し出があった証拠方法に基づく証拠調べの結果、ある事実の主張が真偽不明となったときに、その不利益を当事者のどちらに負わせるかを決めるのが立証責任の分配である[13]。

　立証責任について、民事訴訟法では法律要件分類説が採用されているが、取消訴訟については、様々な学説が提示されているものの通説は形成されていない[14]。最高裁もこれについていかなる立場を採用するかについて判断を示してはいないが、具体的な事案ごとに立証責任の分配を明らかにしている。

　**（1）課税処分**　　最高裁は、課税処分につき、「所得の所在及びその金額については決定庁が立証責任を負う」とする（最判1963（昭38）・3・3訟月9巻5号668頁）。

---

11　大渕哲也『特許審決取り消し訴訟基本構造論』（有斐閣、2003年）187頁および高橋・前掲注1　382頁参照。小早川・前掲注4　214頁は、本件につき、「当初の根拠づけが成り立たない以上は直ちに処分を取り消して申請案件の処理をもう一度行政庁にやり直させることとするのが、裁判所と行政庁の役割分担の観点から見て適切であることから、処分根拠の差替えが認められないと解すべき場合」に該当するという。

12　修正がなされる場合をどのように類型化していくかが課題となろう。これについては、山本隆司「取消訴訟の審理・判決の対象：違法判断の基準時を中心に（2・完）」曹時66巻6号（2014年）1337頁以下参照。

13　主張責任と立証責任は一致するとされるが、理由付記の要請から、主張責任の所在を整理するのが、塩野・前掲注1　175頁注(1)である。

14　立証責任をめぐる学説については、藤山雅行「行政訴訟の審理の在り方と立証責任」藤山雅行・村田斉志編『新・裁判実務大系25：行政争訟（改訂版）』（青林書院、2012年）392～400頁参照。

（2）**情報公開訴訟**　　情報公開請求訴訟において、最高裁は、不開示事由該当性につき、行政庁に立証責任があるとしている（最判1994（平成6）・2・8民集48巻2号255頁）。行政文書の存否については、**判例4**は、「当該行政機関が当該行政文書を保有していることがその開示請求権の成立要件とされている」ため、「その取消しを求める者が、当該不開示決定時に当該行政機関が当該行政文書を保有していたことについて主張立証責任を負うものと解するのが相当」とするが、「ある時点において当該行政機関の職員が当該行政文書を作成し、又は取得したことが立証された場合において、不開示決定時においても当該行政機関が当該行政文書を保有していたことを直接立証することができないときには」、「当該行政文書の内容や性質、その作成又は取得の経緯や上記決定時までの期間、その保管の体制や状況等に応じて、その可否を個別具体的に検討」し、保有の有無を推認すべきとした。

　（3）**裁量処分**　　**判例5**は、伊方原発に係る原子炉設置許可処分の取消訴訟において、原子炉設置許可処分の要件判断に裁量があることを認めたうえで、「被告行政庁がした右判断に不合理な点があることの主張、立証責任は、本来、原告が負うべきもの」とするが、「当該原子炉施設の安全審査に関する資料をすべて被告行政庁の側が保持していることなどの点を考慮すると、被告行政庁の側において、まず、その依拠した前記の具体的審査基準並びに調査審議及び判断の過程等、被告行政庁の判断に不合理な点のないことを相当の根拠、資料に基づき主張、立証する必要があり、被告行政庁が右主張、立証を尽くさない場合には、被告行政庁がした右判断に不合理な点があることが事実上推認されるものというべきである」と判示し、「主張、立証の必要」が被告行政庁にあることを明らかにしている[15]。

## 二　判決

### 1　取消訴訟にはどのような判決があるのか

　取消訴訟の終局判決としては、却下判決、請求認容判決、請求棄却判決がある。このほか、行訴法は事情判決を定めている（31条）。

---

15　高橋・前掲注2 228頁は、**判例4**の「主張、立証の必要」につき、「具体的事実陳述＝証拠提出義務の例である」とする。

104　第1部　行政事件訴訟法

## 2　取消訴訟の判決の効力にはどのようなものがあるのか

**（1）形成力**　　取消判決によって、係争処分の効力は処分時に遡って消滅する。これを取消判決の形成力という。行訴法はこの形成力が第三者に及ぶことを明定した（32条）。この第三者に原告と相反する利益を有する者が含まれることは争いがないが、原告と利益を共通にする第三者に形成力が及ぶかについては争いがある。**判例6**は、保育所廃止条例の処分性を肯定するにあたり、当事者訴訟・民事訴訟で争う場合と比較して、取消訴訟で争うことに「合理性がある」とするが、これは、取消判決によって利益を共通にする第三者にも形成力が及ぶことを前提にしていると解される[16]。

**（2）既判力**　　終局判決が確定すると既判力が生じる（民訴114条1項）。既判力とは「確定した判決の主文に表された裁判所の判断の通有性」であって[17]、その作用は「既判力が生じた判断内容に矛盾・抵触する主張立証は排斥され、後訴で審理判断されない」こと、および「後訴裁判所は既判力内容に基づいて後訴の判決を下さなければならない」ことである[18]。既判力の客観的範囲は、判決の主文で示された訴訟物に関する判断に限られる（民訴114条1項）。

**（3）拘束力**　　取消判決は、「その事件について」、処分をした行政庁その他の関係行政庁を拘束する（行訴33条1項）。この拘束力は、①行政庁その他関係行政庁が、判決の趣旨（判決理由中の判断）に従って、具体的な措置を行わなければならないこと、および、②行政庁は、同一事情のもとで、同一理由に基づき、同一内容の処分を行うことが禁止される（反復禁止効）、ということをその内容とする。

上記の①については、行訴法33条2項および3項が定めているが、これ以外の場面で、行政庁にはいかなる措置をすべきことが義務付けられるかが問題となる。義務付けられる措置として、学説においては不整合処分取消義務と原状回復義務があると説明されてきた[19]。最高裁は、拘束力によって行政

---

16　最判2008（平20）・9・10民集62巻8号2029頁の近藤崇晴裁判官の補足意見は絶対的効力説が妥当とし、その理由として、「行政上の法律関係については、一般に画一的規律が要請され、原告とそれ以外の者との間で異なった取扱いをすると行政上不必要な混乱を招く」とする。
17　高橋・前掲2　251頁。
18　高橋・前掲2　253〜254頁。
19　南ほか編・前掲注3　664〜689頁〔興津征雄〕参照。

庁に不整合処分取消義務が生じることを認めている（最判1993（平5）・12・17民集47巻10号5530頁）。原状回復義務についてはこれを認める裁判例（名古屋高判1996（平8）・7・18判時1595号58頁）や否定する裁判例（東京地判1969（昭44）・9・25判時576号46頁）がある。

上記②の反復禁止効によれば、行政庁が、「その事件について」、別の理由に基づく同一内容の処分を行うことは認められる（大阪高判1998（平10）・6・30判時1672号51頁）。これに対して理由の差替え・追加をすることができたにもかかわらず、それをしなかった場合には、取消判決の拘束力により、別理由で同一処分をすることが禁止されるとする裁判例がある（大津地判1997（平9）・6・2判例自治173号27頁)[20]。

□■■　**検討問題**　□■■

高等専門学校Ｙの教員であるＸは、独立行政法人等の保有する個人情報の保護に関する法律（以下「法」という。）13条1項に基づき、Ｙに対し、校長がＸに対して行った「訓告書にある『職場の秩序を乱した』に係る個人情報」の開示請求をしたところ、Ｙは、開示請求の対象が保有個人情報法2条3項に該当しない、との理由を付記して、全部不開示決定（以下「本件処分」という）をした。そこで、Ｘは本件処分の取消訴訟を提起した。Ｙは口頭弁論終結時までに、上記個人情報に係る文書が存在することを認めたうえで、これが法14条5号への不開示事由に該当すると主張し、本件処分の理由の差替えを行った。この理由の差替えは認められるか。東京地判2015（平27）・6・25判時2283号26頁を参照して検討を加えなさい。

■**参考文献**
・交告尚史『処分理由と取消訴訟』（勁草書房、2000年）
・鶴岡稔彦「抗告訴訟の訴訟物と取消判決の効力」藤山雅行・村田斉志編『新・裁判実務大系25：行政争訟（改訂版）』（青林書院、2012年）260頁
・興津征雄『違法是正と判決効：行政訴訟の機能と構造』（弘文堂、2010年）

---

[20] 同一事情での別理由による同一処分を否定する論拠については、学説上争いがある。この点については、南ほか編・前掲注3　668～671頁〔興津征雄〕参照。

# 10 執行停止

洞澤秀雄

1　執行不停止原則とはどのようなものか。
2　執行停止制度が機能しない場面（執行停止の限界）には、どのようなものがあるのか。
3　執行停止が認められるための実体的要件はどのようなものか。
4　内閣総理大臣の異議とはどのようなものか。それに対してどのような批判があるのか。

■キーワード
執行不停止原則、執行停止の申立て、拒否処分の執行停止、仮処分の禁止、適法な本案訴訟の提起、重大な損害、公共の福祉、本案の理由、満足的執行停止、第三者への手続保障、「処分の効力、処分の執行又は手続の続行」の区別、将来効、内閣総理大臣の異議

■主要判例
**判例1**・インド人強制送還執行停止事件：最決1977（昭52）・3・10判時852号53頁［行政判例百選Ⅱ（第7版）198事件］
**判例2**・弁護士懲戒執行停止事件：最決2007（平19）・12・18判時1994号21頁［行政判例百選Ⅱ（第7版）199事件］
**判例3**・たぬきの森（執行停止）事件：東京高決2009（平21）・2・6判例自治327号81頁［環境法判例百選（第3版）67事件］
**判例4**・米内山事件：最大決1953（昭28）・1・16民集7巻1号12頁［行政判例百選Ⅱ（第7版）201事件］

## 一　執行不停止原則と執行停止申立て

### 1　「執行不停止原則」とはどのようなものであるのか？

（1）**執行不停止原則**　行政事件訴訟法は、取消訴訟の提起が処分の効力、処分の執行または手続の続行を妨げないとする、いわゆる「執行不停止原則」を規定している（25条1項）。裁判所は申立てに基づいて執行停止をすることができる（同条2項）という仕組みがとられている。

この意味について、建築確認処分について周辺住民が争った**判例3**の事案で説明しよう。当該処分を取消訴訟で争った場合、判決までには時間がかかるが、その間の処分の効力はどうなるのであろうか？　効力が発生しているとしたら建築主は建築工事を行うことができ、発生していないとしたら工事ができない状態となる。執行不停止原則の下では、取消訴訟が提起されても処分の効力は発生しているとされる。判決までの間工事を止めるには、周辺住民は執行停止の申立てを行い、効力の暫定的な停止を求める必要がある。

執行不停止原則とは反対に、訴訟の提起により処分の効力等が停止される「執行停止原則」という考え方もあり、他国ではその採用例もある。どちらを原則とするかは立法政策の問題であり、日本では執行不停止原則が採られている。その理由としては、執行停止原則では訴訟提起により行政運営が止まり、それゆえに濫用的な訴訟提起のおそれがあることなどがあげられる[1]。

（2）**執行不停止原則への批判**　学説の中には執行不停止原則に批判的な見解が根強くある。執行不停止原則自体に疑問を呈する見解[2]とともに、多様な行政分野で一律に不停止の原則を採ることへの批判もある。分野によっては、立法において例外の余地を広く認めるべきとの考えが強く主張されている[3]。訴訟提起による執行停止を認める立法例（国家公務員法108条の3第8項など）もあるがその数は少ない。

---

1　参照、高橋滋・市村陽典・山本隆司編『条解行政事件訴訟法（第4版）』（弘文堂、2014年）502頁〔八木一洋〕。
2　例えば、藤田宙靖『行政法総論』（青林書院、2013年）461～463頁。
3　阿部泰隆『行政救済の実効性』（弘文堂、1985年）171～172頁、室井力ほか『コンメンタール行政法Ⅱ：行政事件訴訟法・国家賠償法（第2版）』（日本評論社、2006年）285頁〔市橋克哉〕など。

## 2 執行停止制度はどの範囲まで機能するのか？ その限界は？

**（1）拒否処分**　申請に対する拒否処分については、一般的に執行停止では仮の救済を図ることができない。というのは、執行停止決定があっても拒否処分がなされる以前の状態が回復されるにすぎず、許可がなされる状態が作り出されるわけではないためである（行訴法33条4項）。それゆえ、拒否処分については執行停止による権利保全の実益がないため、申立ての利益がないと解されている。

拒否処分であっても、公安条例に基づく集団示威運動の不許可処分など、解釈によって執行停止の申立ての利益があるとされるものもある[4]。しかし、入学や入園の不許可処分、公の施設の使用不許可処分など多くの拒否処分については、申立ての利益がないとされてきた[5]。この点について、行訴法改正により仮の義務付けの申立てが設けられ、拒否処分に対して許可等がなされる状態を仮に作り出すことができることとなり、制度的に手当てがなされた。

**（2）執行停止の準用と仮処分の禁止**　執行停止の制度は、裁決取消訴訟（29条）、無効等確認訴訟（38条3項）などにも準用される。義務付け訴訟と差止訴訟については各々に対応した仮の救済の制度が用意され、（仮の救済に適さない不作為の違法確認訴訟を除き）抗告訴訟については仮の救済制度が用意されている。

行訴法44条が「公権力の行使に当たる行為」についての民事保全法の仮処分を禁止しているのは、公権力の行使について、抗告訴訟における仮の救済を利用するべきであるとするためである。この規定の下でも、「公権力の行使に当たる行為」の無効を前提として争うわけではない民事訴訟や公法上の当事者訴訟には、仮処分を利用できる。しかし、「公権力の行使に当たる行為」の無効を前提として争う争点訴訟や当事者訴訟の場合には、仮処分が禁止される。他方で、こうした争点訴訟や当事者訴訟については、無効等確認訴訟などとは異なり、執行停止制度を準用する規定がないため、いずれの仮

---

[4] 詳しくは、藤田耕三ほか『行政事件訴訟法に基づく執行停止をめぐる実務上の諸問題』司法研究報告書34輯1号（1983年）10〜13頁。

[5] 例えば、筋ジス患者の公立高校への入学不許可について、大阪高決1991（平3）・11・15判タ780号164頁。他方で、公共施設の使用許可が後に取り消された場合には、当該取消処分の執行停止により許可がなされる状態が作り出されるため、執行停止の申立ての利益が認められる。

の救済の制度をも用いることができなくなっている。こうした状況に対して、学説ではどちらかの仮の救済を利用できるような解釈がとられている[6]。

## 二 執行停止の要件

### 1 執行停止の申立てにおいて求められる手続的要件は？

（1）**手続的要件**　手続的要件として、執行停止申立ての対象、当事者適格、申立ての利益、適法な本案訴訟の提起があげられる。後二者がよく問題とされるが、申立ての利益については上で述べた。

（2）**適法な本案訴訟の提起**　行訴法25条2項は「処分の取消しの訴えの提起があつた場合において」と規定し、適法な本案訴訟が提起され係属していることを求めている。本案訴訟は、訴訟要件を満たす適法なものである必要がある。

民事保全法の仮処分では申立時には本案訴訟の提起・係属は求められておらず、違いがある。執行停止に関して本案訴訟の提起・係属が求められるのは、執行停止では保全のための密行性が必要でなく、また、裁判所が本案訴訟をも見つつ執行停止の判断をできるようにするためである[7]。

### 2 執行停止における実体的要件はどのようなものであるか？

（1）**三要件の総合的判断**　執行停止における要件として、「重大な損害を避けるため緊急の必要があるとき」（25条2項）という積極要件と、「公共の福祉に重大な影響を及ぼすおそれがあるとき」、「本案について理由がないとみえるとき」（25条4項）という消極要件が規定されている。

三要件は独立に規定されているが、これらは総合的に判断される。つまり、本案の理由の疎明が高ければ執行停止の必要性の疎明は低くても執行停止を認め、反対に本案の理由の疎明が低ければ執行停止の必要性について高い疎明が求められる[8]。実際に、周辺住民がマンションに係る建築確認処分の執行停止を求めた**判例3**では、本案訴訟の控訴審で処分取消判決が下され、本

---

6　参照、室井ほか・前掲注3　463〜471頁〔村上博〕、原田大樹「行政法クロニクル（第19回）仮の救済」法教457号（2018年）68〜69頁。

7　杉本良吉『行政事件訴訟法の解説』（法曹会、1963年）87頁。なお、執行停止の申立ての管轄裁判所は、本案の係属する裁判所とされる（28条）。

案の理由が十分に疎明されていたこともあり、必要性について「本件建築物の倒壊、炎上等により、申立人らはその生命又は財産等に重大な損害を被るおそれ」といった「おそれ」に過ぎなくとも、執行停止が認められた。

（2）**重大な損害を避けるため緊急の必要**　「重大な損害」と「緊急の必要」が要件として規定されているが、裁判では「緊急の必要」が独立して問われることはほとんどなく、両者は一体的に判断される。

2004年行訴法改正前には「重大な損害」ではなく「回復困難な損害」という要件が規定されていた。改正前の「回復困難な損害」の該当性については、損害について原状回復や金銭補償が可能であっても執行停止を認めるなど柔軟な解釈をする裁判例もみられた。しかし、回復困難という文言ゆえに、金銭補償で回復が可能であれば認めないという判断を導く可能性があるため、改正により「重大な損害」に変更され、その解釈規定（25条3項）も設けられた。「重大な損害」に該当するかは、解釈規定に基づき、回復の困難性のみでなくさまざまな要素の総合的考慮によって判断される。

（3）**「重大な損害」の解釈規定**　解釈規定の趣旨について、立法担当者は、「個々の事案ごとの事情に即した適切な判断が確保されるようにするため」、損害の性質のみならず、損害の程度、処分の内容および性質をも考慮するものとする[9]。

具体的には、①まず「損害の回復の困難の程度」（回復の困難性）が考慮され、②「損害の性質及び程度」として、生命身体、自由、財産への損害といった損害の性質と、損害の程度の大きさ、③「処分の内容及び性質」として、処分によって得られる公共の利益や第三者の利益、処分の緊急性・必要性が勘案される。この結果、回復の困難の程度が大きくなくとも、損害の性質や程度を勘案して「重大な損害」が生ずると認められうる。

弁護士への懲戒処分の執行停止に係る**判例2**では解釈規定に基づいて判断がなされた。高裁（東京高判2007（平19）・7・19判時1994号25頁）が処分により受ける損害の性質（社会的信用の低下等）、損害の程度（受任中の訴訟案件数）を勘案して執行停止決定をし、最高裁は、「法25条3項所定の事

---

8　藤田ほか・前掲注4　46頁、塩野宏『行政法Ⅱ：行政救済法（第6版補訂版）』（有斐閣、2019年）217頁。

9　小林久起『行政事件訴訟法』（商事法務、2004年）279頁。参照、山田健吾「行政訴訟における仮の救済」現代行政法講座編集委員会ほか編『現代行政法講座Ⅱ』（日本評論社、2015年）270〜272頁。

由を考慮し勘案して」重大な損害に当たるとした原審の判断を是認した。

　（4）**公共の福祉への重大な影響のおそれ**　　この要件が独立して問われることは少ない。公共の福祉の問題は、「重大な損害」要件の判断の中で一部考慮されるためである。また、執行停止の決定は常に何らかの形で公共の福祉に影響を与えるおそれがあるため、この要件に該当するとして申立てを却下する際には慎重さが求められる。裁判例も、公共の福祉への影響が重大で、おそれがある程度強くなければならないとしている[10]。

　（5）**本案についての理由の有無**　　本案の理由の有無について、「理由がないとみえるとき」と消極要件として規定している[11]。これは、理由の有無につき行政庁に疎明責任を負わせるものと解される。

　この要件は、本案で勝訴する可能性がない場合には執行停止を認める必要性がないと考えられるため、設けられている。とはいえ、この要件は本案での勝訴や敗訴の見込みの有無をまで疎明することを求めるものではない。執行停止の段階で本案での勝敗の見込みをつけることは執行停止手続が本案化することになり、適切ではない。また、疎明資料のみから本案での勝敗を判断することは実務上も困難である。それゆえ、裁判実務では、本案について理由のないことが明白であるときを除いては、本案に理由がないとはしていない。

　しかし事案によっては、本案の理由の有無をより綿密にみるべき場合もある。執行停止の認否により事実上紛争が決着する場合や、執行停止により本案での原告勝訴確定判決と同様の満足を与えるような場合（満足的執行停止）がそうである。例えば、公の施設の使用許可取消処分について執行停止がなされた場合、使用期日が到来すれば、取消処分の名宛人は当該施設を使用することができる。こうした状況では、執行停止の判断が本案の判断に代替するものとして機能するため、本案の理由の有無について時間の許す限り疎明を尽くさせ、立ち入った判断を行うことが望ましい[12]。

---

10　藤田ほか・前掲注4　57〜58頁。
11　仮の義務付け・仮の差止めでは積極要件である（37条の5第1項）。
12　藤田ほか・前掲注4　65〜67頁、室井ほか・前掲注3　303頁〔市橋〕、山本隆司「行政訴訟における仮の救済の理論（下）」自研86巻1号（2010年）79頁。

## 三 執行停止の審理手続、決定とその効力

### 1 執行停止はどのように審理されるのか？

（1）**審理手続**　執行停止をするか否かの判断は口頭弁論を経ないですることができ（25条6項）、多くは書面審理でなされている。また、疎明に基づいてなされる（25条5項）とされ、要件事実の存在については証明を要せず、疎明で足りる。

（2）**第三者への手続保障**　申立人と反対の利害関係をもつ第三者の手続保障が課題とされている。執行停止の手続は申立人の私益と行政側の公益の調整を想定するが、二重効果的処分では現実には申立人の私益と第三者の私益とが対立するのに、それに対応する手続が用意されていない[13]。執行停止決定には第三者効があり、第三者は直接影響を受けうる。**判例3**はその典型例で、周辺住民による建築確認の執行停止申立てが認容されたため、第三者である事業者は建築を止めなければならなくなった。第三者への手続保障のため制度見直しも主張されているが、現行法の下では補助参加の活用で対処されることになろう[14]。

### 2 執行停止の決定はどのような内容であるのか？

（1）**「処分の効力、処分の執行又は手続の続行」の区別**　執行停止の決定内容としては、「処分の効力」の停止のみでなく、処分により課された義務の強制執行の停止を求める「処分の執行の停止」、処分の存在を前提としてなされる後続処分の停止を求める「手続の続行の停止」も規定されている（25条2項）。例えば**判例2**では、懲戒処分の効力を停止し弁護士業務を暫定的に可能にするために「処分の効力」の停止が求められ、**判例1**のような事案では、退去強制令書の執行による強制収容・退去を止めるために「処分の執行の停止」が求められる。

そして、「処分の効力の停止は、処分の執行又は手続の続行の停止によつ

---

[13] 本多滝夫「仮の救済制度論：仮命令・執行停止制度の検討」法時77巻3号（2005年）57頁、野呂充「仮の救済」園部逸夫・芝池義一編『改正行政事件訴訟法の理論と実践』（ぎょうせい、2006年）229頁。参照、長谷川佳彦「仮の救済」曽和俊文ほか編『行政法理論の探究』（有斐閣、2016年）492、497頁。

[14] 高橋滋編『改正行訴法の施行状況の検証』（商事法務、2013年）415頁。

て目的を達することができる場合には、することができない」とされる（25条2項ただし書）。これは、効力の停止は効果が広く及びうるため、後の執行や手続の停止で仮の救済が得られるのであれば、処分の効力自体の停止を控え、保全の目的に必要な限度にとどめて過剰停止を避けるという考え方のためである[15]。裁判実務上は、処分の効力の停止を求める申立てがあった場合、裁判所が一部認容決定として、当該処分の執行または手続の続行のみを停止することができると解されている[16]。

このように、係争処分に基づく強制執行や後続処分は執行停止の対象となるが、それを将来の強制執行や処分と捉えて差止訴訟を提起し仮の差止めの申立てをすることも、制度的には可能である。但し実際には、要件がより厳格な仮の差止めにより仮の救済を図るメリットはないため、強制執行や後続処分に固有の違法事由がある場合を除いては、執行停止による仮の救済が可能であれば、執行停止によることになろう[17]。

（2）**執行停止決定の期間**　執行停止の決定をする場合、裁判所は停止の期間を事案ごとに裁量で定める。申立人は往々にして本案判決の確定までの間の執行停止を求めるが、裁判所はそれ以前の時点までに期間を区切ることが多い。退去強制令書の執行停止（**図表10-1**）が求められた**判例1**では、送還部分の執行停止決定の期間が本案判決の確定までではなく、「本案の一審判決の言渡しまで」であることが争われた。その停止期間では、一審敗訴後に強制送還され、裁判を受ける権利が否定されるとの主張について、最高裁は、送還後も代理人による訴訟追行は可能などとして退けた。

（3）**執行停止決定の効力**　執行停止決定には取消判決の効力に係る規定が準用され、第三者効（32条2項）や拘束力（33条4項）が認められている。規定はないが形成力も認められている。

形成力は、法律関係を処分が無かった状態に戻すが、将来に向かってのみ生ずるとされる。例えば、懲戒免職処分の効力の停止決定は決定時から効力を停止する。そうなると処分時から決定時までの俸給請求権は回復されない。しかし、分野を問わず画一的に将来効のみしか認めないことには疑問が呈されている。また、民事保全と同様に遡及効を認める余地も模索されている[18]。

---

15　杉本・前掲注7　90頁。
16　西川知一郎編著『行政関係訴訟』（青林書院、2009年）193頁注(466)。
17　野呂・前掲注13　255、270頁

**図表10-1　出入国管理および難民認定法における退去強制手続と執行停止の方法**

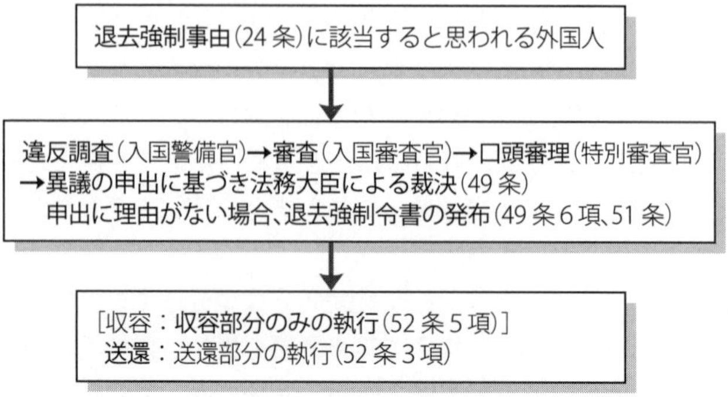

```
┌─────────────────────────────────────┐
│　退去強制事由(24条)に該当すると思われる外国人　│
└─────────────────┬───────────────────┘
                  ↓
┌─────────────────────────────────────┐
│　違反調査(入国警備官)→審査(入国審査官)→口頭審理(特別審査官)│
│　→異議の申出に基づき法務大臣による裁決(49条)　　│
│　　申出に理由がない場合、退去強制令書の発布(49条6項、51条)│
└─────────────────┬───────────────────┘
                  ↓
┌─────────────────────────────────────┐
│　［収容：収容部分のみの執行(52条5項)］　　　　　│
│　　送還：送還部分の執行(52条3項)　　　　　　　│
└─────────────────────────────────────┘
```

　退去強制令書の発布後、収容からの解放や送還の防止を求めて、令書の「執行の停止」が申し立てられる。令書について、その収容部分と送還部分とに分けて判断がなされ、両方の執行が停止されれば、申立人は決定のいう期間の間、強制送還されず収容も解かれる。送還部分のみの執行停止決定であれば、申立人は入国者収容所等に収容されたままとなる。

## 四　内閣総理大臣の異議

### 1　内閣総理大臣の異議とはどのようなものであるか？

　執行停止の制度では、行政権の長である内閣総理大臣が裁判所に異議を述べることができ、三権分立や裁判を受ける権利の観点からかなり問題をはらむ仕組みが採られている。これは平野事件を契機に、GHQの強い意向を受け、行政事件訴訟特例法で導入されたもので、現在まで維持されている。

　内閣総理大臣は、申立てがあった場合とともに、執行停止の決定後でも、裁判所に異議を述べることができる（27条1項）。異議には理由を附し、事後に国会への報告も求められる（同条2項6項）。異議があったとき、裁判所は、決定前であれば執行停止をすることができず、決定後であればそれを取り消さなければならない（同条4項）。昭和40年代には集団示威運動に関し異議が何度か述べられたが、近年はこの制度は用いられていない。

---

18　室井ほか・前掲注3　305頁〔市橋〕、山本・前掲注12　77頁、山田・前掲注10　274〜275頁。

## 2　内閣総理大臣の異議についてどのような批判がなされてきたのか？

**(1) 違憲論**　行訴法の立法時の解説では、執行停止は本来行政作用に属し、法律で裁判所に付与された権限にすぎないと解し、正当化がなされている[19]。しかし、現在では執行停止は司法権に属するものと解されており、また、この制度は憲法32条、76条との関係で違憲または違憲の疑いが濃厚であるとする考えが一般的となっている[20]。

**判例4**における真野毅裁判官の意見は三権分立の観点から違憲論を展開しているが、内閣総理大臣の異議が争われた裁判例（東京地判1969（昭44）・9・26判時568号14頁）は、執行停止を行政作用と解し、憲法違反はないとした。

### □■■　検討問題　退去強制令書の執行停止と「重大な損害」　□■■

退去強制令書の執行停止（**図表10-1**）では、令書の収容部分について、従来は執行停止が認められることは少なかった。行訴法改正前の事案で、最高裁は、収容部分の執行による損害を「社会通念上金銭賠償による回復をもって満足することもやむを得ない」として、収容部分の執行停止を認めなかった（最決2004（平16）・5・31判時1868号24頁）。

それに対して改正後には、学業に励んでいた留学生にとって、収容継続による学業への支障が重大な損害に当たるとして、収容部分の執行停止を認めた裁判例がある（東京地決2005（平17）・9・29LEX/DB25410461）。

これらとともに、改正前の認容例（東京地決2002（平14）・3・1判時1774号25頁）も参照しつつ、それぞれの判断にどのような違いがあるか、また損害要件の改正が影響しているか、検討してほしい。

### ■参考文献

- 藤田耕三ほか『行政事件訴訟法に基づく執行停止をめぐる実務上の諸問題』司法研究報告書34輯1号（司法研修所、1983年）1～132頁
- 野呂充「仮の救済」園部逸夫・芝池義一編『改正行政事件訴訟法の理論と実務』（ぎょうせい、2006年）221頁
- 室井力ほか『コンメンタール行政法Ⅱ：行政事件訴訟法・国家賠償法（第2版）』（日本評論社、2006年）283～314頁〔市橋克哉〕、460～471頁〔村上博〕

---

19　杉本・前掲注7　86、94頁
20　室井ほか・前掲注3　309～310頁〔市橋〕。参照、笹田栄司『司法の変容と憲法』（有斐閣、2008年）133～142頁。

## 11 無効確認訴訟と処分不存在確認訴訟

日野辰哉

1 なぜ無効確認訴訟は現在の法律関係に関する訴えを補完する訴訟類型と位置付けられたのか。
2 予防的無効確認訴訟および補充的無効確認訴訟はどの範囲で認められるべきか。
3 処分不存在確認訴訟に固有の意義は認められるのか。

■キーワード

時機に後れた取消訴訟（準取消訴訟）、予防的無効確認訴訟、補充的無効確認訴訟、取消訴訟の排他的管轄、公定力、不可争力、出訴期間制限、違法事由、無効事由、補充性、紛争の終局的解決、争点訴訟、当事者訴訟、還元不能説、目的達成不能説、訴訟類型（訴訟形式）の選択

■主要判例

**判例1**・千葉県換地処分無効確認請求事件：最判1987（昭62）・4・17民集41巻3号286頁［行政判例百選Ⅱ（第7版）180事件］
**判例2**・もんじゅ行政訴訟（補充性）：最判1992（平4）・9・22民集46巻6号1090頁［行政判例百選Ⅱ（第7版）181事件・環境法判例百選（第3版）91事件］
**判例3**・御所町二項道路指定事件：最判2002（平14）・1・17民集56巻1号1頁［行政判例百選Ⅱ（第7版）154事件］

## 一 無効確認訴訟とは何か

### 1 行政処分の無効を理由とする訴訟には何があり、何を選択すべきか？

**（1）行政処分の公定力と取消訴訟の排他的管轄**　行政事件訴訟法（以下、行訴法とする）3条4項は、処分無効確認訴訟のほかに、処分または裁決の存否・有効性の確認訴訟、さらには処分または裁決の失効確認訴訟をも含むと解されている。行訴法で同列に扱われていることからすると、その訴えの内容も同じなのだろうか。この問題に取り組むべく、本章ではまず最初に処分無効確認訴訟を(一)、次に処分不存在確認訴訟をとり上げる(二)。

ところで、懲戒免職処分を受けた公務員には、公務員の地位を回復する裁判上の救済方法として何があるだろうか。一般の労働者と同じく地位確認訴訟を選択することも考えられる。しかし、免職処分が行政処分であると解されるため、免職処分の取消訴訟を選択しなければならない。なぜなら、"たとえ行政処分に瑕疵があったとしても、特定の国家機関が取り消すまでは、一応通用する（有効である）ことが認められ、行政処分の相手方だけでなく他の国家機関もそれを承認しなければならない"、いわゆる《行政処分の公定力》が認められるからである。この公定力の法的根拠は、行政処分の効力を排除する取消訴訟制度が存在するという事実に依拠している（これを「取消訴訟の排他的管轄」という）。

さらに、取消訴訟の提起については、行政上の法律関係を早期に確定させることなどを企図した出訴期間制限（行訴法14条）があることに注意しなければならない。この出訴期間を徒過した行政処分の効力はもはや争えなくなる（これを「不可争力」という）。しかし、行政上の法律関係の早期確定を犠牲にしてでも、私人の権利保護の要請が強く認められる場合、すなわち、行政処分に無効事由があるとして裁判で争おうとする場合、取消訴訟ではなく、無効等確認訴訟という救済ルートを用いることが認められている。

**（2）行政処分の無効を理由とする訴訟類型**　では、なぜ行政処分の無効には、取消訴訟の排他的管轄が及ばないのか。無効事由ある行政処分は、当初より何ら法効果（拘束力ないし規律力という）を発生させておらず（法的にゼロ）、よって、公定力も不可争力も生じ得ないと解されているからである。ただし、誰もが無視することのできる無効の行政処分も、取消事由ある行政処分との区別は（通説判例のいう重大明白説に依拠したとしても）相対的なものでしかなく、よって、表見上の行政処分の効果を公権的に否定す

る必要がある。こうして、行政処分の無効を確認する訴訟類型が法定される一方で、その取消訴訟との類似性（過去に行われた行政処分を直接の対象とし、訴訟物が行政処分の瑕疵の存否を問うこと）に着目して抗告訴訟としての位置付けが与えられた（時機に遅れた取消訴訟・準取消訴訟）[1]。行政処分の無効の有無が裁判で争われる場合、無効確認訴訟の外には、係争処分の無効を先決問題とする当事者訴訟と民事訴訟（争点訴訟）とがあり、これら訴訟類型間の関係は全くの同列ではない。

（3）**訴訟類型間の選択についての交通整理とその論拠**　行訴法36条は、消極要件（「当該処分若しくは裁決の存否又はその効力の有無を前提とする現在の法律関係に関する訴えによって目的を達成することができないものに限り」）を規定することで、無効確認訴訟と現在の法律関係に関する訴訟とが択一的・補充的な関係にあることを明示している（しかし、後述するように、具体的な場合にこの二者択一的な関係が維持されるべきかは別の問題として残る）。こうした立法者による交通整理の背景には、紛争の終局的解決の要請と確認訴訟本質論があった。前者は、農地買収処分をめぐる紛争が典型であるように、問題となる法関係の起点となった行政処分の適否を争うよりも、当該農地を取得した第三者である私人を相手に民事訴訟（場合によっては当事者訴訟）を提起した方が、より直截的な救済を得られるという利点を強調する。後者は、紛争の裁判的解決に必要なのは現在の法律関係の確認であり、変化し得る過去の法律関係の確認は認められないとする行訴法成立時の民事訴訟法理論を指していた（無効確認訴訟の補充性原則）[2]。しかし、この民訴ドグマについても、判例の展開等を受けて、「過去の法律関係とされるものの方が諸々の法律関係の源泉でありそこを押さえる方が紛争の抜本的解決に資する」こともあることから、一定の緩和が認められている[3]。このことは、当然に行訴法36条の解釈にも影響を与えている。

---

1　雄川一郎「行政行為の無効確認訴訟に関する若干の問題」同『行政争訟の理論』（有斐閣、1988（初出・1967）年）218頁。
2　杉本良吉『行政事件訴訟法の解説』（法曹会、1963年）119頁。
3　高橋宏志『重点講義　民事訴訟法・上（第2版）』（有斐閣、2011年）363頁、坂田宏「確認の利益」伊藤眞ほか編『民事訴訟法の争点』（有斐閣、2009年）100頁。

## 2 予防的無効確認訴訟に対して最高裁はいかなる立場を採用したか？

**(1) 予防的無効確認訴訟も補充的か**　行訴法36条は、何度読んでもわかりにくい条文である。文理解釈に従えば、消極要件 (c) が、条文の前段部分、すなわち、2つの積極的要件 (a)「当該処分又は裁決に続く処分により損害を受けるおそれのある者」および (b)「その他当該処分又は裁決の無効等の確認を求めるにつき法律上の利益を有する者」、それぞれに及ぶことになる（一元説・制約説）。しかし、この解釈によれば、立法関係者が想定していた無条件の予防的無効確認訴訟を提起することが困難になる。そこで、文理に反してではあっても、私人の権利保護に資することから、予防的無効確認訴訟については消極要件が及ばないと解すべきとする説が登場し、本条は予防的無効確認訴訟と補充的無効確認訴訟の2つを規定しているとした（二元説・無制約説）[4]。そのほかに、予防的無効確認訴訟が機能する範囲を確保する二元説の趣旨を支持しながらも、行訴法36条の文意から離れすぎている難点を克服しようとする折衷説も唱えられた[5]。すなわち、後続処分や執行処分を差止めようとする場合、現在の法律関係に関する訴えがあり得たとしても、それによっては有効な救済が得られず、積極要件 (a) を満たす場合には消極要件も満たされると主張した。

**(2) 滞納処分の差止めを目的とした訴え**　こうした学説状況の下で、最高裁は、課税処分後において納付を済ませていない者が後の滞納処分をおそれて課税処分の無効確認請求を提起した事件（最判1976（昭51）・4・27民集30巻3号384頁）において、「納税者が、課税処分を受け、当該課税処分にかかる税金をいまだ納付していないため滞納処分を受けるおそれがある場合において、右課税処分の無効を主張してこれを争おうとするときは、納税者は、行政事件訴訟法36条により、右課税処分の無効確認を求める訴えを提起することができるものと解するのが、相当である……」と判示した。本判決において最高裁が消極要件 (c) に触れることなく予防的無効確認訴訟を認めたことから、二元説を支持したと解されることに理由がないわけではなかった[6]。しかし、本件は、租税債務不存在確認訴訟によっては、後続する

---

4　雄川一郎「行政事件訴訟法立法の回顧と反省」同『行政争訟の理論』（有斐閣、1986（初出・1983）年）200頁。

5　広岡隆「無効確認訴訟と争点訴訟」山田幸男ほか編『演習　行政法・下』（青林書院新社、1979年）156頁。高木光「行政法入門31」自治実務セミナー47巻1号（2008年）8頁。

図表11-1　行訴法36条の各要素間の関係

| | 一元説(制約説) | 二元説(無制約説) |
|---|---|---|
| 予防的無効確認訴訟 | (a)「当該処分又は裁決に続く処分により損害を受けるおそれのある者」<br>(c)「当該処分若しくは裁決の存否又はその効力の有無を前提とする現在の法律関係に関する訴えによって目的を達成することができないもの」<br>⇒二つの要件充足が必要。 | (a)「当該処分又は裁決に続く処分により損害を受けるおそれのある者」<br>⇒予防的無効確認訴訟の提起にあたり、当事者訴訟による制約はない。 |
| 補充的無効確認訴訟 | (b)「その他当該処分又は裁決の無効等の確認を求めるにつき法律上の利益を有する者で」<br>(c)同上<br>⇒二つの要件充足が必要。 | ⇒一元説による理解と同じ。 |

滞納処分の予防という「目的を達成することができない」、いわば消極要件がそもそも問題にならない事案であったとも解される[7]。

　（3）土地区画整理事業実施の差止めを目的とした訴え　次に土地区画整理組合の設立認可の無効を請求した事件において、最高裁の示した判断の理解についても見解は分かれている（最判1985（昭60）・12・17民集39巻8号1821頁大阪市土地区画整理組合設立認可事件）。最高裁は「そして、上告人が被上告組合の事業施行区域内の宅地について所有権を有し、同組合の組合員とされている者であるところ、上告人は、被上告組合の不成立を主張して、同組合の事業施行に伴う仮換地指定処分、換地処分等一切の処分が上告人に対してされることを否定しようとしている者であることは記録上明らかであるから、上告人は被上告人大阪市長がした本件被上告組合の設立認可処分（以下「本件認可処分」という）の無効確認を求める訴えにつき原告適格を有するというべきである」と判示していた。この事件については、組合員としての地位不存在確認訴訟という現在の法律関係に関する訴えがあるにも

---

6　新山一雄「無効確認訴訟」ジュリ925号（1989年）124頁、藤田宙靖『行政法総論』（青林書院、2013年）453〜454頁。
7　原田尚彦『行政法要論（全訂第7版補訂第2版）』（学陽書房、2012年）370頁、阿部泰隆『行政法解釈学Ⅱ』（有斐閣、2009年）289頁。

かかわらず、消極要件（c）が検討されず、無効確認訴訟が認められたとして、二元説が採用されたとの理解を示す説がある[8]。他方で、換地処分後に現在の法律関係による訴えを提起したとしても、時間の経過による事業の完成も予想され、当事者訴訟などが原告にとって「有利な権利保護の見地」からするとまず問題になり得ないとして、やはり消極要件の存否が問題にならなかった事例であったとみることもできる[9]。以上、2つの判決の観察からは、最高裁が、予防的無効確認訴訟についていかなる立場にあるのか必ずしも明らかとはいえないようである。

### 3 無効確認訴訟と"現在の法律関係に関する訴え"の関係をどう考えるべきか？

**（1）「目的を達成する」とは何を意味するのか**　こうしてみると、予防的無効確認訴訟についての訴えの利益をめぐる学説間の争いは、補充的無効確認訴訟のあり方をめぐる解釈上の問題とも関連することが明らかとなる。すなわち、「当該処分若しくは裁決の存否又はその効力の有無を前提とする現在の法律関係に関する訴え」に還元可能であれば無効確認訴訟が認められない、と解すべき立場（還元不能説）を一方の極とするならば、現在の法律関係に還元することができたとしても原告にとってより有利な権利保護という「目的を達成することができない」場合には無効確認訴訟を認めるべきとする立場（目的達成不能説）を他方の極とする争いである。還元不能説については、そもそも現在の法律関係に関する訴えに引き直しできない事案が限られるため、無効確認訴訟の活用の余地が著しく狭められ妥当ではない。よって、無効確認訴訟の活用を柔軟に認める目的達成不能説が学説の支持を集めているといえる[10]。

**（2）換地処分の無効をめぐる訴訟類型の選択**　土地改良事業において

---

[8] 藤田・前掲注6 453〜454頁、宇賀克也『行政法概説Ⅱ（第6版）』（有斐閣、2018年）311頁。

[9] 芝池義一「無効確認訴訟」杉村敏正編『行政救済法1』（有斐閣、1990年）258頁。

[10] 目的達成不能説のバリエーションについて、さし当たり、芝池義一ほか編『コンメンタール行政法2：行政事件訴訟法・国家賠償法（第2版）』（日本評論社、2006年）382〜384頁〔大田直史〕、行政訴訟実務研究会編『行政訴訟の実務』（第一法規、2004年）944〜946頁〔薄井一成・寺田麻佑〕。

照応の原則（区画整理§89①）違反を理由とする換地処分の無効が争われた**判例1**では、最高裁は次のような判断を示した。判旨①「右施行地域内の土地所有者等多数の権利者に対して行われる換地処分は通常相互に連鎖し関連し合っている」。それゆえ、判旨②「換地処分の効力をめぐる紛争を私人間の法律関係に関する個別の訴えによって解決しなければならないとするのは右処分の性質に照らして必ずしも適当とはいい難」い。そしてまた、換地処分について照応の原則違反を主張することで、より有利な換地の交付を希望している場合、判旨③「このような紛争の実態にかんがみると、当該換地処分の無効を前提とする従前の土地の所有権確認訴訟等の現在の法律関係に関する訴えは右紛争を解決するための争訟形態として適切なものとはいえず、むしろ当該換地処分の無効確認を求める訴えのほうがより直截的で適切な争訟形態というべきであ」る。

準取消訴訟である無効確認訴訟は、係争処分の無効を確定することでそれを起点とする全法関係を覆滅する。そして、行訴法38条1項で準用される同法33条1項は、無効確認訴訟において処分の違法が確定した場合、行政庁に判決の趣旨に即した行動を義務づける（反復禁止効・続行禁止効）。より有利な換地の交付を訴訟の目的としていた本件において、原告の求める救済は第三者（他の換地処分の効果）への影響を避けられない（判旨①②）。よって、全法関係をいったん覆滅した上で、判決の趣旨に即した行動を行政庁（土地改良区）に義務づけた方が、紛争の直接的で抜本的な解決につながるといえる（判旨③）[11]。

**（3）原子炉設置許可処分の無効をめぐる訴訟類型の選択**　そして、**判例2**において、"無効確認訴訟"と"現在の法律関係に関する訴え"のいずれを選択すべきかの判断基準について、判旨（ア）「処分の無効を前提とする当事者訴訟又は民事訴訟によっては、その処分のため被っている不利益を排除することが出来ない場合」のほかに、判旨（イ）「当該処分の無効確認を求める訴えのほうがより直截的で適切な争訟形態であるとみるべき場合」を判示した。こうして最高裁は、目的達成不能説に基本的に依拠しながら、補充的無効確認訴訟についても、補充性原則を厳格に適用するのではなく、原告にとってより有効な権利保護の可能な訴訟類型が何かという観点から消極要件（c）を理解しているといえよう（判旨（イ））[12]。かかる消極要件

---

11　小早川光郎『行政法講義・下Ⅲ』（弘文堂、2007年）272頁。

(c)の理解に立てば、一元説に従ったとしても予防的無効確認訴訟が無用に制限されることもなくなると解される。

なお、原子炉施設の設置許可処分についての無効事由の有無は、差止請求における勝訴要件（周辺住民の生命・身体等といった人格的利益に対する被害発生の蓋然性）の前提条件とはいえず、両者はその意義・目的（訴訟の対象、勝訴要件・効果）を全く異にしており、無効確認訴訟の補充性をめぐる論議が想定していた訴訟類型の選択問題とはいえないものだった。よって、"現在の法律関係に関する訴え"に民事差止訴訟も含まれるのか否かに争いはあったが（本件一審判決はその差止請求が現在の法律関係に関する訴えに含まれるとし[13]、控訴審判決はこれを否定していた[14]）、最高裁は、明確に「現在の法律関係に関する訴えに該当するものとみることはできず」との判断を示した。こうして、原子炉設置許可処分の無効確認訴訟と民事差止訴訟とは併存可能な関係にあることが認められた。また、当初は択一的な関係にあると解されてきた事案についても（公務員の免職処分無効確認訴訟と公務員の地位確認訴訟等）、あえて無効確認訴訟を否定する必要はない、という見解が有力である[15]。

## 4　その他にいかなる訴訟法上の問題が残されているか？

無効確認訴訟と取消訴訟は、勝訴要件および訴訟要件における若干の違い（出訴期間制限等）を除けば違いがほとんどない。したがって、格別に取消訴訟に関する規定の準用が認められていなくとも、不都合がある場合には取消訴訟に準じた解釈論を学説・判例が展開してきた。すなわち、原告適格について、もんじゅ行政訴訟（原告適格）において最高裁は、「取消訴訟の原

---

12　芝池・前掲注9　261頁、村上敬一「無効等確認の訴え」雄川一郎ほか編『現代行政法大系4』（有斐閣、1983年）294頁～295頁。

13　福井地判1987（昭62）・12・25判時1264号31頁。髙木光「抗告訴訟と民事差止訴訟の関係」ジュリ905号（1988年）62頁。

14　名古屋高金沢支判1989（平1）・7・19行集40巻7号938頁。首藤重幸「『もんじゅ』行政訴訟控訴審判決の検討」法時61巻12号（1989年）41頁。

15　塩野宏『行政法II（第5版補訂版）』（有斐閣、2013年）220頁。他方で、雄川・前掲注1　224～225頁は、「現在の法律関係」がその前提となる「行政行為によって形成された法律関係と同一」であれば、無効確認訴訟と当事者訴訟等とは実質的に同一であるとの理由で、双方の訴えの許容性を指摘する。

告適格の場合と同義に解するのが相当」と判示した[16]。また、判決の効果（第三者効）について行訴法32条の準用がなく[17]、事情判決（行訴§26）についての準用もない[18]。これについては無効確認訴訟と取消訴訟の同質性を理由とする有力な学説の批判がある。主張・立証責任については最高裁判決があるが[19]、これについてもやはり、有力な学説の批判にさらされている。

## 二　処分不存在確認訴訟に固有の意義は認められるのか

　処分不存在確認訴訟は、実体法上の行政行為の無効と不存在の区分論を前提としていたが[20]、訴訟法上の取扱い（勝訴要件および訴訟選択に関する訴えの利益）について無効確認訴訟と特段に区別されてこなかった（処分無効＝処分不存在）。しかし、みなし道路の一括指定に関する最高裁判決において、訴えの対象について処分性が認められただけでなく、本件訴えが処分不存在確認訴訟であり行訴法36条の要件を満たしていると判示され（**判例3**）、これを受けた下級審判決（例：横浜地判2007（平19）・8・29判例自治308号91頁）をみると、処分不存在確認訴訟は、無効確認訴訟とは異質な要素を抱え込んでいる可能性を指摘することができる[21]。

　たしかに、本件では、みなし道路の一括指定に続く行政過程（セットバック義務違反に対する是正措置）を差し止めるべく本訴に及んだ点は、予防的無効確認訴訟の機能と同じである。処分不存在確認訴訟は、**判例3**に限ってみても、なお無効確認訴訟と同質であると解する余地は残されているものの、

---

16　最判1992（平4）・9・22民集46巻6号571頁。
17　最判1967（昭42）・3・14民集21巻2号312頁は、行政事件訴訟特例法下の事件ではあるが、無効確認訴訟の第三者効を認めた。
18　大阪高判1986（昭61）・2・25判時1199号59頁は、事情判決制度が「一般的な法の基本原則に基づくものとして理解すべき要素」を含んでいると判断し、無効確認訴訟への適用を認めた。
19　最判1967（昭42）・4・7民集21巻3号572頁。
20　田中二郎は、行政行為の不存在と無効とが共に法効果を生じさせていない点で同視することも"不当ではない"としつつ、行政行為の成立要件を欠くために行政行為がそもそも存在しない場合と成立要件を満たし外観上は行政行為が存在してはいるものの法効果を生じさせていない場合とを区分していた。田中二郎「行政行為の瑕疵」同『行政行為論』（有斐閣、1954（初出・1931）年）18～19頁。
21　晴山一穂「二項道路一括指定を争う訴訟形式」専修ロー2号（2007年）19頁。

他方で、処分の効果を否定するのではなく単に処分の違法を確認する、または、処分の効果も処分の違法も確認するのではなく（よって、どちらも取消訴訟の排他的管轄に服さない）、当該処分の射程範囲にあるか否かを確認する訴訟類型とみる余地もある。このように無効確認訴訟とは異質な訴訟類型と解した場合、処分不存在確認訴訟は、抗告訴訟の位置付けを与えられながらも、ほとんど確認訴訟と変わらないことがわかる[22]。最高裁は、本件において処分性を拡張させ、無効確認訴訟とは異なる内容を備えた処分不存在確認訴訟を認めたが、むしろ、当事者訴訟としての確認訴訟を本道とすべきなのではないか、との疑問が生ずる。私人にとっての両訴訟類型の得失を検討することが今後の課題になりそうである。

### □■■　検討問題　公務員の懲戒免職処分と訴訟類型の選択等　□■■

酩酊状態にあった警察官（巡査）が、友人の自宅で拳銃を上に向けて発砲した。この行為が警察に対する社会的信頼を損ねたとして、この警察官は、懲戒免職処分を受けたほか、同時に銃刀法違反の容疑で起訴された。刑事事件については、心神喪失状態にあったとして無罪判決が先に確定した。これを受けて、懲戒免職処分の違法を裁判で争おうとしたところ、すでに不服申立期間を徒過しており、当該処分の無効を争うより他に方法がなかった。このような事情の下で、従前の地位に復することを希望する場合（A）、あるいはまた、軽度のアルコール中毒症を患う警察官に対するふさわしい懲戒処分を希望し（B-1）、併せて一部失われた俸給（懲戒処分の変更に伴う俸給額の変更部分）を請求する場合（B-2）、いかなる訴訟類型によって各請求をすべきか。請求認容の可能性も含めて**判例1**および大分地判1996（平8）・6・3判時1586号142頁を参考に検討しなさい。

### ■参考文献

- 塩野宏「無効確認訴訟における訴えの利益」『行政過程とその統制』（有斐閣、1989（初出1970）年）342～376頁
- 芝池義一「無効確認訴訟」杉村敏正編『行政救済法1』（有斐閣、1990年）245～275頁
- 南博方・高橋滋ほか編『条解　行政事件訴訟法（第4版）』（弘文堂、2014年）721～734頁〔大橋真由美〕

---

22　山本隆司「訴訟類型・行政行為・法関係」民商130巻3＝5号（2004年）658頁。

# 12 義務付け訴訟と仮の義務付け

豊島明子

1 義務付け訴訟は2種類あるが、それぞれ、どういう場合の救済に有効か。
2 2つの義務付け訴訟には、どのような訴訟要件が課されているか。
3 義務付け訴訟で勝訴するには、どのような要件を満たす必要があるか。
4 義務付け訴訟の下では、どのような仮の救済を申し立てることができるか。申立てが認められるための要件は何か。

■キーワード
非申請型、申請型、重大な損害、補充性、一定の処分、法令に基づく申請、不作為の違法確認訴訟、併合提起、仮の義務付け、償うことのできない損害、本案について理由があるとみえるとき、公共の福祉に重大な影響を及ぼすおそれがあるとき

■主要判例
**判例1**・政務調査費情報公開義務付け事件：最判2009（平21）・12・17判時2068号28頁［行政判例百選Ⅱ（第7版）206事件］
**判例2**・産廃処分場措置命令義務付け事件：福岡高判2011（平23）・2・7判時2122号45頁［平成23年度重判解・行政法8事件］
**判例3**・京都市マンション是正命令義務付け事件：京都地判2007（平19）・11・7判タ1282号75頁［環境法判例百選（第3版）63事件］
**判例4**・世田谷区住民票作成義務付け事件：東京地判2007（平19）・5・31判時1981号9頁［速報判例解説 vol.2 行政法3事件］
**判例5**・ガーナ人在留特別許可義務付け事件：東京地判2008（平20）・2・29判時2013号61頁［平成20年度重判解・行政法5事件］
**判例6**・保育園入園承諾義務付け事件：東京地判2006（平18）・10・25判時1956号62頁［社会保障判例百選（第5版）95事件］
**判例7**・岡山シンフォニーホール事件：岡山地決2007（平19）・10・15判時1994号26頁［平成20年度重判解・行政法6事件］

## 一 義務付け訴訟の法定化とその意義

### 1 2004年行訴法改正前は、どのような状況であったか？

　義務付け訴訟は、2004年行訴法改正の際、差止訴訟とともに新たな抗告訴訟の類型として置かれた（3条6項）。義務付け訴訟は、未だ満足な処分がされていないことに不服がある者が、不満足な現状を改めさせ、自己の権利利益の実現を求める場合に利用される訴訟類型である。2004年改正前、このような訴えは無名抗告訴訟（法定外抗告訴訟）として提起するほかなかった。国立マンション事件（東京地判2001（平13）・12・4判時1791号3頁）は、周辺住民らが高さ約44mのマンションの20mを超える部分の除却命令等の義務付け等を求めた無名抗告訴訟において、命令権限を行使しないことの違法を認め、画期的と評された。しかし判決が義務付け訴訟としての無名抗告訴訟の許容性について、①一義的明白性の要件、②緊急性の要件、③補充性の要件をいずれも満たすべきであるとしたように、明文規定を欠く中、厳格な3要件が課される状況があった[1]。義務付け訴訟の法定化は、この状況を克服し、救済範囲の拡大可能性をもたらした。

### 2 義務付け訴訟とはどのような訴訟か？

　(1) **義務付け訴訟の2類型**　義務付け訴訟には、申請権のない者が原告となって一定の処分をすべき旨を命ずることを求める非申請型義務付け訴訟（3条6項1号）と、すでに法令に基づく申請または審査請求がなされた状況下で、申請者自らが原告となって一定の処分または裁決をすべき旨を命ずることを求める申請型義務付け訴訟（3条6項2号）の2つがある。

　(2) **義務付け訴訟の活用場面と呼称**　非申請型義務付け訴訟の呼称は、申請型義務付け訴訟との対比である。直接型とも呼ばれ、典型的に想定されてきたのが三面関係における申請権を持たない原告が第三者への職権処分（＝規制権限行使としての処分）の義務付けを求める訴えであったことから、行政介入要求型とも呼ばれる。例えば、法令の基準値を超えて有害物質を排出している工場の周辺住民らが、環境汚染等を危惧して当該工場への是正命

---

[1] 本件控訴審（東京高判2002（平14）・6・7判時1815号75頁）は、一義的明白性の要件を欠くとして、無名抗告訴訟の認容部分を取消し、訴えを却下した。

令等の規制権限を行使すべきことを求める訴えのように、自己に不利益を与えている他者に対し行政庁が職権処分をすべきことを求める場面である。しかし、非申請型義務付け訴訟は、**判例4**や**判例5**において問題となったように、申請権がないと解される場合には、申請を前提とせずになされる自己への利益処分を求めるという二面関係下での訴えも想定されるため、行政介入要求型との呼称には不正確な面がある。

一方、申請型義務付け訴訟が想定するのは、申請に対する拒否処分を受けた当事者がこれを不服とし、あるいは申請後何らの応答もない不作為状態を不服としている場面である。前者なら取消訴訟か無効等確認訴訟を、後者なら不作為の違法確認訴訟を提起して救済を求めうるが、これらの訴訟は救済方法としては迂遠であるから、より直截に一定の利益処分をすべきことを求める方が、紛争の一挙解決に資する。したがって社会保障のような、生存権に関わるがゆえに迅速な救済が求められる行政領域においては、義務付け訴訟の法定による救済の実効性向上が特に期待されてきた。このように申請型義務付け訴訟は、申請や審査請求に対する満足のいく応答の獲得を目指す訴えであることから、申請満足型とも呼ばれる。

このように、2つの義務付け訴訟には複数の呼称があるが、以下では、非申請型、申請型の語を用いる。

## 二 義務付け訴訟の訴訟要件と本案審理

### 1 2つの義務付け訴訟の訴訟要件は何か？

（1）**非申請型義務付け訴訟の場合** 非申請型義務付け訴訟は、「行政庁が一定の処分をすべきであるにかかわらずこれがされないとき」に、「その処分をすべき旨を命ずることを求める訴訟」である（3条6項1号）。行訴法は、**図表12-1**のように、その訴訟要件を定めている（3条6項1号、37条の2）。また、これらの要件のほか、非申請型義務付け訴訟も抗告訴訟の一類型であるから、処分性の要件も満たす必要がある。

（2）**申請型義務付け訴訟の場合** 続いて行訴法は、申請型義務付け訴訟を定め（3条6項2号）、訴訟要件について次の規定を置く。すなわち、**図表12-2**左欄に掲げた場合のいずれかに該当し、「法令に基づく申請又は審査請求をした者に限り」原告適格を認める。そしてもう1つ、申請型義務付け訴訟に固有の要件として欠かせないのが併合提起の要件であり、**図表**

図表12-1　非申請型義務付け訴訟の訴訟要件と判断枠組み

| 要件の名称 | 各要件の判断枠組み |
|---|---|
| 一定の処分<br>(3条6項1号、<br>37条の2第1項) | ・「特定の」処分ではないことに注意。<br>・処分の特定性の程度＝義務付けの訴えの要件を満たしているか否かについて裁判所の判断が可能な程度に特定されているか(**判例1**参照)。 |
| 重大な損害<br>(37条の2第1・2項) | ・「回復の困難な損害」ではないことに注意。<br>・審理判断の方法には、「一般的・抽象的アプローチ」と「個別的・具体的アプローチ」がある。<br>・「損害」判断において、原告適格における法的保護利益の判断との関係が問題となりうる(**判例1**、**判例2**参照)。<br>・要件審理における本案審理の先取りは避けるべきである。 |
| 補充性<br>(37条の2第1項) | ・損害を避けるための方法が個別法で定められているか。<br>・第三者を被告とする民事訴訟の提起が可能な場合であっても、直ちにそのことをもって「他に適当な方法」があるとはいえない(**判例1**参照)。<br>・義務付けの訴え提起の契機となった処分の取消訴訟との関係も問題となる(**判例3**、名古屋地判2010(平22)・12・9判タ1367号124頁参照)。 |
| 原告適格<br>(37条の2第3・4項) | ・「行政庁が一定の処分をすべき旨を命ずることを求めるにつき法律上の利益を有する者」の判断は、取消訴訟の原告適格における9条2項を準用。 |

12-2上段の場合には不作為の違法確認訴訟を、下段の場合には取消訴訟または無効等確認訴訟を併合して提起しなければならない（37条の3第3項）。このため、併合提起する訴訟の訴訟要件も満たす必要がある。**判例1**は、監査委員が議員等から任意に入手した政務調査費に関する情報の一部非公開決定の取消しと公開決定の義務付けが求められた事件において、取消請求には理由がないとして棄却し、これをもって義務付け訴訟を不適法却下とするのを正当とした。

（3）**2つの義務付け訴訟における訴訟要件の違い**　非申請型義務付け訴訟には「重大な損害」と「補充性」の要件がある分、申請型義務付け訴訟よりも要件が加重されている。これは一般に、法令上申請権がない者に申請権を認めるのと同じ結果になるのを避けるため、救済の必要性が高い場合に限定する趣旨であり、司法と行政の役割分担の観点からの相違を考慮したものとされるが、一方、国立マンション事件で用いられた厳格な訴訟要件や取消訴訟中心主義における行政庁の第一次的判断権尊重の考え方を彷彿とさせ

**図表12-2　申請型義務付け訴訟における併合提起の要件**

| 申請型義務付け訴訟を提起できる場合 | 併合提起すべき訴訟 |
| --- | --- |
| 「法令に基づく申請又は審査請求に対し相当の期間内に何らの処分または裁決がされない」場合（37条の3第1項1号） | 不作為の違法確認訴訟 |
| 「当該法令に基づく申請又は審査請求を却下し又は棄却する旨の処分または裁決がされた場合において、当該処分または裁決が取り消されるべきものであり、又は無効若しくは不存在である」場合(37条の3第1項2号) | 取消訴訟<br>または<br>無効等確認訴訟 |

るものであり、非申請型義務付け訴訟の「実質的訴訟要件についてはそう大きな変化をもたらしていない」との評価もある[2]。実際、申請型義務付け訴訟は比較的活発に利用され認容例も多い反面、非申請型義務付け訴訟の方は件数が少なく、認容例は極めて限られている[3]。

## 2　訴訟要件の判断はどのようになされるか？

（1）一定の処分　　「一定の処分」要件は、「特定の処分」ではないから、国立マンション事件における「一義的明白性」のように厳格ではない。したがって、根拠法令において複数の選択肢が定められているような一定の幅のある処分の義務付けを求める訴えも認められる。典型的な三面関係の事件で、環境法分野での初の認容例でもある**判例2**も、同様の考え方に基づき、原告らが求めた廃棄物の処理及び清掃に関する法律19条の8第1項に基づく代執行と同19条の5第1項に基づく措置命令について、「本件各処分については、根拠法令のほか、処分の対象となる者および産業廃棄物処分場が特定されており、裁判所において、産業廃棄物処理基準に適合しない産業廃棄物の処分が行われたか否か、『生活環境保全上支障が生じ、又は生ずるおそれ』があるか否か等の点について判断することにより、福岡県知事に対して生活環境の保全上の支障の除去等のために何らかの措置をすること等を義務付けるべ

---

[2]　芝池義一『行政救済法講義（第3版）』（有斐閣、2006年）142頁。

[3]　村上裕章「多様な訴訟類型の活用と課題」法時82巻8号（2010年）20～21頁、石崎誠也「非申請型義務付け訴訟要件としての『重大な損害』についての考察」『西埜章先生・中川義朗先生・海老澤俊郎先生喜寿記念：行政手続・行政救済法の展開』（信山社、2019年）259～262頁参照。

きか否かについて判断することが可能」であり、「本件各処分は、義務付けの訴えの要件を満たしているか否かについて裁判所の判断が可能な程度に特定されて」おり、「一定の処分」要件を満たすとしている。

（2）「**重大な損害**」　重大性の判断においては、2004年行訴法改正時に執行停止の要件が「回復の困難な損害」から「重大な損害」へ改められた点（25条2項）を想起すべきである。すなわち、「金銭賠償の可能性も考えると損害の回復の困難の程度が必ずしも著しいとまでは認められない場合であっても、具体的な処分の内容及び性質をも勘案した上で、損害の程度を勘案して『重大な損害』を生ずると認められるときは、執行停止を認めることができる」[4]とされるように、要件緩和による一層の救済が図られたからである。それゆえ義務付け訴訟においても、この点を踏まえた解釈が求められる。

「重大な損害」要件の審理判断の方法には、**判例2**を契機として、「一般的・抽象的アプローチ」と「個別的・具体的アプローチ」の2つの型があることが認識されている[5]。**判例2**は、①「本件処分場の地下には浸透水基準を大幅に超過した鉛を含有する水が浸透している」、②「本件処分場は安定型最終処分場として設置されていることから、遮断型最終処分場のような外周仕切設備」や「管理型最終処分場のような遮水工等」が「設けられているとは考え難く、したがって地下に浸透した鉛が地下水を汚染して本件処分場の外に流出する可能性は高い」、③控訴人〔＝原告〕らが「井戸水を飲料水として利用している」という3点をあげ、本件固有の個別的具体的事情を踏まえた審理判断をしているがゆえに、「個別的・具体的アプローチ」に分類される。他方、「一般的・抽象的アプローチ」を採る例として、建築基準法9条1項に基づく是正命令の義務付け訴訟である東京地判（2007（平19）・9・7 LEX/DB25421155）がある。本判決は、「接道義務は、当該建築物に火災が発生した際の消火活動や災害時等の救急活動等に支障が生ずることのないように、近隣住民住居との関係においても、本件建築物の火災の際の消火活動や災害時等の救急活動等に支障が生じ、周辺に火災等の拡大をもたらすおそれがあるので、これを防止するために規制されているものであるから、

---

[4]　小林久起『行政事件訴訟法』（商事法務、2004年）281頁。

[5]　二つの型があるとの見方は、**判例2**の「匿名コメント」判時2122号46頁が発端となり、その後、本判決の複数の評釈においてこの2区分を踏まえた分析検討がされている。飯島淳子「判批」平成23年度重判解・行政法8事件49頁、神橋一彦「判批」判評646号（2012年）12〜13頁参照。

仮に本件建築物が接道義務を果たしていないものであるならば、…原告らの居住する各建築物と本件建築物の位置関係からして、その居住する各建築物に火災等が拡大して身体及び生命に危険が及ぶおそれがある」から、「重大な損害」要件を満たすとした。ここでは、接道義務の制度が保護しようとしている生命・身体の安全という利益について、当該事案の個別事情とは切り離して、その一般的類型的な内容・性質に着目して審査する（大阪地判2009（平21）・9・17判例自治330号58頁も同旨）。

　「一般的・抽象的アプローチ」の採用は、「損害」判断と原告適格における法的保護利益の判断との関係如何という論点も浮上させる。**判例3**は、周辺住民らが提起したマンション建設による眺望景観破壊を理由とする建築基準法9条1項に基づく是正命令等の義務付け訴訟であるが、「是正命令等を発する権限を行使すべきか否かの判断において考慮の対象となる損害とは、是正命令権限の行使によって保護されることが法律上予定されている利益、すなわち建築基準法が定める各種の規制によって法律上保護されていると解される利益に係る損害に限られる」として、原告適格の判断と重ね合わせる形で「重大な損害」要件を否定した。**判例3**の立場に従えば、「損害」たりうるためには単なる生活環境の悪化では不十分ということになりかねない[6]。

　また、「重大な損害」要件の審理については、本案審理との関係も問題となる。この点に関し、**判例2**があげた上記①は、控訴審段階で新たに判明した調査結果を受けての事情であり、本案審理で扱われるべき個別事情の審理が要件審理段階でなされたものとして、批判を免れない[7]。要件審理における本案審理の先取りは、「個別的・具体的アプローチ」を採る場合に生じやすい懸念があるが、論理的には、上記二つのアプローチのいずれを採るかの問題と次元を同じくするものではなく、要件審理段階での損害発生の蓋然性をどの程度まで要するとすべきかの問題であるとみることもできよう[8]。

　（3）**補充性**　「他に適当な方法」の例としては、税額の更正請求（国税

---

6　**判例2**の黒川哲志「判批」自研89巻3号（2013年）157頁は、「単なる生活環境の悪化や財産的損害では足りなく、生命や健康への損害が必要とされるというのが相場のようである」とする。

7　前掲注5 飯島解説は、「訴訟要件を柔軟に解釈し、権利利益の実効的救済を目指す行政訴訟改革の趣旨にそぐわない」とし、越智敏裕「判批」『民事判例Ⅲ2011年前期』171頁も、「本案を先取りせざるを得ない検討を必要とする訴訟要件の要求が適切か疑問」とする。

通則法23条）のように損害を避けるための方法が個別法で定められている場合がある。また、損害の直接の原因たる第三者を被告とする民事訴訟が可能である場合でも、直ちにこれをもって「他に適当な方法がある」とすべきではないと解される。**判例2**もこの立場を採り、損害の直接の原因たる第三者が、先になされた「仮処分決定により本件処分場の操業ができなくなったことで経営上相当の打撃を受けているものと考えられること」、および「一度破産手続開始を申し立てたこと」という本件固有の事情にも鑑みて、当該第三者に対し「民事訴訟を提起することによって損害を避けることができる具体的な可能性は認め難い」とした。

さらに問題となるのは、**判例4**や後述の名古屋地判（2010（平22）・12・9判タ1367号124頁）において論じられたような、自己に対する処分の義務付けの訴えを提起する契機となった不利益処分の取消訴訟の扱いである。この点につき、前者は補充性要件を満たすとし、後者は満たさないとした[9]。

（４）**法令に基づく申請**　「法令に基づく申請」要件は、元々、不作為の違法確認訴訟の訴訟要件であるが、現行法下では、２つの義務付け訴訟のうちいずれを用いるかの判別基準でもある。「法令に基づく申請」は、「法令に基づき……処分を求める行為であって、当該行為に対して行政庁が諾否の応答をすべきこととされているもの」（行政手続法２条３号）のように捉えられるが、申請に係る明文規定を必ずしも要せず、解釈上認められる場合を含むと解されている。それゆえ、この要件充足性は、義務付けを求める処分が

---

[8] この点について、前掲注5 神橋159頁は、**判例2**と上記東京地判の相違について、廃棄物処理法と建築基準法とでは、処分要件の根拠条文における「支障が……生ずるおそれ」の文言の有無に相違があり、これが、要件審理における本案審理の先取り現象をもたらしうるとする。また、山本隆司は、非申請型義務付け訴訟の「重大な損害」要件について、「行政処分の不実施の違法性および違法性に関連する『法律上の利益』侵害と密接不可分な要件ではないか」と述べて、「一定の時間に失われる具体的な諸利益を、本案すなわち行政処分の違法性に関する判断から一応独立に評価して認定される要件と解される」執行停止の要件や差止訴訟における「重大な損害」要件とは論理的次元が異なるとする。同『判例から探究する行政法』（有斐閣、2012年）58～59頁。

[9] 後者について、北村和生「判批」新・判例解説 Watch vol.10行政法7事件53頁は、取消判決の拘束力により目的が達せられるとの見方に対し、「取消判決と義務付け判決は論理的には別で、仮の救済の可否は措くとしても、直ちにこのようにいうことができるかは疑問」とする。

根拠法令上いかなる法的仕組みの下にあるかという、個別法の解釈論による。
　**判例4**は、事実婚の夫妻の間に生まれた子について「嫡出でない子」との表記を避けるため「父母との続き柄」欄を空欄にして提出した出生届が受理されず、これを理由に住民票の記載をしない旨の応答（＝住民票不記載）がなされたため、住民票不記載の取消しと、子の住民票の作成の義務付けを求めた事件である。**判例4**は、住民票不記載が処分性を有するとの立場を前提に取消請求を認容するとともに、義務付け訴訟については「一定の処分を求める法令に基づく申請がされた場合ではない」として端的に非申請型義務付け訴訟に当たると断じた上で、「重大な損害」要件を認め、「住民基本台帳法においては、住民が、出生届とは別個に住民票の記載のみを市町村長に対して求める申請手続を法定しておらず、その点からすると、原告子の住民票の記載をしない処分の取消しを求める判決がされることによっても、必ずしも子の上記損害が回復されるとは限らない」として補充性要件も満たすとして、請求を認容した。しかし、本件上告審（最判2009（平21）・4・17民集63巻4号638頁）は、義務付け訴訟の判断をせず、子の住民票記載を求める父の申出について、申出に対する応答義務が課されておらず住民票記載に係る職権発動を促す申出とみるほかないことから、住民票不記載は法令に根拠のない事実上の応答にすぎないとして処分性を否定して取消訴訟を不適法却下とすべき旨を示すにとどまった。上告審の処分性判断は、従来の判例の立場に沿ったものといえよう。この場合、住民票不記載は処分でないとしても、住民票記載は処分であると解されることから、職権処分としての住民票記載を求める非申請型義務付け訴訟の提起が認められるべきである[10]。
　**判例5**では、出入国管理及び難民認定法（以下、「入管法」）50条1項に基づく在留特別許可の義務付けの訴えについて、いずれの義務付け訴訟と解すべきかが問題となった。**判例5**は、「法〔＝入管法〕は、法49条1項の異議の申出権を法50条1項の在留特別許可を求める申請権としての性質を併せ有するものとして規定し、かつ、当該申請に対しては在留特別許可を付与するか否かの応答をすべき義務を法務大臣に課したものと解するのが自然」として申請型義務付け訴訟と解するのを相当とした。この判断は、在留特別許可

---

10　このように述べるものとして、**判例4**に関する横田光平「判批」平成21年度重判解・行政法6事件57頁、石崎誠也「社会福祉行政上の処分と義務付け訴訟の機能」法時79巻9号（2007年）25頁、渡井理佳子「判批」自研85巻10号（2009年）154頁参照。

を求める申請権を否定して非申請型義務付け訴訟とする下級審が大勢である中[11]、逆の立場を採用したものとして注目された[12]。すでにみたように、2つの義務付け訴訟には訴訟要件に差があるから、申請型義務付け訴訟として構成する方が救済に資すると考えられる。しかしその後、同様の訴えを非申請型義務付け訴訟に当たるとした名古屋地判（2010（平22）・12・9判タ1367号124頁）のように、「取消訴訟において、原告らに対し在留特別許可を付与しなかったことに裁量権の逸脱又は濫用があると判断されて、原告らがこれに勝訴すれば、行政事件訴訟法33条により、法務大臣等は、取消し判決の主文が導き出されるのに必要な事実認定及び法律判断に拘束されることになるのであるから……、本件において、原告らは、本件義務付けの訴えを提起しなくとも、本件各裁決の取消訴訟の勝訴判決の後に改めてされる法務大臣等の裁決により、本邦での在留資格を得るという目的を達することができるはず」として補充性要件を満たさないとし、結局、取消訴訟の方で裁量統制密度を高めることにより請求を認容した例もある。この結論に着目し、2つの義務付け訴訟の間に「実体的判断に影響する程の大差はない」との見方もされるが[13]、上述のような両訴訟間での訴訟要件の差に鑑みると、この見方を一般化するのは難しいであろう。

## 3　義務付け訴訟の本案審理はどのようになされるか？

（1）**本案勝訴要件**　　行訴法は、2つの義務付け訴訟に共通する本案勝訴要件として「行政庁がその処分をすべきであることがその処分の根拠となる法令の規定から明らかであると認められ又は行政庁がその処分をしないこ

---

11　非申請型義務付け訴訟としたものとして、東京地判2007（平19）・5・25LEX/DB25421150、東京高判2007（平19）・10・17LEX/DB25421164、東京地判2007（平19）・12・13LEX/DB25421239、東京高判2008（平20）・5・21LEX/DB25440158、東京地判2008（平20）・8・22LEX/DB 25440478、名古屋地判2010（平22）・12・9判タ1367号124頁。また、**判例4**の控訴審である東京高判2009（平21）・3・5 LEX/DB25441765もまた、非申請型義務付け訴訟であるとする。
12　一方、このように入管法が在留特別許可について申請権を認めていると解することにつき、北村和生・深澤龍一郎・飯島淳子・磯部哲『事例から行政法を考える』（有斐閣、2016年）372頁〔磯部哲〕は、「立法論としてはともかく、現行法を前提にすれば、実務的に採用されうる考え方とは言えない」とする。
13　本判決に関する、友岡史仁「判批」法セ678号（2011年）125頁。

とがその裁量権の範囲を超え若しくはその濫用となると認められるとき」（37条の2第5項、37条の3第5項）との定めを置く。したがって、いずれの義務付け訴訟においても、羈束処分について根拠法令上処分をすべき旨が明らかである場合か、裁量処分については裁量権の消極的濫用に当たるとされる場合には、当該処分の義務付けを命ずる判決がなされることとなる。

　ただし、申請型義務付け訴訟については、上記本案勝訴要件のほか、併合提起する不作為の違法確認訴訟、取消訴訟または無効等確認訴訟において請求に理由があると認められることが要件とされ（37条の3第5項）、「弁論及び裁判」は併合提起された訴訟と分離しないで行われる（同条第4項）。**判例6**は、行訴法改正後初の認容例として、これに先立ち申立てが認容された仮の義務付け決定とともに注目を集めた[14]。本件で求められたのは保育園入園承諾処分の義務付けであるが、旧児童福祉法24条1項は「保育に欠ける児童」について市町村の保育義務を定め、同項ただし書は「付近に保育所がない等やむを得ない事由があるときは、その他の適切な保護をしなければならない」と規定する。そこで**判例6**は、不承諾処分取消訴訟の本案審理の中で「やむを得ない事由」の判断に係る裁量権の逸脱濫用の違法を認め、この結論を受けて即座に「行訴法37条の3第5項の規定に基づき」承諾処分をすべき旨を命ずるのを相当とした。このように申請型義務付け訴訟の本案審理においては、少なくとも諾否を求める処分の場合には、併合提起された拒否処分取消訴訟と審査対象が一体であり、取消訴訟において裁量権逸脱濫用の違法が認められれば、これが直ちに「諾」とする旨の処分をしないことの裁量権の消極的濫用を導く論拠となる。なお、併合提起された訴訟において請求が認容されることについて、これを義務付け訴訟の訴訟要件とみるか本案勝訴要件とみるかをめぐり、通説は後者であるが、**判例1**のように、最高裁は前者の立場である[15]。

**（2）義務付け訴訟の審理と判決**　　義務付け訴訟には、取消訴訟の審

---

14　その後、当初期待された社会保障分野について那覇地判2011（平23）・8・17賃社1551号62頁、大阪高判2011（平23）・12・14賃社1559号21頁等があるほか、情報公開について東京地判2010（平22）・4・9判時2076号19頁やタクシー運賃変更認可申請却下処分に係る大阪地判2009（平21）・9・25判時2071号20頁等、さまざまな行政領域での認容例がある。

15　宇賀克也『行政法概説Ⅱ：行政救済法（第6版）』（有斐閣、2018年）338～339頁参照。

理・判決に関する規定のうちのいくつかが準用されている（38条1項）。その際、取消判決の拘束力（33条）は準用されるが、取消判決の第三者効（32条1項）は準用されない。このため、非申請型義務付け訴訟で原告が勝訴しても、判決の拘束力に基づき不利益処分を受ける第三者からは、後日、取消訴訟や執行停止の申立てがなされる懸念がある。このような事態は原告の救済としてはもちろん、紛争の一挙解決の観点からみても好ましくないから、第三者の訴訟参加（行訴法22条）、訴訟告知（民訴法53条）、補助参加（同42条）を用いて第三者を義務付け訴訟に関与させることが望ましい[16]。

申請型義務付け訴訟においては、「迅速な争訟の解決に資する」場合には、中間判決の制度があるため、併合審理された不作為違法確認訴訟または取消訴訟もしくは無効等確認訴訟についてのみ、終局判決を出すこととなる（37条の3第6項）[17]。「迅速な争訟の解決に資する」かは個別事案ごとの判断によるが、一般に、処分の専門技術性ゆえに義務付け訴訟の審理になお時間を要する場合が想定される。大阪高判2010（平22）・9・9判時2108号21頁は、タクシー運賃値下げ認可申請却下の取消しと認可の義務付けに係る大阪地判2007（平19）・3・14判タ1252号189頁が取消認容の中間判決を下したにもかかわらず再び却下処分を受けたため、再却下の取消しと認可の義務付けを求めた訴訟の控訴審であるが、取消請求を棄却し義務付け訴訟を却下した。処分の考慮事項が多岐にわたる事案では、請求認容の中間判決が必ずしも義務付けをもたらさず、事案の全体を通して何が「迅速な争訟の解決に資する」かが問題となる[18]。

## 三　義務付け訴訟における仮の救済

### 1　仮の義務付けの制度とは何か？

**（1）執行停止制度の限界**　2004年改正前の行訴法には、仮の救済の制

---

16　南博方原編著、高橋滋ほか編『条解　行政事件訴訟法（第4版）』（弘文堂、2014年）764〜765頁〔川神裕〕参照。
17　その例として、大阪地判2007（平19）・3・14判タ1252号189頁、長崎地判2008（平20）・11・10判時2058号42頁がある。
18　本件前判決と後判決原審を比較検討する日野辰哉「判批」早法86巻4号（2011年）323〜342頁は、本件を「司法と行政の間の応答的連関性」が問われた事案とする。

度として執行停止しかなく、申請に対する拒否処分については、たとえ生活保護のように救済が急がれる場合であっても、申立て可能な仮の救済の制度がなかった。拒否処分の場合にその効力を停止してみても、申請者を当該処分のない状態に仮に戻すだけであって何らの法的地位も付与されないため、そもそも申立ての利益自体が存しないからである。そこで2004年行訴法改正は、義務付け訴訟の法定とともに仮の義務付けの制度を創設し、2つの義務付け訴訟において救済が急がれる場面への方策を整えた。

（2）**仮の義務付けの要件**　仮の義務付けは、①義務付け訴訟の提起があった場合に申し立てることができ、これが認められるためには、②処分または裁決がされないことにより生ずる償うことのできない損害を避けるため緊急の必要があり、かつ、③本案について理由があるとみえるとの積極要件を満たさねばならず（37条の5第1項）、消極要件として、④公共の福祉に重大な影響を及ぼすおそれがあるときの要件がある（同条3項）。

## 2　仮の義務付けはどのような場合に認められるか？

（1）**償うことのできない損害を避けるため緊急の必要**　**判例7**は、申請型義務付け訴訟を本案とする仮の義務付け申立てにおいて複数の認容例がある中[19]、公の施設の使用許可に関する初の認容例である。要件②は、一般に、**判例7**のように、執行停止の「重大な損害」（25条2項）よりも「損害の性質又は程度が著し」く、「金銭賠償ができない損害に限らず、金銭賠償のみによって損害を甘受させることが社会通念上著しく不相当と評価される損害を含む」と解される。損害の著しさについて「償うことのできない損害」＞「重大な損害」とする把握には異論もあるが、**判例7**は、財産的損害のほか、精神的苦痛と憲法上の基本的自由への損害について「懲罰的賠償が許容されない現行法制のもとでは、低額の慰謝料が認容されるにとどまる蓋然性が高」く、「金銭賠償……によってたやすくその損害の回復ができると考えてしまうことにも相当に問題があり、憲法秩序からしても、また、社会

---

[19]　就学・就園に関する徳島地決2005（平17）・6・7判例自治270号48頁、**判例6**に係る東京地決2006（平18）・1・25判時1931号10頁、大阪地決2008（平20）・7・18判例自治316号37頁、奈良地決2009（平21）・6・26判自治328号21頁、生活保護に関する那覇地決2009（平21）・12・22判タ1324号87頁、この即時抗告事件である福岡高那覇支決2010（平22）・3・19判タ1324号84頁。

通念からしても……是認し難い」として、前記の単純な把握に拘泥せず、損害の性質・程度を実質的に審査した。このように**判例7**は、行訴法が要件②について非申請型義務付け訴訟の「重大な損害」要件におけるような勘案・考慮事項の定めを置かない中にあっても、損害の性質・程度を踏まえた適切な判断をしたものと評価できる。なお、「緊急の必要」は、「償うことのできない損害」を満たせばこれを認めるのが通例である。**判例7**も、本件公演予定日までに「本案訴訟の判決が確定することはありえない」として直ちにこれを認めた。

（2）**本案について理由があるとみえるとき**　要件③は積極要件であり、執行停止における「本案について理由がないとみえるとき」が消極要件であるのと対照的である。これは、仮の義務付けが本案勝訴判決と同等の意味を持つため、慎重な制度設計を採用する趣旨であり、この趣旨に従えば、申立人において本案審理並みの十分な疎明をすることが要求されることとなる。しかし他方で、疎明の程度は処分の性質により異なるとする別の見解もある[20]。**判例7**は、申立てが認容されれば本案判決前の公演期日到来により勝訴判決を得るのと同等となる事案であり、このような事案ではいずれの立場からも、厳格な審査が要請されるようにもみえる。しかし、**判例7**は、「実体法の趣旨に基づき申立人の疎明の負担の軽減を図ったもの」と評されるように[21]、すでに行われた全国各地での公演において「警察の警備等によっても防止することができないような混乱が生じたことをうかがわせるような疎明はない」との判示がされるなど、満足的仮の義務付けの事案においても、地方自治法の公の施設制度と憲法の保障する集会の自由等の人権に関わる処分の性質を踏まえ、申立人の疎明の負担について柔軟かつ適切な姿勢を示したものといえる。

（3）**公共の福祉に重大な影響を及ぼすおそれがあるとき**　要件④は、執行停止におけるのと同様、消極要件として設けられており、このようなおそれが生じることとなる事情については、相手方が疎明しなければならない。**判例7**も、相手方がした公演実施による多大な混乱と一般利用者等への不測の事態に関する主張につき審査しているが、この点はすでに他の要件におい

---

[20] 小早川光郎・高橋滋編『詳解改正行政事件訴訟法』（第一法規、2004年）248～249頁〔下井康史〕。
[21] **判例7**を扱う興津征雄「判批」平成20年度重判解・行政法6事件57頁。

て審査済みであり、認められなかった。**判例7**に限らず、従来、要件④に当たるとして却下された例はない。**判例7**のように、公演実施による混乱のような周囲への影響が一応想定されうる事案ならばともかく、申立人が社会保障給付や特定施設での就園・就学を求めるような申請型義務付けの事案においては、そもそも要件④のいう「おそれ」自体を想定し難い。

### □■■　検討問題　生活保護変更決定の争い方　□■■

　Aらは、生活保護を受給しながら生活する70歳以上の高齢者である。生活保護法8条は、厚生労働大臣が生活保護基準を定めることとしているが、このたび厚生労働大臣は基準を改定することを決定し、これにより、これまで70歳以上の保護受給者を支給対象としてきた老齢加算が、今後3年間にわたり段階的に減額され、3年目には廃止されることになった。この改定を受け、K市の福祉事務所長は、Aらに対し、老齢加算の段階的減額の第1弾として、生活保護費を減額する旨の保護変更決定をした。

　Aらは、保護変更決定によって、憲法25条で保障された水準を下回る暮らしを余儀なくされており、老齢加算相当金額が直ちに支給されない限り、違憲状態は是正されないなどと主張して、生活保護法69条に基づき審査請求を経た上で保護変更決定の取消訴訟を提起するとともに、老齢加算の廃止がないことを前提とする保護決定をすることの義務付けを求めて非申請型義務付け訴訟を提起しようと考えた。この場合においてAらは、義務付け訴訟を適法に提起するためにどのような主張をすればよいだろうか（京都地判2009（平21）・12・14LEX/DB25441821参照）。

■参考文献
・下山憲治「消極的裁量濫用：義務付け訴訟と国賠請求訴訟」法時85巻2号（2013年）35頁
・常岡孝好「申請型・非申請型義務付け訴訟の相互関係に関する一考察」『宮﨑良夫先生古稀記念論文集：現代行政訴訟の到達点と展望』（日本評論社、2014年）170頁
・第一東京弁護士会総合法律研究所行政法部会「仮の義務付け制度：創設からの実務を俯瞰する（第1回）～（第5回）」判例自治362号114頁、363号91頁、364号94頁、366号111頁、368号（以上2013年）114頁

# 13 差止訴訟と仮の差止め

大沢　光

1　差止訴訟と仮の差止めとは何か。
2　どのような紛争が差止訴訟によって争われるか。
3　差止訴訟の訴訟要件である「重大な損害が生ずるおそれ」や「その他適当な方法があるとき」はどのように考えられているか。
4　仮の差止めの要件はどのようなものか。

■キーワード
予防的不作為訴訟、一定の処分、重大な損害、補充性の要件、償うことのできない損害、本案について理由があるとみえる、公共の福祉への重大な影響

■主要判例
**判例1**・日の丸・君が代予防訴訟：最判2012（平24）・2・9民集66巻2号183頁[行政判例百選Ⅱ（第7版）207事件]
**判例2**・鞆の浦埋立免許事件（差止請求）：広島地判2009（平21）・10・1判時2060号3頁[環境法判例百選（第3版）64事件、速報判例解説 vol. 6 行政法 7 事件]
**判例3**・タクシー事業使用停止処分事件：大阪地判2013（平25）・7・4 LEX/DB 25445756［新・判例解説 Watch vol. 14 行政法 5 事件］
**判例4**・神戸市保育所廃止条例事件：神戸地決2007（平19）・2・27賃社1442号57頁[速報判例解説 vol. 2 行政法 1 事件]
**判例5**・厚木基地第4次訴訟：最判2016（平28）・12・8民集70巻8号1833頁[行政判例百選Ⅱ（第7版）150事件]

## 一 差止訴訟と仮の差止めとは

### 1 2004年行訴法改正において法定された経緯はどのようなものか？

差止訴訟とは、「行政庁が一定の処分又は裁決をすべきでないにかかわらずこれがされようとしている場合において、行政庁がその処分又は裁決をしてはならない旨を命ずることを求める訴訟」をいい（3条7項）、2004年行訴法改正において救済範囲を拡大する目的で義務付け訴訟とともに法定された。仮の差止めは、これらの訴訟類型が新しく追加されたことに伴い、仮の義務付けとともに前記訴訟を本案とする仮の救済制度として新設されたものである（37条の5）。

2004年行訴法改正前は、行政庁が公権力を行使しないことを求める訴訟、すなわち、予防的不作為訴訟は、無名抗告訴訟としてその許容性が論じられてきた。しかし、行訴法が取消訴訟中心主義を採用しているとの理解や行政庁の第一次判断権の法理論から、実際に訴えが適法とされる例はまれであった[1]。長野勤評事件最判（最判1972（昭47）・11・30民集26巻9号1746頁）は、公立高校教員の勤務評定における自己観察表示義務の不存在確認請求において、「事前の救済を認めないことを著しく不相当とする特段の事情がある場合は格別、そうでない限り、あらかじめ右のような義務の存否の確定を求める法律上の利益を認めることはできないものと解すべきである。」と述べて、請求を却下していた。当該最判は、その後の裁判例や学説において処分差止訴訟の要件を示す先例であり厳格な要件を求めるものと理解されていた。

2004年行訴法改正において法定された差止訴訟は、前記最判の考え方が参考とされているものの、その要件は大きく緩和された[2]。

### 2 どのような紛争が差止訴訟および仮の差止めで争われるのか？

差止訴訟および仮の差止めは、①行政庁から原告に対し何らかの不利益な行為がなされようとするのを予防する場合と、②行政庁が名宛人に対し利益的な行為をなそうとするのを第三者（原告）が予防する場合に用いられている。

①では、二面関係における多様な不利益処分が争われる（刑務施設内での

---

1 小早川光郎・高橋滋編『詳解 改正行政事件訴訟法』（第一法規、2004年）60頁〔山本隆司〕。
2 従前の学説・裁判例を含めて、阿部泰隆『行政法解釈学Ⅱ』（有斐閣、2009年）304～308頁。

調髪処分、公務員等に対する懲戒処分等）。これに対し、②では、いわゆる二重効果的処分（開発許可・建築確認、都市計画変更決定等）のほか、自衛隊のイラク派遣や衆議院解散に係る内閣の助言と承認の差止め等、政策のあり方を問うような訴えもみられる。それゆえ、②は原告適格や処分性がまず問題になることが多い（認容例は**判例2**のみ）。

## 二　差止訴訟の要件はどのようなものか

### 1　差止訴訟の訴訟要件とは？

　差止訴訟は「取消訴訟の前倒し」としての位置付けを持つため、行訴法は、取消訴訟の要件に加えて**図表13-1④⑤**を付け加えている（37条の4第1項）。そこで、国民の権利利益の実効的な救済という観点から、こうした要件がどのように解されるべきかが問題となる。

　（1）「一定の処分」がされようとしている場合（図表13-1①）　　差止訴訟では、未だ処分がされていないため、具体的な処分を特定することは困難でありうるし、また、特定しなければならないとすると、こうした訴訟類型を法定した意義が失われかねない。そこで、どこまでの特定を必要とするかが問題となる。この点をめぐって、**判例1**が、原告らがすべての懲戒処分の差止めを求めていたのに対し、免職、停職、減給または戒告の各処分に分解して免職処分以外の各処分の差止請求を適法とし、請求の部分ごとに本案審理した判断について、評価が分かれている[3]。

　（2）「重大な損害を生ずるおそれ」（図表13-1④）――取消訴訟・執行停止により避け得る性質・程度の損害？　　④は、2004年行訴法改正により取消訴訟の仮の救済制度である執行停止の要件とされたほか、非申請型の義務付け訴訟の訴訟要件にも用いられている。そこで、④がこれらの要件と同じ内容ないし判断方法を意味するのかが問題となる。

　立案関係者は、「国民の権利利益の実効的な救済」および「司法と行政の役割分担」という観点から、取消訴訟・執行停止により容易に救済を受けられるような性質の損害である場合は④に当たらないと説明している[4]（図表

---

[3]　この点について、橋本博之「判批」平成24年度重判解・行政法8事件52頁参照。
[4]　小林久起『行政事件訴訟法』（商事法務、2004年）189頁。

**図表13-1　差止訴訟の要件と判断枠組み**

| ①「一定の」処分がなされようとしていること(37条の4第1項) | 特定性：一定の幅を認める趣旨。裁判所が判断することができる程度にまでは特定する必要あり（東京地判2008（平20)・1・29判時2000号27頁）<br>蓋然性：事案によるため、個別具体的に判断 |
| --- | --- |
| ②原告適格（37条の4第3項） | 取消訴訟における原告適格論 |
| ③訴えの客観的利益 | 処分がなされたら消滅→取消訴訟へ訴えの変更可（**判例5**） |
| ④損害の重大性（「重大な損害を生ずるおそれ」）(37条の4第1項) | 損害そのものの内容・性質・程度がどのようなものか。例えば、※取消訴訟・執行停止によっても救済を受けられない性質・程度か（**判例1**は「容易さ」を明示) |
| ⑤補充性(消極要件)（「損害を避けるため他に適当な方法があるとき」）(37条の4第1項) | 先行する処分の取消訴訟を提起すれば後続の処分をすることができないことが法令上定められているような場合（例, 国税徴収法90条3項）以外は基本的に肯定 |

13-1④※）。また、下級審裁判例もこうした理解に立つのが一般的である。これに対し、※を考慮することは差止めの訴えの適用範囲をいたずらに狭めることになりかねないなどといった批判があった[5]。

　最高裁は、**判例1**において、ⓐ「処分がされることにより生ずるおそれのある損害が、処分がされた後に取消訴訟等を提起して執行停止の決定を受けることなどにより容易に救済を受けることができるものではなく、処分がされる前に差止めを命ずる方法によるのでなければ救済を受けることが困難なものである」ことを要すると述べて、立案関係者の説明に沿ったⓐの判断基準を初めて示した。そして、ⓑ「懲戒処分が反復継続的かつ累積加重的にされる危険が現に存在する状況」の下では、④が認められるとした。原告らは懲戒処分を受けた後に取消訴訟を提起し執行停止を申し立てることが可能で

---

5　園部逸夫・芝池義一編『改正行政事件訴訟法の理論と実務』（ぎょうせい、2006年）201～202頁。その他の批判については、斎藤浩『行政訴訟の実務と理論』（三省堂、2007年）287頁、阿部・前掲注2 308頁、石井昇「義務付け訴訟・差止訴訟の訴訟要件に関する試論：対立点を中心に」甲南ロー8号（2012年）11頁、石崎誠也「判批」行政判例百選Ⅱ（第7版）207事件427頁、本章末の参考文献などを参照。

あるが、**判例1**は比較的短い期間に⒝であることを理由に④を肯定した。こうしたことから、単に執行停止の可能性があるだけで④を否定してはならないものと解される[6]。その後、最高裁は、**判例1**とは事案を異にするものの[7]、自衛隊機の運航差止めを争った**判例5**においても**判例1**を引用しつつ、原告らは睡眠妨害等の「精神的苦痛を反復継続的に受け」これが「蓄積していくおそれがある」こと、「その程度は軽視し難いもの」であることから、④を認めている。

　ところで、※の判断においては、執行停止決定による損害予防の時間的余裕をどの程度見積もるかが重要な問題となる。**判例2**は、⒜「本件埋立免許がなされたならば、事業者らは、遅くとも約3か月後には工事を開始すると予測され、そのさらに約5か月後に完成するものと計画されている。」他方で、⒝「本件は争点が多岐にわたり、その判断は容易でないこと」、⒞「第一審の口頭弁論がすでに終結した段階であること」などからすれば、取消訴訟・執行停止により救済を図ることが困難な損害であるとする。このように、**判例2**は護岸工事の開始・完成の見通し（⒜）と審理にかかる時間的余裕（⒝）に加え、事案の成熟性（⒞）を総合的に考慮して時間的余裕がないことを認め、④を肯定している。

　（3）「**重大な損害を生ずるおそれ**」（図表13-1④）――どのような利益が重大な損害に当たるのか　（ア）財産的利益　**判例3**は、財産的損害について、重大な損害を生ずるおそれがあるといえるのは、⒜「事後の金銭賠償によっては損害の回復が困難であるか、または、そのような救済をもって満足させることが社会通念上相当でないと認められるようなときに限られる」と述べる。⒜を厳格に解すると、例えば土地の事業認定により生ずる財産的な不利益は損失補償により填補されるものであるとして損害の重大性が一般的に否定されることになってしまうのではないかと考えられる（④を否定＝福岡地判2011（平23）・9・29LEX/DB25482703）。

---

6　岡田正則「判批」判例セレクト2012・Ⅱ（2013年）9頁、高橋滋「判批」法セ688号（2012年）131頁、野呂充「判批」民商148巻1号（2013年）87頁等参照。また、紛争の成熟性の観点から④が肯定されたとの評価もみられる（山本隆司「行政処分差止訴訟および義務不存在確認訴訟の適法性」論究ジュリ3号121～122頁、橋本・前掲注3　52頁など）。

7　北見宏介「判批」新・判例解説 Watch 行政法 No.2・53頁、須藤陽子「判批」行政判例百選Ⅱ（第7版）150事件313頁など。

営業利益の減少や経営基盤の破たんについては、社会的評価・信用の低下・喪失と結び付けて肯定された例がある（東京地判2006（平18）・10・20LEX/DB25420806、大阪地判2008（平20）・1・31判タ1268号152頁）。

（イ）社会的評価・信用　立案関係者は、社会的評価・信用の低下を重大な損害に当たる例としてあげており[8]、最高裁も執行停止の事案において具体的な事情の下でこうした不利益を重大な損害と認めている（最決2007（平19）・12・18判時1994号21頁）。これに対し、差止訴訟の裁判例においては、肯定例は必ずしも多くない。**判例3**は、自動車等の使用停止処分の公表により生じうる名誉や信用の低下について、ⓐ「当該処分後の取消訴訟等において同原告の請求が認容され、当該処分の違法性が明らかになれば、同原告の名誉や信用も相当程度回復することが予想され、」ⓑ「それでもなお回復しない部分については金銭賠償によることが十分に可能であり、また金銭賠償によることが社会通念上不相当であるとまではいえない。」と判示している。このように、**判例3**はいずれにしても事後的救済で足りるとするが、こうした見方は※の解釈としてみても狭すぎ、権利利益の実効的な救済に欠けるのではないか（これに対し、**判例1**を援用し処分の反復継続性および累積加重性から④を肯定した同種の事案として、名古屋地判2013（平25）・5・31判時2241号31頁があるほか、仮の差止めにおいて④を肯定したタクシー事業賃金変更命令差止事件がある。後述三２）。

その他、他の損害や処分の性質等に鑑み（東京地決2006（平18）・5・22判タ1216号115頁）、あるいは、処分により直接生ずる損害とはいい難いとして（東京地決2007（平19）・2・13LEX/DB25420846）、④が否定される。後者によれば考慮されるべき不利益の範囲が非常に限定されることになろう。

（ウ）その他の利益　従来の下級審裁判例においては、（ア）（イ）に加え、㋐生命・身体の安全、㋑自己決定、㋒身体・人身の自由、㋓生存権・生活基盤の維持、㋔選挙権、㋕景観利益、㋖良好な住環境等が問題とされた。これらのうち㋐〜㋕は、損害の性質という観点からは肯定される可能性が高い権利利益であるが（例えば、名古屋地判2006（平18）・8・10判タ1240号203頁は㋑について、**判例2**は㋕について、大阪高決2007（平19）・3・1賃社1448号58頁は㋔について肯定）、その程度等諸般の事情により認められないこともある。

---

8　小林・前掲注4　189頁。

なお、④は申立人に生ずるものと解すべきであるから被雇用者や利用者等に係る不利益を斟酌することはできないと明言する例がある一方（宇都宮地決2007（平19）6・18LEX/DB25421077）、実質的に利用者の不利益を考慮に入れる例もある（佐賀地決2008（平20）・12・1 LEX/DB25440883）。

（4）補充性の要件とは（図表13-1⑤）　⑤に民事訴訟や当事者訴訟としての確認訴訟、取消訴訟等を広く含めると差止訴訟はほとんど認められなくなってしまう。そこで、学説は**図表13-1**のように限定的に解してきた[9]。

最高裁は、**判例1**において、「懲戒処分の取消訴訟等及び執行停止との関係でも補充性の要件を欠くものではない」と判示しているが、④においてすでに検討された事後的な救済手段に言及した点には批判がある[10]。

## 2　本案勝訴要件とはどのようなものか？

処分をすべきでないことがその根拠規定から明白であるか、または、処分をすることが裁量権の逸脱・濫用となると認められる場合に差止判決が下される（37条の4第5項）。行政訴訟であれば当然に本案審理される要件であって、当該要件の有無の判断に係る差止訴訟としての特殊性があるとは一般に考えられていない[11]。自衛隊機運航に係る権限の行使について防衛大臣の広範な裁量を認めた**判例5**においては、社会通念上著しく妥当性を欠くものと認められるかという見地から審査を行うべきとされ、その検討に当たって騒音被害の性質および程度、当該被害を軽減するための措置の有無や内容等を総合考慮すべきとされたが、その審査基準や総合考慮という判断手法の選択、総合考慮の仕方等については多くの疑問が提示されている[12]。

---

9　立案関係者も同旨、小林・前掲注4 191頁。
10　村上裕章「判批」判評651号（2013年）143頁。また、山本・前掲注1 87頁も参照。
11　**判例2**が調査過程に注目した判断過程審査を行った点につき、差止訴訟の特質への配慮に言及する、福永実「判批」速報判例解説 vol. 6 行政法7事件56頁。
12　岡田正則「岐路に立つ裁判官（10）　行政訴訟の審理と裁判官の責任：その歴史と現状」判時2351号（2018年）122頁など。本判決は、厚木基地第1次訴訟以来問題とされてきた、周辺住民への受忍義務を前提とした防衛大臣の権限行使の処分性についても言及しておらず、この点についても疑問が多い（須藤・前掲注7 313頁、神橋一彦「判批」法教438号135頁など）。

## 三 仮の差止めの要件はどのようなものか

### 1 仮の差止めはどのような場合に認められるのか？

仮の差止めは、本案訴訟が提起されており（①）、「償うことのできない損害を避けるため緊急の必要」がある場合で（②）、「本案について理由がある」と申立人の疎明により認められる場合に（③、以上37条の5第2項）、「公共の福祉に影響を及ぼすおそれがある」と被申立人の疎明により認められない限り（④、37条の5第3項）認容される。従来の下級審裁判例においては、しばしば①の段階で重大な損害に当たらないとして却下されており、また、③についてはかなりの程度の疎明が求められている。

### 2 「償うことのできない損害を避けるため緊急の必要」とはどのような場合か？（②）

判例4は、従来の学説・裁判例の傾向に沿って、②とはⓐ重大な損害「よりも損害の回復の困難の程度が著しい場合をいうものと解すべき」であり、ⓑ「金銭賠償が不可能な損害が発生する場合のほか、社会通念に照らして金銭賠償のみによることが著しく不相当と認められる場合」であると解した。その上で、在園児童の生命・身体の危険に加え、保育所選択権の（限度を超えた）侵害がⓑに当たるとして、②を柔軟に解した[13]。また、判例1の判断基準に照らした評価に加え、処分の内容やそれが申立人に与える影響に照らしてⓑを肯定した例[14]や、死刑確定者は代理人弁護士と秘密面会をする利益を有し、その利益は重要であることおよび「個々の面会の機会を逸してしまえば事後的に回復が困難である」として②を認めた例[15]がある。

### 3 「公共の福祉に重大な影響を及ぼすおそれ」とはどのように判断されるか？（④）

④は極めてまれな場合にのみ肯定されるにすぎない[16]。判例4は、条例の制定を仮に差止めることによって、ⓐ「相手方の財政計画や職員の配置計画

---

[13] 大沢光「保育所廃止における仮の差止めの可能性：神戸市立枝吉保育所廃止仮の差止め事件神戸地裁平成19年2月27日決定を考察して」名法225号（2008年）247頁。

[14] タクシー事業運賃変更命令差止事件（大阪地決2014（平26）・5・23LEX/DB25504184（抗告審も肯定）など）。

に多少の変動が生じることは否めない」が、ⓑ「これが公共の福祉に重大な影響を及ぼすとまではいえないことは明らかである」と述べて④を否定している。

□■■　**検討課題　産業廃棄物処理業許可処分の差止訴訟と仮の差止め**□■■

　Ｚ株式会社は、Ｈ県内の自己所有の土地にリサイクルセンターを設置し、建築廃材の中間処理業を営むこととして、廃棄物処理法14条6項に基づいてＨ県知事に対し、産業廃棄物処理業の許可申請をした。Ｚの敷地の隣（南側）の一戸建てに居住し、野菜を栽培しているＡ、同敷地の道路を隔てた向かい側の3階建ての建物の1階で食品加工業を営んでいるＢ、および、同敷地の隣（北側）で自動車修理工場を営んでいるＣは、当該処理施設からの産業廃棄物の飛散、流出、地下への浸透、悪臭の発散または排ガス、排水、騒音、振動等により自己の権利利益に重大な損害を受けるとして差止訴訟を提起し、同時に仮の差止めを申し立てた。ＡからＣがなした差止訴訟および仮の差止めが適法とされるためには、どのように法律構成をすべきだろうか（大阪地判2006（平18）・2・22判タ1221号238頁参照）。

### ■参考文献
・春日修「差止訴訟（抗告訴訟）における『損害の重大性』：執行停止との関係において」愛大92号（2012年）41頁
・湊二郎「差止訴訟と取消訴訟・執行停止の関係」立命342号（2012年）96頁
・乙部哲郎「差止訴訟の訴訟要件：判例を中心に」神院40巻1号（2010年）1頁
・石崎誠也「行政処分差止訴訟についての若干の考察」法政理論47巻3・4号（2015年）83頁
・神橋一彦「受忍義務構成のゆくえ・再論：第四次厚木基地訴訟（自衛隊機運航差止請求）上告審判決を読む［最高裁平成28.12.8］」立教99号（2018年）1頁

15　東京地決2016（平28）・12・14LEX/DB25544701（抗告審、特別抗告審も同旨）。その後、東京拘置所長が本件仮の差止め決定に反して面会時に職員を立ち合わせる措置をとったとして当該措置に係る間接強制の裁判等が求められたが、仮の義務付け・仮の差止めの決定については民事執行法上の強制執行の方法によって履行を確保することは法の予定するところではないとして、申立てが却下されている（東京地決2018（平30）・1・17LEX/DB25549365、東京高決2018（平30）・3・26LEX/DB25560121）。

16　室井力ほか編『コンメンタール行政法Ⅱ：行政事件訴訟法・国家賠償法（第2版）』（日本評論社、2006年）423頁〔深澤龍一郎〕。

# 14 民事訴訟と抗告訴訟

西田幸介

1 民事訴訟と抗告訴訟はどのようにして使い分けられるべきか。
2 学問上の許可に当たる行政行為が先行するとき、民事訴訟で当該私人の事実行為の差止めを請求できるか。
3 公共施設の設置や使用等の差止めは、民事訴訟と抗告訴訟のいずれによるべきか。

■キーワード
民事訴訟、抗告訴訟、公権力の行使、行政庁の処分、行政行為、即時強制、行政指導、個別的アプローチ、包括的アプローチ、公共施設、受忍義務

■主要判例
**判例1**・大田区ごみ焼却場設置事件：最判1964（昭39）・10・29民集18巻8号1809頁［行政判例百選Ⅱ（第7版）148事件］
**判例2**・大阪空港訴訟：最大判1981（昭56）・12・16民集35巻10号1369頁［行政判例百選Ⅱ（第7版）149事件］
**判例3**・厚木基地第1次訴訟：最判1993（平5）・2・25民集47巻2号643頁［行政判例百選Ⅱ（第6版）158事件］
**判例4**・厚木基地第4次訴訟：最判2016（平28）・12・8民集70巻8号1833頁［行政判例百選Ⅱ（第7版）150事件］
**判例5**・国道43号線訴訟（民事差止）：最判1995（平7）・7・7民集49巻7号2599頁［行政判例百選Ⅱ（第4版）165事件］

## 一　民事訴訟と抗告訴訟

### 1　行政上の法律関係に関する紛争で民事訴訟を利用できるか？

（1）**抗告訴訟の対象**　　行政事件訴訟法（以下「行訴法」という）は、抗告訴訟を「行政庁の公権力の行使に関する不服の訴訟」と定義し（3条1項）、これに含まれるものとして取消訴訟等の法定抗告訴訟を列挙する（同条2〜7項）。

法定抗告訴訟で争われるのは、①「行政庁の処分その他公権力の行使に当たる行為」（同条2項。②に当たるものを除く。以下「処分」という）と、②「審査請求その他の不服申立て……に対する行政庁の裁決、決定その他の行為」（同条3項）である。定義上、処分には、行政庁の処分だけでなく、それには当たらない「公権力の行使に当たる行為」が含まれ、処分や裁決は公権力の行使に当たるが、それら以外にも公権力の行使といえるものが想定されている。**判例1**は、「行政庁の処分」を[1]、「公権力の主体たる国または公共団体が行う行為のうち、その行為によって、直接国民の権利義務を形成しまたはその範囲を確定することが法律上認められているもの」をいうとして定式化している。これは、学問上の行政行為の定義と類似する。

法定抗告訴訟ではないが、抗告訴訟の定義に当てはまる無名抗告訴訟も許容される。これにいかなる訴訟が含まれるかは、それ自体に議論の余地のあるところだが、公権力の行使を争う義務存在（または不存在）確認訴訟や人格権に基づく差止請求訴訟などがあり得ると考えられている[2]。

（2）**抗告訴訟の利用強制**　　行政上の法律関係に関する紛争について訴訟を提起するとき、論理的にはまず行政事件訴訟と民事訴訟の選択が必要となりそうだが、実際には、抗告訴訟を用いるべきか、それ以外の訴訟類型によるべきかが検討される。というのも、最高裁は、公権力の行使を争うには原則として抗告訴訟によるべきであって、抗告訴訟以外の類型の訴訟でこれ

---

1　**判例1**は、行訴法によって廃止された行政事件訴訟特例法にいう「行政庁の……処分」（1条）に関するものであるが、現行法下でも「行政庁の処分」（行訴法3条2項）については、この判決が示した定式が判例法理として定着している。本書2参照。

2　この学説の詳細については、文献を含め、西田幸介「法定抗告訴訟と無名抗告訴訟の選択基準——厚木基地第四次訴訟の最高裁判決を機縁として」同（編著）『行政課題の変容と権利救済』（法政大学出版局、2019年）40頁以下・69〜72頁（初出は2018年）参照。

を争えば訴えが不適法となると解していると考えられるからである。
　すなわち、**判例2**は、国を被告とする、夜間に国営空港を航空機の着離陸に使用することの禁止を求める民事差止請求を、同判決が公権力の行使に当たると解した「航空行政権の行使の取消変更ないしその発動を求める請求を包含する」から、不適法であるとし（**判例3**も参照）、その後の最高裁判例は、公権力の行使については抗告訴訟により争うべきことを前提とする（**判例4**等参照）。これらによれば、公権力の発動・変更・取消しを求めるには、原則として抗告訴訟を利用すべきだ（言い換えれば抗告訴訟には排他性がある）というのが、最高裁判例の立場であると考えられる。
　公権力の行使に当たらない行政の行為であれば、当該行為そのものではなくそれがかかわる法律関係を民事訴訟か実質的当事者訴訟で争うことができる。行政契約がその典型例である（最大判1970（昭45）・7・15民集24巻7号771頁、最判2009（平21）・7・10判時2058号53頁等参照）。
　（3）並行訴訟の排除　　抗告訴訟の利用強制は、ある行政の行為を争うには特定された一つの類型の訴訟によるべきであって、訴訟選択が不適切であれば訴えが不適法となることを前提とする。学説では訴訟類型の選択を当事者に委ね他の訴訟との並行を許容すべきとするもの（併用説ないし並行訴訟許容説）もあるが、最大判1970（昭45）・7・15民集24巻7号771頁や**判例2**（さらにはそれらに付された多くの補足意見・反対意見）から看取されるように、最高裁は一貫してこの前提をとっている[3]。

## 2　民事訴訟と抗告訴訟の選択はどのようにされるべきか？

　（1）行政行為　　行政行為により形成または確定された法律関係を争う民事訴訟を当該行政行為の無効を主張して提起すれば、その訴えは適法とされ、また、損害賠償請求訴訟（民事訴訟）でもあらかじめ取消訴訟を提起して行政行為の取消しを求めることなく当該行政行為の違法性を争い得る（最判1961（昭36）・4・21民集15巻4号850頁、最判2010（平22）・6・3民集64巻4号1010頁：冷凍倉庫固定資産税加重賦課事件参照）。
　（2）私人の事実行為　　法令上、私人が事実行為をするに際して学問上の許可に当たる行政行為を受けていることが必要とされる場合でも、当該事実行為の差止めを求める民事訴訟は、抗告訴訟の利用強制によって、制限さ

---

[3]　阿部泰隆『行政法解釈学Ⅱ』（有斐閣、2009年）77～81頁参照。

れない。民事訴訟の判決によって当該事実行為が当該訴訟の当事者の間で実現不能となっても当該行政行為の効力には影響を与えないからである。設置許可（核原料物質、核燃料物質及び原子炉の規制に関する法律43条の3の5等）を得てされる原子炉設置・使用の差止めや、建築確認（建築基準法6条）を得てされる建築物の工事・使用の差止めなどを求める民事訴訟がその例である。こうした場合、民事訴訟と抗告訴訟が並行する可能性がある。

　この点、最判1992（平4）・9・22民集46巻6号571頁（もんじゅ行政訴訟）は、原子炉設置許可の無効確認訴訟で、原子炉の設置者に対する原子炉の建設・運転の差止めを求める民事訴訟の提起が可能であり現にこれが提起されていることが選択の利益（行訴法36条）を欠くことの根拠とはならないとする。これら2つの訴訟は請求対象を異にしており、仮に民事訴訟で差止めが認められても設置許可の効力に影響を与えない。最高裁がそれを選択の利益との関係で述べたのは、補充性の問題ではなく、この民事訴訟が「処分……の存否又はその効力の有無を前提とする現在の法律関係に関する訴え」（同条）ではないという趣旨であろう。また、最判2006（平18）・3・30民集60巻3号948頁（国立マンション訴訟）は、建築確認を得てマンションの工事に着手した事業者に対し一定の高さを超える部分の撤去等を求める民事訴訟で、訴えの適法性について検討することなく本案について判断している。

　**(3) 行政の事実行為**　行政がする事実行為については、それに多様なものが含まれそれぞれの性質に応じた検討が必要である。即時強制は、「その他公権力行使に当たる行為」（行訴法3条2項）として法定抗告訴訟の対象となり得るのみならず国家賠償法1条1項に基づく損害賠償請求訴訟（民事訴訟）で争うことができるから、それにつき民事訴訟の利用可能性を論じる必要がない。行政指導については、国家賠償法1条1項に基づく損害賠償請求により争い得るほか、その一部に抗告訴訟の対象となり得るものがあり（最判2005（平17）・7・15民集59巻6号1661頁）、抗告訴訟の対象とならないものは実質的当事者訴訟としての確認の訴えにより争うこともできようから、民事訴訟の利用の可否を検討する実益に乏しい。

　これらに対し、いわゆる公共施設については、その設置自体は事実行為と性格付けることができるものの、その設置に先立ち行政行為がされることがあり、また、設置された公共施設の使用等にも行政行為がかかわることがあるなど、その設置や使用等を争うときに民事訴訟と抗告訴訟のいずれによるべきかで疑義を生じることが少なくない。

## 図表14-1 公権力の行使と民事訴訟の適法性

|  | 私人がする事実行為 |  | 公共施設 |  |  |
|---|---|---|---|---|---|
| 参照判例 | もんじゅ行政訴訟 | 国立マンション訴訟 | 大阪空港訴訟（判例2） | 厚木基地第1次訴訟（判例3） | 国道43号線訴訟（判例5） |
| 差止請求の内容 | 原子炉の建設・運転の差止め（ただし別訴による請求） | 建築物の一部撤去 | 国営空港での航空機の離着陸の一部差止め | 自衛隊機の運航の一部差止め | 国道等の供用の一部差止め |
| 公権力の行使 | 原子炉設置許可 | 建築確認 | 国営空港設置の決定、航空運送事業の免許、事業計画変更等の命令、離着陸の経路等の指定等 | 隊務の統括、自衛隊機の安全性や運航に関する基準の策定、自衛隊機運航による災害の防止と公共の安全の確保に必要な措置の実施等 | 交通規制等（ただし原告はこれらを求めていない） |
| 適訴法えの性 | 行政行為（公権力の行使）の効力を争うものではないため適法 |  | 公権力の取消変更ないし発動を求める訴えを含むから不適法 |  | 公権力の発動を求めなければ適法 |

※表中の判例の略称は、本文中で用いたものを使用している。

## 二 公共施設と民事訴訟

### 1 ごみ焼却場の設置は抗告訴訟で争えるか？

公共施設の設置が抗告訴訟の対象となるかについてはじめて検討した最高裁判例は、**判例1**であった。**判例1**は、東京都によるごみ焼却場の設置について、それは私人から買収した都有地にごみ焼却場を「私法上の契約により設置」するものであり、都がごみ焼却場設置を計画しその案を都議会に提出したことは「都自身の内部的手続行為」にとどまるとの原審の判断を是認し、上記「設置行為」が行政庁の処分に当たらず取消訴訟の対象とならないとする。ここでは、ごみ焼却場の設置のプロセスを包括的に捉えてそれが行政庁の処分に該当するかではなく、それを構成する個別の行為の中に行政庁の処分に当たるものがあるか否かが検討されている。この立場を個別的アプロー

チと呼ぶ。ごみ焼却場の設置は抗告訴訟で争い得ないとされたが、現在ではむしろ、民事訴訟で設置や使用の差止めを求めるべきだと考えられている[4]。

## 2 国営空港の使用差止めを求める民事訴訟は可能か？

(1) 公権力の行使と「航空行政権」　公共施設の使用差止めをめぐる最高裁判例では、個別的アプローチとはやや異なるかにみえる立場がとられることがある。その嚆矢となったのが**判例2**である。**判例2**は、国営空港の供用のために運輸大臣（当時）が行使する権限には、「公権力の行使」をその「本質的内容」とする「航空行政権」とそれを「本質的内容としない非権力的な権能」である「空港管理権」が含まれ、「本件空港の離着陸のためにする供用は」、これら「二種の権限の、総合的判断に基づいた不可分一体的な行使の結果」といえるから、国営空港の供用差止めの請求は「事理の当然として、不可避的に航空行政権の行使の取消変更ないしその発動を求める請求を包含する」ため、「行政訴訟の方法により何らかの請求をすることができるかどうかはともかく」国に「通常の民事上の請求として」原告が上記差止めを求める「私法上の給付請求権を有するとの主張の成立すべきいわれはない」とする。この判決がいう航空行政権は、「航空法その他航空行政に関する法令の規定に基づき運輸大臣に付与された航空行政上の権限」で、国営空港設置の決定、航空運送事業の免許、航空運送事業者に対する事業計画の変更等の命令、離着陸の経路等の指定などを含む。

(2) 個別的アプローチと包括的アプローチ　**判例2**の評価としては2通りのものがあり得る。1つは、**判例2**が公権力の行使を一体的に把握しているとみるものである。すなわち、運輸大臣がする個別の行為ではなく国営空港の供用のための権限行使を一体的に把握してその総体が包括的に公権力の行使に当たるとの評価である。これを包括的アプローチと呼ぶ。これによ

---

4　なお、行訴法は「行政庁の処分その他公権力の行使に当たる行為」について民事保全法に規定する仮処分を排除しており（44条）、公共施設の設置や使用について仮処分の可否が民事訴訟の利用可能性と同様に問題となる。この点について、公有水面埋立法に基づき国が実施する埋立工事を知事の承認により付与された「埋立権の作用として実施する事実行為にほかならない」などとして、工事の差止めを求める仮処分の申立を適法とした下級審裁判例がある（福岡高決2005（平17）・5・16判時1911号106頁。上告審の最決2005（平17）・9・30訟月53巻3号773頁も参照）。

るとき、**判例1**の個別的アプローチとの整合性が問われる。もう1つは、夜間の離着陸の差止めのためには事業計画の変更等の命令が必要でありそれが公権力の行使に当たるから民事訴訟が不適法とされたとみるものである[5]。これによれば、個別的アプローチが維持されているといえなくもない。

**判例2**の後に、最高裁は、抗告訴訟でも個別的アプローチによるようにみえる判決を下している。すなわち、無名抗告訴訟で自衛隊の演習場内での射撃訓練と同演習場への立入禁止措置の差止めが求められた事案で、射撃訓練は「内部職員に対する教育訓練」で「演習場の使用関係も私法上の使用関係に異ならず」、立入禁止措置は演習場内に権利を有する者に権利侵害を受忍させ得る根拠規定がなく私的所有権の行使と同視できるとして、いずれも公権力の行使に当たらず訴えを不適法とした原判決を是認している（最判1987（昭62）・5・28判時1246号80頁：日本原演習場訴訟)[6]。

### 3　自衛隊機運行の差止めは民事訴訟で請求できるか？

次に、**判例3**は、自衛隊機の離着陸による騒音をめぐって、自衛隊の基地における夜間の離着陸等の差止めとそれ以外の時間帯における音量制限を請求する民事訴訟について、防衛庁長官（当時）がする、「自衛隊機の運航に関する……権限の行使は、その運航に必然的に伴う騒音等について周辺住民の受忍を義務づけるもの」であり、「騒音等により影響を受ける周辺住民との関係において、公権力の行使に当たる」として訴えを不適法とする。**判例3**が防衛庁長官の権限として挙げたのは、自衛隊の隊務の統括、自衛隊機の安全性や運航に関する基準の策定、自衛隊機の運航による災害の防止と公共の安全の確保に必要な措置の実施などである。

**判例3**で防衛庁長官の権限行使が公権力の行使に当たるとされたのは、それを包括的アプローチによって一体的に把握して、それが私人に受忍義務を権力的に生じさせると解されたからである。ただ、それは内部的行為にすぎないのではないか、この受忍義務は、**判例1**が行政庁の処分を定式化したときに述べたのと同じ意味での義務なのか、それを課すことが法律上認められ

---

[5] 山田洋「道路公害差止訴訟と公権力の行使」同『道路環境の計画法理論』（信山社、2004年）94頁以下・100頁（初出は2002年）。

[6] **判例1**とこの判例の違いについては、原田尚彦「大阪国際空港訴訟と日本原演習場訴訟」同『行政判例の役割』（弘文堂、1991年）103頁以下（初出は1987年）。

ているか、その内容は何かなどの疑問がある[7]。

　いずれにしても、自衛隊機運航の差止めを民事訴訟で請求できないとする最高裁判例が確立している。それでは、自衛隊機運航の差止めをいかなる類型の訴訟で争うべきであろうか。この問題に最高裁が答えを示したと考えられるのが、**判例4**である。事案は、自衛隊の基地における自衛隊機の夜間の運航等の差止めを当該基地の周辺の居住者等が求めたものである。**判例4**は、「自衛隊が設置する飛行場における自衛隊機の運航に係る防衛大臣の権限の行使」が処分に該当し、原告らの請求のうち自衛隊機運航の差止めを求める部分が適法に提起された法定抗告訴訟としての差止訴訟（行訴法3条7項。以下「処分差止訴訟」という）であることを前提に、その可否を判断している。**判例4**が防衛大臣の権限として挙げたものは、**判例3**が防衛庁長官の権限として挙げたものとほぼ同じである。

　このように**判例4**は、**判例3**と同様に包括的アプローチを採用しつつ、防衛大臣の上記権限の行使を処分と解し、当該処分の差止めを請求する形をとって処分差止訴訟で自衛隊機運航の差止めを求めるべきであるとしている。**判例4**により、自衛隊機運航の差止めを求めるときに選択すべき訴訟類型が明確になったものの、**判例3**にかかる上記の疑問は解消されなかった。加えて、例えば防衛大臣の上記権限の行使の義務付け訴訟（行訴法3条6項）は許容されるのか、処分差止訴訟によって、例えば騒音防止の措置を求め得るのかなどの疑問がある[8]。

### 4　道路の供用にかかる民事訴訟はなぜ適法とされるか？

　これらに対し、道路の供用については、その差止めを求める民事訴訟の適法性を前提とする最高裁判例がある。すなわち、**判例5**は、民事訴訟で一般国道等の周辺に居住する者等が当該道路の供用について争った事案で、訴えの適法性を前提に本案について判断している。原告らの請求は一定以上の騒音等を原告らの居住敷地内に侵入させて当該道路を自動車の走行の用に供してはならないとするものであるところ、第1審は訴えを却下したが、原審は、原告らが求める差止めの手段には交通規制等の公権力の発動も含まれるが物

---

[7]　神橋一彦『行政救済法（第2版）』（信山社、2016年）241頁参照。
[8]　**判例4**については、文献を含めて、西田・前掲注2　42～44頁、58～64頁参照。

的施設の設置等も想定でき原告らは公権力の発動を求めていないから「民事訴訟上の請求として許容されるべき」であるとし、最高裁は、この点に特に触れなかった(最判1998(平10)・7・16訟月45巻6号1055頁:紀宝バイパス訴訟も参照)[9]。原審が「公権力の発動」に当たる「交通規制等」の内容として挙げているのは道路の供用廃止、路線の全部または一部廃止および自動車の走行制限である。

**判例5**が明示的に否定しなかった原審の論理は、交通規制等に含まれる権限の行使はいずれも公権力の行使であるからそれを求める民事差止請求訴訟は不適法だが、物的施設の設置等は公権力の行使ではなくそれを求める限りで訴えが適法であるとするものであろう。ここでは包括的アプローチがとられていない。国営空港と異なり道路については道路管理者と交通規制権者(都道府県公安委員会)が別であるため、**判例5**が民事訴訟の適法性を前提としたのは当然であるとの指摘がある[10]。

## 三 公共施設と抗告訴訟

公共施設にかかる差止請求は、これまでみてきた判例法理を前提とするならば、適切な救済のために公権力の行使の発動・変更・取消しを要する場合には抗告訴訟によるのが現実的であろう。この点について第1に、個別的アプローチと包括的アプローチの差異は過度に強調されるべきではなく、個別的アプローチによって公権力の行使の発動・変更・取消しを請求するものとは評価できない民事訴訟は、その限りでは適法と評価されるべきである。**判例2**や**判例5**もこの趣旨をいうものと理解することもできなくはない。

第2に、上述のように**判例3**と**判例4**から自衛隊機運航の差止めは処分差止訴訟によって求めるべきだというのが最高裁の立場だといえそうだが、これらの射程は限定的に解されるべきである。本章でみた他の最高裁判例が若干の幅があるにせよ個別的アプローチを採用したとみる余地があるのに対し、**判例3**と**判例4**の結論は包括的アプローチによってしか導くことができないからである。

**判例4**が自衛隊機の運航にかかる防衛大臣の権限行使を包括的に処分と解

---

9 本多滝夫「判批」行政判例百選Ⅱ(第4版)(1999年)342頁以下参照。
10 山田・前掲注5 101頁。

したことは、**判例 3** との整合性に配慮しつつ選択すべき訴訟類型を明確にした点で積極的に評価されてよい。しかし、**判例 3** との整合性を確保するのであれば、その訴えを無名抗告訴訟として提起された、人格権に基づく差止請求訴訟と解する余地もあったのではなかろうか。

第 3 に、現行の行訴法の下で抗告訴訟によるとき、公共施設にかかわって処分の排除（取消し・無効確認・差止め）や発動（不作為の違法確認・義務付け）を求めるのであれば法定抗告訴訟によるべきである[11]。この場合の処分差止訴訟と非申請型義務付け訴訟（行訴法 3 条 6 項 1 号）では対象となる処分の特定が難しい場合があるので、原告の負担軽減のために、いわゆる抽象的差止め請求や抽象的義務付け請求の活用が検討に値する。

### □■■　検討問題　公共事業と民事訴訟　□■■

公有水面埋立法によれば、国が公有水面の埋立を行うには知事の承認が必要とされる（42条）。諫早湾干拓工事を想起すれば容易に分かるように、国がする埋立事業は、ときに大規模な公共工事であることがあり、それをめぐり紛争が生じることも少なくない。

国がする埋立事業で埋立の対象となっている公有水面に関し漁業権を有する者がこれを争おうとするとき、民事訴訟と抗告訴訟のいずれによるべきか、誰を被告とするべきかなどについて、訴えの適法性の観点から検討してほしい（福岡高決2005（平17）・5・16判時1911号106頁参照）。

### ■参考文献

・芝池義一「抗告訴訟と法律関係訴訟」磯部力ほか編『行政法の新構想Ⅲ：行政救済法』（有斐閣、2008年）29頁以下
・高木光『行政訴訟論』（有斐閣、2005年）第 3 部第 3 章
・高橋滋「包括的公権力観の終焉？：判例の展開と改正行訴法の応答　大阪空港事件」論ジュリ 3 号（2012年）85頁以下
・浜川清「行政訴訟の諸形式とその選択基準」杉村敏正編『行政救済法 1』（有斐閣、1990年）47頁以下
・原田尚彦「公共事業の差止訴訟」曹時44巻11号（2002年）36頁以下

---

11　岡田正則「基地騒音の差止請求と改正行政事件訴訟法」早法88巻 3 号（2013年）1 頁以下、塩野宏『行政法Ⅱ：行政救済法（第 6 版）』（有斐閣、2018年）267頁参照。

# 15 当事者訴訟

杉原丈史

1 当事者訴訟にはどのような訴訟類型があるか、民事訴訟とは手続がどう異なるか。
2 2004年行訴法改正によって当事者訴訟の何が変わったのか、その結果、判例上いかなる対象につき確認訴訟の提起が認められるようになったのか。
3 確認の利益は、具体的にどのような場合に認められるのか。

■キーワード
実質的当事者訴訟、公法上の法律関係、給付訴訟、確認訴訟、積極的確認、消極的確認　形式的当事者訴訟、法的地位、処分以外の法行為、事実（行為）、確認の利益、即時確定の現実的必要性、対象選択の適切性、方法選択の適切性、予防訴訟

■主要判例
**判例1**・在外邦人選挙権事件：最大判2005（平17）・9・14民集59巻7号2087頁［行政判例百選Ⅱ（第7版）208事件］
**判例2**・国籍法違憲訴訟：最大判2008（平20）・6・4民集62巻6号1367頁［平成20年度重判解・行政法7事件］
**判例3**・混合診療保険給付事件：最判2011（平23）・10・25民集65巻7号2923頁［平成23年度重判解・行政法2事件］
**判例4**・日の丸・君が代予防訴訟：最判2012（平24）・2・9民集66巻2号183頁［行政判例百選Ⅱ（第7版）207事件］
**判例5**・医薬品ネット販売事件：最判2013（平25）・1・11民集67巻1号1頁［平成24年度重判解・行政法1事件］
**判例6**・京都府風俗案内所規制条例事件：最判2016（平28）・12・15判時2328号24頁［平成29年度重判解・憲法8事件］

## 一　当事者訴訟の類型と手続

### 1　当事者訴訟の定義をどう読むか？

　行訴法4条の定義をみると、「及び」の前後で当事者訴訟は大きく2つの類型に分かれるが、長い前半部分は、個別法の規定により初めて提起が可能となる類型であって、行政訴訟において抗告訴訟（行訴3条）と並ぶ主観訴訟たる当事者訴訟の提起を概括的な形（「公法上の法律関係」）で認めているのは、実は後半部分の方である。行政法学では、この一般的類型を実質的当事者訴訟と呼び、例外的類型の方は形式的当事者訴訟と呼んでいる（**図表15-1**参照）。以下、それぞれ具体的にどのような訴訟が提起できるのかを概観していく。

### 2　実質的当事者訴訟とはどのような訴訟か？

　（1）**民事訴訟というベースライン**　2004年の行訴法改正前は、単に「公法上の法律関係に関する訴訟」とあるだけで、具体的にどのような訴訟を提起できるのかは規定されていなかった。そこで、この概念が、「私法上の法律関係に関する訴訟」（行訴45条参照）すなわち民事訴訟と対となるものであるため、「民事訴訟の例による」解釈を通じて（同7条）、訴訟類型が導き出されてきた。民訴法では、訴えは大きく3つの類型に分けられるが、

**図表15-1　当事者訴訟と民事訴訟**

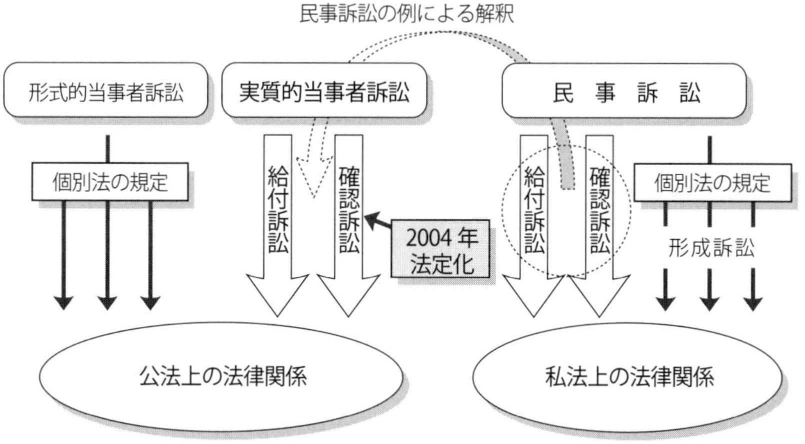

そのうち形成訴訟は、形式的当事者訴訟と同様、個別法の根拠に基づき提起可能とされるものであるから、解釈上認められる実質的当事者訴訟としては、給付訴訟と確認訴訟の2種類となる（**図表15-1参照**）。

（2）**給付訴訟**　原告が被告に対する特定の給付請求権を主張し、給付義務の履行を命ずる判決を求める訴えである。実質的当事者訴訟の例としては、国・自治体を被告とした、公務員の給与支払請求訴訟、社会保障給付請求訴訟、租税の過誤納金の不当利得返還請求訴訟、憲法29条3項に直接基づく損失補償請求訴訟などがあげられる。

もっとも、給付請求権が憲法または法律により直接に生じる場合は、ただちに給付訴訟を提起することが可能だが、処分により初めて請求権が発生する仕組みが採られている場合には、処分を受けずに給付訴訟を提起することはできず、申請拒否処分取消訴訟あるいは認容処分の義務付け訴訟（本書12を参照）によることとなる。例えば、最判1995（平7）・11・7民集49巻9号2829頁は、国民年金法に基づき老齢年金受給者から請求権を承継した遺族による給付訴訟について、改めて行政庁の裁定を受けなければ給付請求はできないと判示した。また、給付請求の前提として処分の効力を争う必要がある場合には、取消訴訟の排他的管轄に属するため、給付訴訟が機能するのは処分無効の場合に限られる（行訴36条にいう「現在の法律関係に関する訴え」の一種である；本書11を参照）。

（3）**確認訴訟**　原告が特定の法律関係の存否を主張し、それを確認する判決を求める訴えであり、法律関係の存在を確認する場合を積極的確認、その不存在を確認する場合を消極的確認という。改正前における実質的当事者訴訟の例としては、前者につき、国籍訴訟すなわち国を被告とする日本国籍という法的地位の確認訴訟、後者につき、国・自治体を被告とする租税債務不存在確認訴訟があげられるにとどまっていた。

これらの確認訴訟についても、給付訴訟と同様の制約が課される。例えば、課税処分により生じた租税債務の不存在確認訴訟は、取消訴訟の排他的管轄ゆえ、処分無効を前提とするものに限られる。

## 3　形式的当事者訴訟とはどのような訴訟か？

（1）**典型としての収用補償**　形式的当事者訴訟の典型例は、土地収用法に基づく、収用委員会の裁決のうちの「損失の補償に関する訴え」（収用133条2項）である。都道府県に設置された収用委員会（同51条1項）は、

権利取得裁決によって、収用する土地の区域や起業者による権利取得の時期とともに、当該土地の所有者に支払うべき損失補償額を決定する（同48条1項）。起業者または所有者がこの金額を不服として裁判で争う場合、「当事者間の法律関係を確認し、又は形成する処分」（行訴4条）に当たる同裁決の効力を否定することとなるため、通常ならば、取消訴訟の利用を強制されるところである。しかし、土地収用法は、「損失の補償に関する訴え」を所有者が提起するときは起業者、起業者が提起するときは所有者を被告とするよう定めている（収用133条3項；なお出訴期間につき同2項参照）。その結果、損失補償をめぐり権利義務関係にある両者の間での当事者訴訟を通じて、補償額が確定されることとなる。

（2）「形式的」という意味　こうしたタイプの当事者訴訟が、「形式的」と呼ばれてきたのは、本来、抗告訴訟として扱われるべき処分・裁決に対する「不服の訴訟」（行訴3条1項）につき、立法政策として、当事者同士で法律関係を争う訴訟形式が採用されているという意味においてである[1]（他の規定例として、行政主体を被告とする損失補償請求訴訟につき文化財41条3項・4項、さらに特許無効審判の請求人または被請求人（特許権者）を被告とする審決取消訴訟につき特許179条ただし書）。よって、土地収用法のように処分内容の一部を形式的当事者訴訟とする場合、それ以外の事項を争うには、原則に戻って処分に対する不服申立てまたは取消訴訟によることとなる。同法では、前者として裁決に対する国土交通大臣への審査請求が認められているが（収用129条）、「損失の補償」に関する事項を「不服の理由とすることができない」とされる（同132条2項）。後者の場合（同133条1項参照）、こうした禁止規定はないものの、最判2013（平25）・10・25判時2208号3頁により、傍論ではあるが、「収用委員会の裁決のうち損失の補償に関する事項については損失の補償に関する訴えによって争うべきものとされているのであって」、「裁決の取消訴訟において主張し得る違法事由は損失の補償に関する事項以外の違法事由に限られる」との解釈が示されている。

---

1　室井力ほか編『コンメンタール行政法Ⅱ：行政事件訴訟法・国家賠償法（第2版）』（日本評論社、2006年）66頁〔浜川清〕、南博方原編著・高橋滋ほか編『条解行政事件訴訟法（第4版）』（弘文堂、2014年）117頁〔山田洋〕。

### 4　当事者訴訟と民事訴訟の手続にはどのような違いがあるか？

　いずれの当事者訴訟も、「公法上の法律関係」や「処分又は裁決」により確認・形成される法律関係をめぐる紛争を扱う訴訟として、抗告訴訟の規定の一部が準用されている（行訴41条1項）。主な規定として、行政庁の訴訟参加（同23条）、職権証拠調べ（同24条）および判決の拘束力（同33条）のほか、形式的当事者訴訟や処分無効を前提とした実質的当事者訴訟においては、2004年改正で新設された釈明処分の特則（同23条の2）が、「処分又は裁決の理由を明らかにする」ため準用される。こうした手続は、「一定の公共目的のために立法で規定され、立法の趣旨に即し一定の基準に従って行われるべき」行為に関して、その権限を与えられた行政機関に「職責を全うさせるのに適した仕組み」[2]と捉えられている（一方、仮の救済をめぐる問題については本書10を参照）。

## 二　2004年行訴法改正による当事者訴訟の「変化」

### 1　なぜ立法者は確認訴訟の例示規定をあえて追加したのか？

　一でみた通り、実質的当事者訴訟に確認訴訟が含まれるとの解釈はすでに定着していたにもかかわらず、2004年改正によって4条の定義規定に、「公法上の法律関係に関する確認の訴え」という例示が追加された（図表15-1参照）。この改正の趣旨は、両院の附帯決議によれば、確認訴訟をめぐる「これまでの運用に捉われることなく、その柔軟な活用を通じて」（参議院、2004年6月1日）、「取消訴訟の対象となる行政の行為に限らず、国民と行政との間の多様な関係に応じた実効的な権利利益の救済を可能にする」（衆議院、同年5月14日）というものであった。

### 2　最高裁は立法者のメッセージにどう反応したのか？

　(1)　改正後の判例の傾向　　こうして国会により確認訴訟の活用というメッセージが発せられてから約15年が過ぎたが、現在では判例だけをみても、最高裁自ら実質的当事者訴訟と明示的に判断し（あるいは事実審での明示的判断を前提に本案を審理し）、確認訴訟の対象となる法律関係を従来と比べて豊潤化させることで、多様な手法を用いた行政活動をめぐって裁判上の救

---

2　小早川光郎『行政法講義・下Ⅲ』（弘文堂、2007年）332〜338頁。

済機会を拡充していく傾向がはっきり読み取れる[3]。

　(2) **権利確認**　2004年改正の施行前の事案にもかかわらず、しかも、憲法上の権利たる選挙権をめぐり、**判例1**は、1998年改正以降の公職選挙法が各院の比例代表選挙のみに在外選挙制度を設けていた点を違憲と主張して、在外国民が提起した、「衆議院小選挙区選出議員の選挙及び参議院選挙区選出議員の選挙において選挙権を行使する権利」の確認訴訟につき、確認対象を「次回の…選挙において」「投票をすることができる地位」に引き直した上であるが、訴えを適法として、違憲判断に基づく確認判決を行った。こうして判例における確認訴訟の最初の活用例は、憲法訴訟の領域でも新たな局面を切り拓くものとなった[4]。

　一方、従来、給付訴訟で扱われてきた社会保障給付請求権をめぐっても、混合診療保険給付事件東京地判（東京地判2007（平19）・11・7民集65巻7号3047頁）が、健康保険法の下では、混合診療の自由診療部分のみならず保険診療部分も保険給付が認められないとの行政解釈のため、混合診療を断念するに至った患者が提起した、後者の部分につき「健康保険法に基づく療養の給付を受けることができる権利」の確認訴訟を適法と判断し、**判例3**も、この一審の判断を前提として本案審理を行った（ただし患者の上告は棄却）。

　(3) **義務不存在確認**　行政上の法律関係では、従来、消極的確認の対象とされてきた租税債務のような給付義務のみならず、行政上の請求権と対応関係にない義務として、多くの作為・不作為義務が私人に対し法令上直接または処分により設定されてきた[5]。こうした義務をめぐっても、**判例4**は、処分性を有しない都立学校長の職務命令による義務賦課の事案ではあるが、教職員が提起した「国歌斉唱の際に国旗に向かって起立して斉唱する義務」の不存在確認訴訟につき、後述の通り、義務違反に対する懲戒処分以外の処遇上の不利益の予防目的に限って適法とした（ただし教職員の上告は棄却）。

---

3　一方、春日修『当事者訴訟の機能と展開』（晃洋書房、2017年）88頁は、三で扱う確認の利益の定式化という観点に立って、下級審裁判例を含め、《規制の排除》・《申請要件該当性等の事前確定》・《受給の確保》・《権利行使の要求》の4つの利用場面に整理する。

4　憲法訴訟としての活用可能性につき、興津征雄「憲法訴訟としての公法上の当事者訴訟（確認訴訟）」曽我部真裕ほか編『憲法論点教室』（日本評論社、2012年）171頁参照。

5　中川丈久「国・地方公共団体が提起する訴訟」法教375号（2011年）100〜101頁。

(4) **法的地位確認**　まず積極的確認の典型例とされてきた国籍訴訟において、**判例2**は、**判例1**に続く憲法訴訟として、婚姻関係にない日本国籍を有する父と外国籍を有する母との間に出生した子につき、「父母の婚姻及びその認知により嫡出子たる身分を取得した」場合（準正）に、届出による日本国籍の取得を認める国籍法旧3条1項のうち、「父母の婚姻により嫡出子たる身分を取得したことという」「過剰な要件」設定が違憲の区別を生じさせているとの理由から、この「部分のみを除いて合理的に解釈」することにより、「父から出生後に認知されたにとどまる子」による同項に基づく日本国籍の取得を認めた。

　さらに判例は、法令により新たに設けられた不作為義務またはそれを前提とした許認可制の導入を争う私人が、規制対象となる活動につき、それまでは行政庁から許認可などを受けて適法に行っていた場合に、(3)の不作為義務の消極的確認にとどまらず、従前の許認可などに基づき当該活動を行うことができる地位の積極的確認という形での提訴も認めるようになった[6]。

　すなわち、医薬品ネット販売事件東京地判（東京地判2010（平22）・3・30民集67巻1号45頁）は、薬事法の2006年改正に伴い改正された同法施行規則により新設された第一類・第二類医薬品の郵便等販売禁止規定が違憲・違法であると主張して、同法改正前に一般販売業の許可を受け、改正後も経過措置として同業の経営を認められた既存業者が提起した、「改正後の薬事法施行規則の規定にかかわらず、第一類医薬品及び第二類医薬品につき店舗以外の場所にいる者に対する郵便その他の方法による販売をすることができる権利（地位）」の確認訴訟を適法と判断し、**判例5**も、この一審の判断を前提としつつ、同法施行規則が同法の委任の範囲を逸脱し無効と判断して請求を認容した控訴審の東京高判（東京高判2012（平24）・4・26民集67巻1号221頁）を支持した。また、京都府風俗案内所規制条例事件京都地判（京都地判2014（平26）・2・25判時2275号27頁）は、学校等から200m以内で風俗営業たる接待飲食等営業の情報提供を含む風俗案内所の営業を禁じる条例により営業禁止となった区域で、従前その営業を行っていた者が提起した

---

[6] その先駆といえるのが、旧薬事法における登録制の下での薬局開設者による、同法の改正により導入された「許可又はその更新をうることなく…薬局の開設ができる権利」の確認訴訟につき、訴訟類型を明示せず適法とした一審判決を前提に本案審理を行った最大判1966（昭41）・7・20民集20巻6号1217頁である（ただし開設者の上告は棄却）。

「風俗案内所を営む法的地位」の確認訴訟につき、当該地域での風営法に基づく風俗営業所に対する距離制限（同様の施設から70m以内）より制限が大きい点を違憲として、同地域のうち後者の制限外の場所での接待飲食等営業の情報提供に限り請求を認容したため、経済的自由をめぐる憲法訴訟としても注目を集めたが、控訴審の大阪高判（大阪高判2015（平27）・2・20判時2275号18頁）で合憲判断により棄却され、**判例6**もこれを支持した。

### 3　処分以外の法行為や事実（行為）の違法確認訴訟は可能か？

（1）**民訴法における発展**　民訴法では、確認訴訟の対象は伝統的に権利・義務・地位といった法律関係、しかも現在のそれに限ると解されてきた。しかし、すでに1970年代には、判例上、子の死亡後に提訴された親子関係確認に関する最大判1970（昭45）・7・15民集24巻7号861頁により、過去の法律関係の確認訴訟が適法とされたのを転機として、法律行為の効力や存否についても、「紛争の直接かつ抜本的な解決のため最も適切かつ必要と認められる場合」（学校法人理事会決議無効確認に関する最判1972（昭47）・11・9民集26巻9号1513頁法廷意見）には、確認対象として認められるようになった。さらに学説では、「出生による日本の国籍を現に引続き有すること」（傍点引用者）の確認訴訟を適法とした最大判1957（昭32）・7・20民集11巻7号1314頁を援用して、国籍取得原因のような過去の事実についても確認対象となりうるとする見解が有力となっている[7]。

（2）**行政訴訟をめぐる学説・判例の動向**　行政訴訟においても、2004年改正以降の確認訴訟の活性化の中で、学説上、こうした民訴法における対象適格の緩和を取り入れ、処分以外の法行為や事実（行為）の違法確認訴訟を認めることへの期待が高まっており、例えば、最判2005（平成17）7・15民集59巻6号1661頁により、その事実上の効果に着目して処分性（本書2を参照）が認められた病院開設中止勧告につき、むしろ勧告の違法確認訴訟によるべきと主張されている[8]。

一方、在外邦人選挙権事件では、行政活動を飛び越えて、法律制定行為の確認対象としての適格性が争われた。**判例1**は、在外選挙制度自体を設けて

---

[7] ただし、中野貞一郎『民事訴訟法の論点Ⅱ』（判例タイムズ社、2001年）41〜42頁によれば、対象適格を認める基準をめぐっては学説の間でも一致をみていないという。

いなかった1998年改正前の公職選挙法の違憲確認訴訟につき、民事訴訟同様、「過去の法律関係の確認を求める…ことが紛争の直接かつ抜本的な解決のために適切かつ必要」かという観点から不適法と判断し、改正後の同法の違憲確認訴訟についても、現在の法律関係たる「選挙権を行使する権利」の確認訴訟の方が「より適切な訴えである」として却下したが、事実審段階とは異なり、法律上の争訟性（本書1を参照）を否定するまでには至っていない。もっとも最高裁は両訴訟が実質的当事者訴訟に当たるか否かを明示しておらず、調査官解説では、一審の東京地判（東京地判1999（平11）・10・28民集59巻7号2216頁）と同様、立法不作為の違憲確認を求める無名抗告訴訟と解されている[9]。しかし、法令の効力に関する訴訟を抗告訴訟に含めるべきか否かをめぐっては、行訴法制定過程でも議論の決着がつかず、無名抗告訴訟の解釈問題として判例・学説に委ねられた[10]。以後40年以上、少なくとも判例上は封印状態にあったことを考えれば、今さら無名抗告訴訟として構成する必然性はないと思われる。このように判例も、立法行為を含め、処分以外の法行為や事実（行為）を対象とした実質的当事者訴訟としての確認訴訟を、「カテゴリーとして排斥しているのではない」と解されよう[11]。

## 三　確認の利益

### 1　なぜ確認の利益が必要なのか？

このように、当事者訴訟の中でも確認訴訟は、2004年改正以降、現在の法律関係の確認をめぐって活性化するにとどまらず、さらなる発展可能性さえ示しているが、逆に確認対象が無制限に拡張されれば、濫訴のリスクも高まることとなる。そこで、訴えの利益という観点から提訴が許容される範囲を調整する必要が生じる。民訴法ではこれを確認の利益と呼び、判例の分析を通じて、即時確定の現実的必要性（紛争の成熟性）、対象選択の適切性、方

---

8　山下義昭「『行為の違法』確認の訴えについて」公法71号（2009年）231～233頁、大貫裕之「実質的当事者訴訟と抗告訴訟に関する論点 覚書」高木光ほか編『行政法学の未来に向けて』（有斐閣、2012年）650～652頁、春日・前掲注3　210～211頁。

9　杉原則彦「判解」最判解民平成17年度（下）643～644頁。

10　小早川光郎・高橋滋編『詳解改正行政事件訴訟法』（第一法規、2004年）62～63頁〔山本隆司〕。

11　塩野宏『行政法Ⅱ：行政救済法（第6版）』（有斐閣、2019年）279頁。

法選択の適切性の3つの要素に整理しており、行政訴訟における実務・学説にも影響を与えている。以下、こうした要素を分析軸として、下級審裁判例にも視野を広げ、行政訴訟における具体的な紛争解決の場面で、確認訴訟を有効に活用するための条件を探っていく。

## 2 即時確定が現実的に必要とされるのはいかなる場合か？

（1）2段階のチェック　民訴法において、即時確定の現実的必要性は、①原告の権利・法的地位に対する不安・危険の発生と、②発生した不安・危険の現実性の2段階に分けてチェックされる。行政訴訟でも、**判例4**が、「本件職務命令…に基づく公的義務の存在」が、原告たる「教職員の法的地位に現実の危険を及ぼす」ことを、義務不存在確認訴訟における確認の利益を根拠づける要素として認定しており、①・②の視点が取り入れられている。

（2）**不安・危険の発生**　民訴法では、不安・危険の原因として、被告が原告の権利・法的地位を否定したり、それと抵触する権利・法的地位を主張したりする場合があげられる。これを行政訴訟にあてはめると、原因となる行政活動に関して、取消訴訟の処分性のように、私人の権利義務に直接変動を及ぼすところまでは要求されないということになる。その違いは、二2（3）で述べた、法令上直接に生じる義務を例にすると分かりやすい。この場合、私人が一定の義務を負っているか否かについては、行政行為のように、私人に対し個別的に「公の権威をもって認定し、通知する行為」が存在しないため、「第一次的には当該私人が判断することになる」。しかし、その判断には「公権的な通用力」が認められず、行政庁が私人の行為を義務違反と判断すれば、法令に基づき不利益処分や行政上の強制執行が行われる。よって、私人は、「自分に果たして当該法令の適用があって義務が課されているか否かが必ずしも明らかでない」という不安定な立場に置かれるのである[12]。

（3）**訴訟要件としての役割**　こうした不安・危険が生じるとされる権利・法的地位が、実際の事案において原告に認められるか否かは、本案の問題である。つまり、訴訟要件としての確認の利益の段階では、原告の主張する権利・法的地位がおよそ主観的に保護されたものとして構成しえない場合

---

12　神橋一彦「法律関係形成の諸相と行政訴訟」法教369号（2011年）98～99頁および注(9)の内容を再構成した。他の例も含め、同『行政救済法（第2版）』（信山社、2016年）252～257頁参照。

のみ排除される[13]。例えば、琵琶湖のレジャー利用の適正化に関する条例をめぐって私人が提起した、琵琶湖で採捕したオオクチバスを再放流しない義務の不存在確認訴訟につき、大津地判2005（平成17）・2・7判時1921号45頁は、特定の魚類を採捕して放流する権利が憲法上保障された権利に当たらないとの理由で不適法とした。もっとも、控訴審の大阪高判2005（平成17）・11・24判例自治279号74頁は、確認の利益を否定する根拠として、公共用物の自由使用は、「特段の事情がない限り、公共用物が一般私人の使用に供されていることによる反射的利益にすぎ」ないとの解釈を前提に、原告には特段の事情が認められないとの判断を追加したが、訴訟要件と本案とを混同している点で問題であろう。

（4）**不安・危険の現実性**　民訴法においては、将来の権利・法的地位への不安・危険は現実性を欠くとされるが、行政訴訟ではこれに加えて、法令上直接設定された法律関係が対象となる場合も現実性の有無が問題となる。というのも、「法令は所定の要件を充たした者に対し一律に適用されるものであり、潜在的には当該要件を充たしうる者すべてが当該法令により不利益を受けうるが、そのような潜在的な可能性だけで即時確定の利益を認めてしまうと、法令の客観的な違憲・違法の確認請求を認めるに等しくなるからである」[14]。

確認の利益を認めた前掲の諸事件をみると、例えば医薬品ネット販売事件では、東京地判が、原告が、「改正省令の施行前は、一般販売業の許可を受けた者として」、ネット販売を「現に行っていた」点を指摘し、さらに東京高判は、同省令の適用に伴い、原告はこうした「営業活動によって得ていた利益を得ることができなくなり、継続的に損害が拡大していく」点を補足している。また混合診療保険給付事件東京地判も、原告が、混合診療について、「その主治医から…医学的に有用なものとして勧められ、この療養を受けていたものであり」、「今後とも…受ける可能性は高い」ため、行政解釈通り全額自己負担となれば、「多額の医療費負担を余儀なくされるおそれがある」とする。

なお、**判例1**が、両院の選挙区選挙において「選挙権を行使する権利」の確認訴訟について、原告が「引き続き在外国民である」との条件を付加する

---

13　興津・前掲注4　173頁。
14　興津・前掲注4　174頁。

だけでなく、請求趣旨自体を、「次回の…選挙において、在外選挙人名簿に登録されていることに基づいて投票をすることができる地位にあることの確認」へと絞り込んでいったのも、この権利に対して原告が抱く不安の現実性をより明確化するための工夫といえよう。一方で、**判例1**は、①「選挙権は、…侵害を受けた後に争うことによっては権利行使の実質を回復することができない性質のものである」点および②「その権利の重要性」にも「かんがみ」て確認の利益を認めている。しかし、これらの要素はむしろ、実際に選挙が実施された時にしか行使できないという選挙権の特殊性ゆえ、どうしても権利に対する危険に不確実性が残らざるを得ないことから、紛争の成熟性の裏付けとして補充的に援用されたものと解される。よって、こうした特殊性が認められない限り、①事後回復の困難性や②権利としての重要性を不安・危険の現実性をめぐる解釈に持ち込むべきでないといえよう[15]。

## 3　処分以外の法行為や事実（行為）を対象として選択することが適切とされるのはいかなる場合か？

（1）**現在の法律関係との選択**　二3（2）で明らかにしたように、処分以外の法行為については判例も対象適格性を否定しておらず、さらに学説からは、行政指導のような事実（行為）の違法確認訴訟の可能性も指摘されている。そこで問題となるのが、先行して活用されつつある現在の法律関係の確認と比べて、これらを確認対象として選択する方がより適切とされるのは具体的にどのような場合かである。この点は判例上も未開拓の領域であるが、学説や下級審裁判例によって、いくつかの方向性が示されている。

（2）**処分以外の法行為**　民訴法では「紛争の直接かつ抜本的な解決」を基準として対象適格が認められてきたが、当事者訴訟としては、**判例1**に触発された学説により、法令の違法確認訴訟につき、別の観点から適切な対象選択となる可能性が導き出されている。すなわち、法律にせよ行政立法にせよ、立法行為として広範な裁量が認められる場合が多いが、そこで原告の具体的権利や法的地位まで確認してしまうと、裁判所が立法機関に代わって立法することとなり、権力分立の観点から問題が生じる。よって、在外邦人選挙権事件のように、既存の規定の違憲無効からただちに一定の権利・法的

---

15　主に②をめぐる見解として、山本隆司『判例から探究する行政法』（有斐閣、2012年）493頁。

地位の保障が導き出される場合を除けば、むしろ法令自体の違憲性・違法性を確認するにとどめ、具体的な保障内容は立法機関の判断に委ねる方が望ましいとされる[16]。

（3）**事実（行為）**　下級審裁判例の中には、一定の事実そのものの確認訴訟を認める注目すべき判決が現れている。すなわち、大阪地判2009（平21）・10・2 LEX/DB25442117は、タクシー運転者の提起した、道路交通法違反行為に対する点数付加のないことの確認訴訟について、原告に対する点数付加の事実により、個人タクシー事業許可に関して道路運送法6条に基づき地方運輸局長の定めた審査基準たる法令遵守基準を充たさず、付加後3年間は同事業許可が認められなくなるとして、確認訴訟の適法性を認めた（ただし請求棄却）。その理由づけとして、申請を経て却下処分の取消訴訟を提起し、その審理の中で点数付加の違法性を争うのでは救済手段として十分機能しない点があげられており、次に検討する方法選択とのリンクを通じ、事実を対象として選択することの適切性が導き出されている。

## 4　確認訴訟という方法を選択することが適切とされるのはいかなる場合か？

（1）**給付訴訟との選択**　民訴法では、給付請求権をめぐって、確認訴訟よりも給付訴訟の方が適切な紛争解決手段として優先される。行政訴訟においても、実質的当事者訴訟と明示した事例ではないが、国家公務員災害補償金法に基づく遺族補償一時金につき、確認訴訟を却下し、給付訴訟を一部認容した大阪高判2008（平20）・10・30LEX/DB25450694がみられる。一方、**判例3**は、確認訴訟の方がより適切な選択であることを前提としているが、これは、「療養の給付」（健保63条）の継続性・反復性をふまえれば、給付請求権自体の確認を通じて混合診療をめぐる見解の対立を予め解消できる点で、原告の患者にとって個々の請求権に基づく給付訴訟よりも適切な救済が保障されるという趣旨と解されよう。

（2）**差止訴訟との選択**　行政訴訟特有の選択としては、法令上直接生

---

16　浜川清「在外国民選挙権最高裁判決と公法上の確認訴訟」法時78巻2号（2006年）88頁、山本・前掲注15　494〜495頁。一方、野口貴公美「行政立法の違法を争う確認訴訟」行政法研究11号（2015年）68頁は、違法な行政立法による紛争につき、むしろ法律関係確認型を通じた同関係の「柔軟化・弾力化」に原告にとっての救済可能性を見出す。

じる義務に違反すると不利益処分を受ける可能性がある場合、当該義務の不存在確認訴訟を提起すべきか、あるいは後の処分に向けて差止訴訟（本書13を参照）を提起すべきかが問題となる。この点をめぐっては、学説・実務の双方において、いかなる不利益処分がなされるかがある程度具体的に予測される段階となれば差止訴訟によることになるが、まだ予測がつかない段階、あるいは刑罰などの制裁（**判例6**の条例は事業停止命令に加え直罰制も採っていた）や処分以外の不利益を受ける可能性がある場合には確認訴訟によるべきとの見解が有力である[17]。

しかし、**判例4**は、職務命令に基づく起立斉唱義務をめぐって、職務命令違反を理由とした、免職処分以外の懲戒処分の差止訴訟を適法とする一方で、同義務の不存在確認訴訟については、①「懲戒処分の予防を目的とする無名抗告訴訟」と②「行政処分以外の処遇上の不利益の予防を目的とする」「公法上の当事者訴訟」とに分け、それぞれ訴えの適法性を判断した。その結果、①については、すでに適法性が認められた「差止めの訴えとの関係で事前救済の争訟方法としての補充性の要件を欠」くとの理由で不適法としたのに対し、②については、「処遇上の不利益が反復継続的かつ累積加重的に発生し拡大していくと事後的な損害の回復が著しく困難になることを考慮すると」、「その目的に即した有効適切な争訟方法であるということができ」るとして、確認の利益を認めたのである。

このような「予防訴訟としての確認訴訟」[18]の目的に応じた訴訟類型および訴訟要件の峻別は、学説から、抗告訴訟と当事者訴訟の区別を自己目的化し、処分とそれ以外の不利益の双方の要件とされる同一の義務を訴えの利益レヴェルで「分断」すべきではないと強く批判されている[19]。そもそも実質的当事者訴訟としての確認訴訟によるか否かの判断に当たっては、「原告の権利又は法的地位に対する危険や不安を防止するための訴訟選択の適否が問題なのであって、係争法律関係から派生する、後続の不利益的行政措置等に

---

17 村上裕章「公法上の確認訴訟の適法要件」高木ほか編・前掲注8 750頁本文および注(112)にあげられた諸文献参照。さらに学説の中には、「両方の提起が認められて差し支えあるまい」という主張さえみられる（南原編著・高橋ほか編・前掲注1 131頁〔山田洋〕）。
18 湊二郎「予防訴訟としての確認訴訟と差止訴訟」法時85巻10号（2013年）30頁。
19 山本隆司「判批」論ジュリ3号（2012年）126〜127頁。

よって生じた侵害状態を除去するためのそれとは区別されなければならない」[20]。医薬品ネット販売事件においても、郵便等販売禁止違反に対しては、まず不利益処分によって対応する仕組みが採られているが（薬事72条の4・75条）、**判例5**を含む全審級を通じて、こうした予防目的による区別にふれることなく、当事者訴訟として適法性が認められていた[21]ことに照らせば、**判例4**の射程はそれ程広いものではないと考えられよう。

□■■　**検討問題　タクシー事業に対する乗務距離制限を争う確認訴訟**　□■■

　タクシー事業においては、道路運送法27条1項の委任に基づく旅客自動車運送事業運輸規則22条を根拠として、地方運輸局長の公示により、一定地域を指定した上で、地域内に営業所を有する事業者に対して、タクシー運転者の乗務距離につき最高限度を設けることができる。この制限に違反した場合、事業者は同法40条に基づく不利益処分を受ける可能性がある。こうした公示の適法性（合憲性・法令適合性）を確認訴訟で争う場合、確認対象としていかなる選択肢が考えられるか。また、その各々を対象とする確認訴訟につき確認の利益が認められるためには、どのような点をクリアしなければならないか（大阪地判2013（平25）・7・4 LEX/DB25445756、名古屋高判2014（平26）・5・30判時2241号24頁、東京高判2015（平27）・2・12 LEX/DB25543384参照）。

■参考文献
・新堂幸司『新民事訴訟法（第5版）』（弘文堂、2011年）270～281頁
・興津征雄「憲法訴訟としての公法上の当事者訴訟（確認訴訟）」曽我部真裕ほか編『憲法論点教室』（日本評論社、2012年）171～180頁
・法時85巻10号（2013年）特集「行政関係紛争における訴訟類型の交錯」23～40頁［山田健吾・湊二郎・石田秀博各論文］
・春日修『当事者訴訟の機能と展開』（晃洋書房、2017年）第Ⅱ部
・原田大樹「当事者訴訟」法教454号（2018年）72～80頁

---

20　山田健吾「行政関係紛争と確認訴訟」法時85巻10号（2013年）28頁。石崎誠也「判批」行政判例百選Ⅱ（第7版）207事件427頁は、**判例4**の事案についても、思想良心の自由に対する不安の防止を目的として確認訴訟の適法性を認めるべきと主張する。
21　原告はネット販売を停止して提訴しており、そもそも処分を受けることはあり得なかった（阿部泰隆『行政法再入門・下（第2版）』（信山社、2016年）65頁）。

# 16 民衆訴訟・機関訴訟

大田直史

1 民衆訴訟とはどのような訴訟か。客観訴訟は主観訴訟とどのような違いがあるか。
2 住民訴訟は、だれが、どのような手続で、何を対象として、何を請求することができるか。原因行為の違法性を理由に財務会計行為の違法を主張できるか。
3 機関訴訟とはどのような訴訟でどのような種類のものがあるか。

■キーワード
客観訴訟、主観訴訟、民衆訴訟、機関訴訟、住民訴訟、財務会計行為、自治事務、法定受託事務、代執行訴訟、関与に関する訴訟

■主要判例
**判例1**・津地鎮祭訴訟：最判1977（昭52）・7・13民集31巻4号533頁［憲法判例百選（第6版）46事件］
**判例2**・田子の浦ヘドロ訴訟：最判1982（昭57）・7・13民集36巻6号970頁［環境法判例百選（第2版）23事件］
**判例3**・都議会運営費議長決裁事件：最判1987（昭62）・4・10民集41巻3号239頁［地方自治判例百選（第4版）99事件］
**判例4**・一日校長事件：最判1992（平4）・12・15民集46巻9号2735頁［地方自治判例百選（第4版）105事件］
**判例5**・調整交付金違法支出事件：最判1978（昭53）・3・30民集32巻2号485頁［地方自治判例百選（第4版）95事件］
**判例6**・大阪府国民健康保険審査会裁決取消請求事件：最判1974（昭49）・5・30民集28巻4号594頁［行政判例百選Ⅰ（第6版）119事件］［地方自治判例百選（第4版）119事件］
**判例7**・辺野古新基地建設不作為違法確認訴訟：最判2016（平成28）・12・20民集70巻9号2281頁［平成29年度重判解・行政法9事件］

## 一 民衆訴訟

### 1 主観訴訟と客観訴訟の違いは？

　行政事件訴訟は、違法な行政活動によって法的利益を侵害された者に救済を与え、その結果として違法な行政活動が是正されることで適法性を保障することを原則とする。このように自己の法的利益を違法な行政活動によって直接に侵害された者が自己の法的利益を守るために提起する訴訟を主観訴訟という。行政事件訴訟は、原則として主観訴訟であるが、行政機関や行政体という公益の代表者を一方の当事者とするため、事件は公共の利益に関わり、その活動の適法性の保障を直接に法的利益に影響を受ける当事者による訴訟にのみ委ねることは適当でない。そこで、例外的に、特定の行政活動に限って、個人の権利利益の保護という見地とは無関係に行政活動の客観的適法性の保障を直接の目的とする「客観訴訟」としての性格をもつ行政事件訴訟の提起が認められている[1]。

### 2 民衆訴訟とは？住民訴訟とは？

　「民衆訴訟」は、自己の権利利益の保護を目的とせず、客観訴訟のひとつであり、「国又は公共団体の機関の法規に適合しない行為の是正を求める訴訟で、選挙人たる資格その他自己の法律上の利益にかかわらない資格で提起するもの」（行訴法5条）である。民衆訴訟は、本来の法律上の争訟ではないため（裁判所法3条1項）、「法律に定める場合において、法律に定める者に限り、提起することができる」（行訴法42条）。民衆訴訟には、地方自治法（以下、「自治法」という）が定める住民訴訟のほか、公職選挙法が定める選挙人や候補者による選挙の効力や当選の効力に関する訴訟がある[2]。

　住民訴訟は、民衆訴訟のひとつであり、住民が地方自治体の長や職員の行う公金支出等の適法性を争う訴訟である。住民訴訟は、直接には公金支出行

---

1　藤田宙靖『行政法総論』（青林書院、2013年）404〜405頁。杉本良吉『行政事件訴訟法の解説』（法曹会、1963年）7頁は、従来民事事件と理解されてきた選挙訴訟の訴訟物が公法関係であるから、また納税者訴訟はその法律関係が公共の利益に関するものである点に着目して行政事件訴訟と取り扱うべき、とする。

2　選挙訴訟のうち公選法211条以下の連座訴訟は、検察官が提起するものであるが、これも民衆訴訟とされている。参照、杉本・前掲注1　25頁。

為等の適法性を争う訴訟であるが、実質的にその目的または原因となっている自治体の行為を争うために起こされることもあり、例えば、**判例1**では、直接には、市の体育館起工式に7,663円（神職に対する報償費4,000円、供物料3,663円）が支出されたことの適法性が争われたが、実質的には起工式が神道の方式で挙行されたことの合憲性が争われた。

　住民訴訟の目的は、次の3点にあるといえる。第1に、自治体の長や職員等が行う違法な行為の是正である。第2に、自治体が被る財産上の損害を住民全体にとっての不利益としてその防止または回復をはかることである。第3に、最高裁の判例には、住民訴訟を提起する住民の権利の保障に参政権保障としての意義が認められるとするものがある。住民訴訟制度は、自治体の機関や職員による違法な行為を防止するため、「地方自治の本旨に基づく住民参政の一環として」、住民に対しその予防または是正を裁判所に請求する権能を与え、もって地方財務行政の適正な運営を確保することを目的としたものであって、「住民の有する右訴権は、地方公共団体の構成員である住民全体の利益を保障するために法律によって特別に認められた参政権の一種」であるとする（**判例5**）。

## 3　住民訴訟を提起するために満たされるべき要件は？

　住民訴訟提起にはどのような要件が満たされる必要があるだろうか。住民訴訟提起には、（1）普通地方公共団体の「住民」が、（2）当該自治体の長や職員等による違法な「財務会計行為」または「怠る事実」を対象として、（3）監査委員に対して「住民監査請求」を行い、その結果または勧告や措置について不服がある場合等に（1項）、（4）監査の結果等の通知があってから一定「期間」内に（2項）、裁判所に訴えを起こすことが必要である（自治法242条の2）。

　（1）**住民**　　住民訴訟を提起できるのは当該自治体の住民とされているが、自治法10条は、当該自治体の区域内に住所を有する者が住民であるとしている。住民が住民訴訟を提起するには、住民監査請求を経る必要があるが、これは住民1人でも可能である。

　（2）**財務会計行為**　　住民監査請求および住民訴訟の対象を「財務会計行為」という[3]。自治法の規定上、これは住民監査請求と住民訴訟とで同じであり、自治体の長その他の職員による、①公金の支出、②財産の取得、管理若しくは処分、③契約の締結若しくは履行若しくは④債務その他の義務の

負担、⑤公金の賦課若しくは徴収若しくは財産の管理を怠る事実とされている（242条1項）[4]。

判例は、この財務会計行為に当たるか否かの判断をめぐって、次のような基準を示してきた。

① **財務的処理を目的とするか**　判例は、土地の管理行為について道路建設行政の見地からする道路行政担当者としての行為と、「財産的価値に着目し、その価値の維持、保全を図る財務的処理を直接の目的とする財務会計上の財産管理行為」とを区別し、前者は財務会計行為に該当しないとする（最判1990（平2）・4・12民集44巻3号431頁）。

この基準による場合でも、公物・公の施設の管理を怠ることが財産上の権利の適切な行使を怠るものと評価され、それによって自治体が受けた損害について賠償請求権を行使しないことに怠る事実があるとして、請求が認められる場合がある。**判例2**は、旧4号請求についてであるが、「汚染ないしヘドロ堆積等の除去に要する費用の支出についても、汚水排出者の不法行為等による損害の填補に該当し終局的には当該汚水排出者に負担させるのを相当とする部分」については、「住民が当該地方公共団体に代位して汚水排出者に対し損害賠償請求権を行使しうる」と認めた。

② **損失・損害を生じているか**　自治体に損失・損害を生じていない行為は、財務会計行為に該当しないとされる。最判1973（昭48）・11・27 LEX/DB25351442は、「公金の支出、義務の負担ないしは財産上の損失を伴わない単なる収入を発生させるにとどまる行為」は、かりにそれが違法であっても住民訴訟の対象とはできないとしている。

③ **財務会計上の行為権限者による行為か**　財務会計行為は、問題とされている財務会計行為を行う権限を法令上本来的に有するとされている者およびこれらの者から権限の委任を受けるなどしてこの権限を有するに至った者の行為であることを要すると解されている。**判例3**は、東京都議会議長が、議会運営費のうち交際費、報償費および特別旅費について決裁印を押捺する

---

3　財務会計行為という語は、学説に由来し、判例に影響したといわれる。参照、碓井光明『要説住民訴訟と自治体財務（改訂版）』（学陽書房、2002年）77頁。

4　各対象について、小澤久仁男「住民監査請求・住民訴訟における対象と違法性」現代行政法講座編集委員会・岡田正則ほか編『現代行政法講座Ⅳ：自治体争訟・情報公開争訟』（日本評論社、2014年）59頁以下。

など行った行為について、議長は「議会の事務の統理権（〔自治〕法104条）、議会の庶務に関する事務局長等の指揮監督権（法138条7項）を有するものの、予算の執行権は普通地方公共団体の長……に専属し（法149条2号）、また、現金の出納保管等の会計事務は出納長又は収入役の権限とされているから（法170条1項、2項）、一般に議会の議長の統理する事務には予算の執行に関する事務及び現金の出納保管等の会計事務は含まれておらず、議会の議長はかかる事務を行う権限を有しない」として、財務会計行為に該当しないとした。判決に対して、形式的な権限の所在に着目して実質的な関与者を排除し、財務会計行為の担当者に責任を求めることもできず、住民訴訟の空白領域を生ずるとする批判がある[5]。

（3）**住民監査請求の前置**　住民訴訟を提起できるのは、住民が、監査委員に監査請求をした場合で、a）監査委員の監査の結果または勧告、もしくは議会、長等執行機関または職員の措置に不服があるとき、b）監査委員が監査または勧告を請求から60日の期間内に行わないとき、またはc）議会、長その他の執行機関もしくは職員が監査委員の勧告に沿った措置を講じないときである（自治法242条の2第1項）。

住民監査請求は、当該行為のあった日または終わった日から1年を経過したときは、正当な理由がある場合を除いて、することができない（自治法242条2項）。この期間を経過して住民監査請求を提起できなくなれば、住民訴訟も提起できなくなる。この期間の制限は、行為がある場合についてであり、怠る事実に関しては適用されない（最判1978（昭53）・6・23判時897号54頁）。「正当な理由」の有無は、最判2002（平14）・9・12民集56巻7号1481頁によれば、「特段の事情のない限り、普通地方公共団体の住民が相当の注意力をもって調査したときに客観的にみて当該行為を知ることができたかどうか、また、当該行為を知ることができたと解される時から相当な期間内に監査請求をしたかどうかによって判断すべきもの」とされ、「当該行為が秘密裡にされた場合に限らず、普通地方公共団体の住民が相当の注意力をもって調査を尽くしても客観的にみて監査請求をするに足りる程度に当該行為の存在又は内容を知ることができなかった場合にも同様である」とされる。

住民監査請求に際しては、その対象をどの程度特定しなければならないかが問題となる。**判例2**は、具体的な請求内容の記述がなくても監査請求の要

---

5　碓井・前掲注3　80頁。

旨から請求の趣旨が判断できればよいとしていたが、最判1990（平2）・6・5民集44巻4号719頁は、「公金の支出についての監査請求においては、各公金の支出を他の支出から区別して特定認識できるように個別的、具体的に摘示することを要する」として、「支出の名目が会議接待費あるいは工事諸費と特定されているだけで、個々の支出についての日時、支出金額、支出先、支出目的等が明らかにされていないのみならず、支出総額も5,000万円以上という不特定なもの」では、「各公金の支出が他の支出と区別して特定認識できる程度に個別的、具体的に摘示されているものと認めることはできない」、と対象の厳格な特定を要求した[6]。しかし、その後、最判2004（平16）・11・25民集58巻8号2297頁は、上記判例に言及しつつ、住民監査請求においては、「監査請求書及びこれに添付された事実を証する書面の各記載、監査請求人が提出したその他の資料等を総合して、住民監査請求の対象が特定の当該行為等であることを監査委員が認識することができる程度に摘示されているのであれば、これをもって足りる」と述べ、上記最判1990（平2）・6・5民集44巻4号719頁もこれと異なる趣旨ではないとして、対象をつねに「個々の支出についての日時、支出金額、支出先、支出目的等」を摘示して特定する必要はないことを明らかにしたといえよう[7]。

　（4）**出訴期間**　訴えを提起できる期間について定めがあり、上の（3）a)については監査の結果等の通知があった日から30日以内、措置に係る監査委員の通知があった日から30日以内、b)の場合は、当該60日を経過した日から30日以内、c)の場合、勧告に示された期間を経過した日から30日以内に提起しなければならない（自治法242条の2第2項）。

　監査委員が、住民の提起した適法な監査請求を、要件を満たさない不適法な請求として却下した場合に直ちに訴えを提起できるか否か、またその場合の出訴期間が問題である。この点で、最判1998（平10）・12・18民集52巻9号2039頁は、「当該請求をした住民は、適法な住民監査請求を経たものとして直ちに住民訴訟を提起することができるのみならず、当該請求の対象とされた財務会計上の行為又は怠る事実と同一の財務会計上の行為又は怠る事実

---

6　同判決には、「住民監査請求は、住民が監査委員の職権の発動を促すことを認めたものにすぎず」、「客観争訟としての」性格からしても請求事項の厳格な特定を必要としないとする園部逸夫裁判官の反対意見があった。

7　最判2004（平16）・12・7判時1886号36頁も参照。

を対象として再度の住民監査請求をすることも許されるものと解すべきである」とし、この場合の出訴期間は、上の a ) の場合に準じて「却下の通知があった日から30日以内」とした。

## 4　住民訴訟ではどのような請求が可能か

住民訴訟では、自治法242条の2第1項1～4号の請求を行うことができる（**図表16-1参照**）。さらに、請求を併合して提起することも可能である[8]。

1号請求は、「当該執行機関又は職員に対する当該行為の全部又は一部の差止めの請求」である。自治体の機関等による違法な公金支出などを事前に防止、抑制することを目的とする訴訟である。2002年自治法の改正により、旧1号にあった「回復の困難な損害を生ずるおそれ」の要件は削除され、「当該行為を差し止めることによって人の生命又は身体に対する重大な危害の発生の防止その他公共の福祉を著しく阻害するおそれがあるとき」を除いて（242条の2第6項）提起可能であることが明らかにされた。違法支出等ができる限り事前に防止・是正されるのが望ましいとする観点から、1号請求訴訟を重視して、この活用を図る趣旨であった。

2号請求は、「行政処分たる当該行為の取消し又は無効確認の請求」である。具体的には、補助金交付決定や行政財産の目的外使用許可などが2号請求の対象となる処分として考えられる。ただし、財務処理を直接の目的とする財務会計行為が行政処分の形式で行われる場合は限られている。

無効確認訴訟については、行訴法の抗告訴訟としてのそれとは異なり、自治法242条の2第2項の出訴期間が適用されるため、取消訴訟と区別してこの訴訟を認める実益は少ないと考えられる[9]。

3号請求は、「当該執行機関又は職員に対する当該怠る事実の違法確認の請求」である。地方税の賦課や手数料の徴収という公権力行使を違法に行わない場合や、財産の管理や不法行為による損害賠償請求権を行使しない場合

---

[8]　2002年の自治法改正により、違法な財務会計行為または怠る事実について、民事保全法に基づく仮処分ができないことが明示的に定められた（242条の2第10項）。住民訴訟の客観訴訟としての性格から、個人の権利保護を目的とする民事保全法の適用はなじまないと考えられたことによる。参照、地方自治制度研究会『改正住民訴訟制度逐条解説』（ぎょうせい、2002年）79頁。

[9]　成田頼明ほか編『注釈地方自治法〈全訂〉』（第一法規、2011年）5157頁〔薄井一成〕。

にその違法の確認を求めるものである。

　4号請求は、「当該職員又は当該行為若しくは怠る事実に係る相手方に損害賠償又は不当利得返還の請求をすることを当該普通地方公共団体の執行機関又は職員に対して求める請求」または「当該職員又は当該行為若しくは怠る事実に係る相手方が自治法243条の2第3項の規定による賠償の命令の対象となる者である場合にあっては、当該賠償の命令をすることを求める請求」である。旧4号は、自治体に代位しての損害賠償請求、不当利得返還請求または「当該行為若しくは怠る事実に対する相手方」に対する法律関係不存在確認訴訟を規定していたが、2002年の自治法の改正により、損害賠償・不当利得返還請求または賠償命令することを自治体の長等に対して求める一種の義務付訴訟に変更された（第1段階の訴訟）。さらに、この訴訟の請求認容判決にもかかわらず判決確定の日から60日以内に職員または相手方が賠償請求や賠償命令に応じない場合には、自治体が第2段階の損害賠償または不当利得返還請求訴訟（242条の3第2項）を提起しなければならないという2段階の訴訟を経る形に変更された。4号請求の被告は、「当該普通地方公共団体の執行機関又は職員」であるが、実質的に裁判で争われるのは、訴訟の第三者である「当該職員又は当該行為若しくは怠る事実に係る相手方」の損害賠償責任や不当利得の理由となる違法な行為または怠る事実である。そこで、4号請求訴訟が提起された場合には、「当該職員又は当該行為若しくは怠る事実の相手方に対して、当該普通地方公共団体の執行機関又は職員は、遅滞なく、その訴訟の告知をしなければなら」ず（自治法242条の2第7項）、この告知によりこれらの者が訴訟に参加できるようになる。

　これらの請求の類型のうち、従来もっとも多く使われてきた請求が4号請求である。1998年頃から、長等への賠償請求4号請求が提起されると、議会が、訴訟で争われる地方自治体の損害賠償請求権等を議決や条例によって放棄し、住民が追及しようとする長等の責任を実質的に免れさせる動きが全国の自治体に広まり、住民訴訟制度の趣旨が損われる危険性を生じた。このような債権放棄の適法性を争う住民訴訟も提起された。この点に関する初めての最高裁判決となった最判2012（平24）・4・20民集66巻6号2583頁等は、債権放棄の適否の実体的判断は議会の裁量権に委ねられ、裁量権の範囲の逸脱またはその濫用に当たると認められるときがあるとはしながら、放棄の判断に一応の合理性が認められれば適法とした。この最高裁判決を受け、種々議論を経て、2017年、自治法が改正された。

図表16-1　住民訴訟の各号請求

| | 請求の種類 | 原　告 | 被　告 | 対　象 |
|---|---|---|---|---|
| 1号請求 | 差止請求 | 監査請求を行った住民 | 執行機関または職員 | ①公金の支出<br>②財産の取得、管理若しくは処分<br>③契約の締結若しくは履行<br>④債務その他の義務の負担 |
| 2号請求 | 取消・無効確認請求 | 監査請求を行った住民 | 処分を行った行政庁の属する自治体 | 財務管理に関する行政処分 |
| 3号請求 | 怠る事実の違法確認請求 | 監査請求を行った住民 | 執行機関または職員 | 公金の賦課若しくは徴収若しくは財産の管理を怠る事実 |
| 4号請求 | 作為義務付け・処分義務付け（第1段階） | 監査請求を行った住民 | 執行機関または職員 | ①公金の支出<br>②財産の取得、管理若しくは処分<br>③契約の締結若しくは履行<br>④債務その他の義務の負担 |
| | 損害賠償請求・不当利得返還請求（第2段階） | 自治体（長が被告の場合代表監査委員） | 当該職員・相手方 | |

　改正自治法では、長や職員等の地方公共団体に対する損害賠償責任について、「長等が職務を行うにつき善意でかつ重大な過失がないとき」条例で額を定めて免除することができるとされ、この条例の制定等の際には、「あらかじめ監査委員の意見を聴かなければならない」と定められた（自治法243条の2第1項および第2項）。また、長は住民監査請求の結果、監査委員が賠償責任ありと決定した場合に議会の同意を得て賠償責任の全部または一部を免除できるが、その場合、あらかじめ監査委員の意見を聴き、その意見を付けて議会に付議しなければならないとされた（自治法243条の2の2第8項）。

## 5　財務会計行為の違法性とは？

　住民訴訟では、財務会計行為または怠る事実の違法が主張されなければならないが、この違法は、自治法や地方財政法の財務に関する規定への違反に限定されず、財務会計上の権限を有する者が考慮すべき法規範への違反を含

むと考えられ、憲法上の政教分離原則や平等原則などの規範への違反、財産取引に適用される民法や商法の規定への違反なども含む[10]が、背任・横領・詐欺などの犯罪行為も違法な行為に含めるか議論がある[11]。

判例1の場合のように、財務会計行為を争う住民訴訟で、財務会計行為の原因・目的となる行為の違法性をどこまで争えるかは、住民訴訟における重要な論点のひとつである。公金支出の原因または目的となった行為の違法性が無条件に財務会計行為を違法とするわけではなく、判例において一定の限定が加えられている。

最判1985（昭60）・9・12判時1171号62頁では、川崎市の港湾局管理部長が、2件の収賄を理由に分限免職処分とされ退職手当合計780万円を支給されたが、同部長はさらに15回にわたり合計300万円の金員を収賄したとの事実で追起訴され公訴事実のすべてについて有罪判決を受け判決が確定した。そこで、住民が本件分限免職処分の違法を主張して市長に対して旧4号の代位請求により損害賠償を請求した。判決は、財務会計行為が違法となるのは、その行為自体が直接法令に違反する場合だけでなく原因となる行為が法令に違反する場合にも違法となるとしたが、「本件分限免職処分は、本件退職手当の支給の直接の原因をなすものというべきであるから、前者が違法であれば後者も当然に違法となる」と、原因・目的行為が財務会計行為の「直接の原因」であることを要求した。

判例4は、東京都教育委員会が都内の公立学校において勧奨退職に応じた教頭職の者のうち29名に対して退職日付で1日だけ校長に任命し、2号給昇給させ、この号給を算定の基礎に退職手当金を支給し、知事がその支出決定を行った事件で、4号請求で職員個人に対する損害賠償責任を問えるのは、「先行する原因行為に違法事由が存する場合であっても、右原因行為を前提としてされた当該職員の行為自体が財務会計法規上の義務に違反する違法なものであるときに限られる」とし、地方公共団体の長は、教育委員会がした

---

10　曽和俊文「住民訴訟制度改革論」法と政治51巻2号（2006年）200頁。
11　含めるものとして、成田頼明「住民訴訟（納税者訴訟）」田中二郎ほか編『行政法講座　第3巻：行政救済』（有斐閣、1965年）215頁、白藤博行ほか『アクチュアル地方自治法』（法律文化社、2010年）105頁〔白藤博行〕など。裁判例として、名古屋高金沢支判1955（昭30）・11・7行集6巻11号2507頁など。含めないものとして、成田ほか・前掲注9 5152頁〔園部逸夫〕。

人事に関する処分については、それが「著しく合理性を欠き、そのためこれに予算執行の適正確保の見地から看過し得ない瑕疵の存在する場合でない限り、右処分を尊重しその内容に応じた財務会計上の措置を採るべき義務が」あり、本件ではそのような瑕疵が存するとはいえないとして知事のした支出決定は違法ではないとした。教育委員会が教育行政について長から独立して権限行使を行い、長は一般的な財政運営の中での財務会計上の事務に限って権限を有するという権限配分関係の下では、教育委員会による先行行為が著しく合理性を欠いて、看過し得ない瑕疵が存在し長が財務会計法規上の義務に違反したのでなければ財務会計行為を違法とするものではないと関連を限定した[12]。

その後、全国都道府県議会議員軟式野球大会事件（最判2005（平17）・3・10判時1894号3頁）は、大分県の住民が、野球大会に参加する県議会議員を応援する用務等を目的とする県職員の出張に対して行われた旅費の支出は違法であると主張して、知事であったＡ、県総務部長であったＢ、県総務部財政課主幹兼総務係長であったＣに対し、旧4号に基づいて県に代位して、旅費総額相当の損害賠償や支給された旅費相当の不当利得の返還をそれぞれ求めた事件で、「知事の権限に属する旅費の支出命令につき専決を任された総務部財政課主幹兼総務係長である上告人Ｃは、知事又は知事から権限の委任を受けるなどしてその権限を有するに至った職員が発した旅行命令を是正する権限を有していたとはいえず、本件旅行命令が著しく合理性を欠き、そのために予算執行の適正確保の見地から看過し得ない瑕疵があるときでない限り、これを尊重し、その内容に応じた財務会計上の措置を執る義務があるというべきである」とした。これによれば原因となる非財務行為について財務会計行為の専決者が直接是正する権限を有しない場合、予算執行の適正上看過し得ない瑕疵が存する場合を除いて、先行行為に従った財務会計上の措置を講ずる義務を生じることになり、**判例4**の教育委員会と長の権限配分関係の下での法理の適用範囲を、本来の権限者と専決者との関係にまで大幅に拡張したとの批判がある[13]。

---

12　判決への批判として、曽和・前掲注10 202頁。
13　宇賀克也『地方自治法概説（第5版）』（有斐閣、2013年）318頁。

### 6 住民訴訟で主張される利益の性格は？

住民訴訟の原告は、民事訴訟費用等に関する法律（以下、「費用法」という）に基づいて、訴状等に収入印紙を貼って訴訟手数料を納めなければならず、その額は、原告が「訴えで主張する利益」により算定されるが（費用法4条1項、民事訴訟法8条1項）、問題は、損害賠償請求等を求める住民訴訟において何をもって「訴えで主張する利益」とみるかである。

この点で、**判例5**は、愛知県知事による8億4,809万円の支出を違法として、県住民の原告が旧4号の代位請求により知事に県への賠償を求めた事件で、最高裁は、住民訴訟の訴権を、参政権の一種とし、原告は公益代表者として地方財務行政の適正化を主張するもので、訴訟の目的・趣旨に鑑みて、「訴えで主張する利益」を「原告を含む住民全体の受けるべき利益」であって、「勝訴判決によつて地方公共団体が直接受ける利益すなわち請求に係る賠償額と同一ではありえず、他にその価額を算定する客観的、合理的基準を見出すことも極めて困難である」として費用法4条2項の規定により35万円（現行160万円）とみなし、これに対応する手数料は3,350円（現行13,000円）とした[14]。

**判例5**は旧4号による県に代位しての損害賠償請求に関するものであったが、現4号請求は損害賠償をすること等を被告に求める義務付け訴訟であり、財産権上の請求でない請求に係る訴えとしての性格を明確にしたといえる[15]。また、第2段階の訴訟については、この原則の適用はなく、通常の損害賠償等の一般的な手数料の基準が適用されることとなる。

原告は、原告を含む住民全体の利益を代表して訴訟を追行する意義を有するため、勝訴した原告は支出した弁護士報酬の相当額の支払いを地方公共団体に請求することができる（自治法242条の2第12項）。

## 二 機関訴訟

### 1 機関訴訟とは？

行訴法6条は、機関訴訟とは、「国又は公共団体の機関相互間における権

---

14 参照、宇都宮地判1997（平9）・12・18判タ981号93頁。
15 安本典夫「住民訴訟・新四号訴訟の構造と解釈」立命292号（2003年）303頁。

限の存否又はその行使に関する紛争についての訴訟」であると定める。機関訴訟は先の住民訴訟と同様に、行政機関の行為等の適法性を保障するための訴訟であり、本来の法律上の争訟ではないため、法律に定める場合に、法律に定める者に限り、提起することができ、「特に公平な第三者の判断を求める」ことを適当として、訴訟の提起を認めている（行訴訟42条、裁判所法3条1項）[16]。最判1953（昭28）・6・12民集7巻6号663頁は、市議会議員が市を被告として起こした議会の議決の不存在および無効確認の訴えについて、「機関相互間の権限の争は法人格者間の権利義務に関する争とは異り、法律上の争として当然に訴訟の対象となるものではなく、法律が内部的解決に委せることを不適当として、例えば自治法176条5項のように特に訴の提起を許している場合にのみ、訴訟の対象となるものと解すべきである」として、不適法とした。

ただし、自治体による主観訴訟の提起が認められないか問題となる場合がある。**判例6**では、AさんによるX市の国民健康保険への加入届出に対して、X市はAさんが住所要件を満たさないとして被保険者証の交付を拒否したが、これに対してAさんが行った大阪府国民健康保険審査会（Y）に対する審査請求でYがAさんの請求を認めて拒否処分を取り消す裁決を行ったため、X市がYの裁決の取消を求めた。判決は、保険給付等に関する処分が審査会の裁決によって取り消されるときは市の事業経営主体としての権利義務に影響を受けることは認めながら、保険者である市について、「法の命ずるところにより、国の事務である国民健康保険事業の実施という行政作用を担当する行政主体としての地位に立つものと認めるのが、制度の趣旨に合致する」とし、さらに、「保険者のした保険給付等に関する処分の審査に関するかぎり、審査会と保険者とは、一般的な上級行政庁とその指揮監督に服する下級行政庁の場合と同様の関係に立ち、右処分の適否については審査会の裁決に優越的効力が認められ、保険者はこれによつて拘束されるべきことが制度上予定されているものとみるべきであつて、その裁決により保険者の事業主体としての権利義務に影響が及ぶことを理由として保険者が右裁決を争うことは、法の認めていないところであるといわざるをえない。」とX市による訴えを却下した。

判決は、保険者＝市が国の事務である国民健康保険事業（当時の事務の分

---

16　杉本・前掲注1 27頁。

類では団体委任事務、今日では自治事務であり、いずれにせよ自治体の事務である）を実施する「行政主体」であって、裁決により「権利」を侵害されることがあってもそれは私人の「権利」とは異なるものと解し市の訴えを認めなかった。本件のような裁定的関与による自治体の処分の取消について、自治権の侵害に対する主観訴訟である抗告訴訟の提起が可能とする見解もある[17]。

## 2　機関訴訟にはどのようなものがあるか？

現在、機関訴訟には、以下のものがある。

①　議会の議決や選挙がその権限を超えたり法令等に違反すると認めるとき、長または議会が提起する訴訟（自治法176条7項）。

名古屋地判2012（平24）・1・19 LEX/DB25480180は、市長が提案した「中期戦略ビジョン（案）」を議会が計24か所修正して議決したことについて特別的再議に付したが、同一内容で再議決されたことに対して、県知事への審査を申し立てたが棄却されたため、同議会を被告として議決の取消を求める訴えを起こした事案である。

②　自治体の事務に対する国の関与に関して、自治体が提起する訴訟がある（自治法251条の5第1項、251条の6第1項）。

自治法は、この訴訟について、機関訴訟であることを前提に行訴法の規定の準用を定めており（251条の5第8項、第9項）、機関訴訟として扱っているが、関与をめぐる国等と自治体との紛争を、自治権を侵害する自治体の固有の利益にかかわる法律上の争訟とみれば、国等に対する抗告訴訟と解することができる[18]。このように理解すれば、自治法には定めのない、関与の無効確認訴訟や事前差止め訴訟も認められ、関与取消訴訟において執行停止の申立も認められる可能性があるとする意見もある[19]。

③　法定受託事務について自治体の機関等に対して国や都道府県等が代執

---

17　塩野宏『行政法Ⅲ：行政組織法（第4版）』（有斐閣、2012年）252頁、村上裕章「国・自治体間等争訟」現代行政法講座編集委員会・岡田ほか・前掲注4 21頁。これに対して主観訴訟として構成することを困難とするものとして、藤田宙靖『行政組織法』（有斐閣、2005年）52頁。
18　白藤ほか・前掲注11 246頁〔白藤博行〕、塩野・前掲注17 253頁、村上・前掲注17 11頁。
19　村上順ほか編『新基本法コンメンタール　地方自治法』（日本評論社、2011年）435頁〔人見剛〕。

行を行うに際して提起する訴訟（自治法245条の8）がある。機関委任事務制度があった時代に、国の大臣が自治体の機関に機関委任事務の執行を命令するための訴訟として職務執行命令訴訟制度があり、米軍基地の土地利用との関係で最高裁まで争った2つの事件があった（最判1960（昭35）・6・17民集14巻8号1420頁および最判1996（平8）・8・28民集50巻7号1952頁）。現在、訴訟を経ての代執行の対象となるのは、都道府県知事の法定受託事務のみである。法定受託事務が、自治体の機関に委任された機関委任事務とは異なり、自治体の事務であり、この訴訟は「国と地方自治体との間の訴訟である」から機関訴訟ではないとする意見もある[20]。

④ 自治事務について、自治体の機関等が国等による是正の要求に対して不作為でいる場合に国が提起する不作為の違法確認訴訟（自治法251条の7）がある。国等が自治体に対し是正の要求・指示を行った場合で、自治体が是正の要求・指示に応じた措置を講じず、国地方係争処理委員会への審査の申出もしないときに対応して、国等が自治体の不作為の違法を確認する訴えを提起できるとされた。違法確認の判決が確定すると、判決の既判力によって、当事者である国等と自治体との間で是正の要求等の適法性が確定され、それによって違法な不作為状態が解消されることが期待されている。この訴訟の導入に際して、司法手続は、「極めて例外的な場合にのみ用いられるべきであり、その運用においては地方自治を尊重する観点に十分な配慮がなされるべきである」とされていた。法定受託事務に関する是正の指示に自治体が従わない場合にも、国はこの訴訟を提起することができ、代執行とこの違法確認訴訟との関係が問題となるが、代執行は代執行以外の方法で「是正を図ることが困難」な場合の最後の手段と考えられよう。**判例7**は、この訴訟による初めての最高裁判決であり、米軍基地建設にかかる前知事の公有水面埋立承認を違法として知事が取り消したが、知事のその取り消しを求める国交相の是正の指示に従わない不作為の違法を認めた。判決は、自治法の定める関与の原則に大臣の是正の指示を制限する意味を認めない内容で、地方自治を尊重する観点に配慮しているとはいいがたい。

⑤ 地方団体の長が、課税権の帰属その他地方税法の規定の適用について他の地方団体の長と意見を異にする場合に提起する訴訟（地方税法8条）が

---

20 芝池義一『行政法読本（第3版）』（有斐閣、2012年）21頁は、「中間的なもの」という。

ある。

⑥　市町村の境界に関し争論があるとき、関係市町村の求めにより都道府県知事が行った裁定に不服がある場合などに関係市町村が出訴できる（自治法9条8項および9項）。

⑤および⑥も、②と同様、主観訴訟として構成の余地がある。

### □■　検討問題　議会による債権放棄　□■

U町には浄水施設設置の予定があり、町長NはM所有の土地を2億5000万円で購入する売買契約を締結した。当該土地は、Mが4500万円で競落していたもので、Nの友人の不動産鑑定士の鑑定により価格2億7390万円と評価されて価格が決まっていたが、同鑑定士は本件鑑定が極めて杜撰であったとして県鑑定士協会から6か月間の会員権停止処分を受けた。住民Xが、本件土地購入につき、必要性がなく、著しく高額であるのに売買契約を締結した行為を違法として、監査委員に対し住民監査請求をしたが棄却されたため、町長を被告として本件売買金額と適正な金額との差額をNに対して損害賠償請求することを求める訴訟を提起した。第1審の地裁判決は適正価格等と購入価額との差額1億4500万円余りを損害としてNに対する損害賠償請求にかかる請求を認容する判決を下した。この後、議会はNに対する損害賠償請求権を放棄する議決を行った。2017年の地方自治法改正後にも、議会によるこのような債権放棄は適法といえるだろうか。適法であるためにはどのような条件が必要とされるであろうか（最判2012（平24）・4・23民集66巻6号2789頁［平成24年度重要判解・行政法10]）。

### ■参考文献
・碓井光明『要説住民訴訟と自治体財務［改訂版］』（学陽書房、2002年）
・大久保規子編『シリーズ自治体政策法務講座第3巻争訟管理：争訟法務』（ぎょうせい、2013年）119～156頁、157～177頁、179～213頁

# 第2部
# 国家補償法

## 第 2 部　国家補償法概説

　国家補償は、損失補償・国家賠償・結果責任という 3 つの類型に区分される。

　損失補償は、国・公共団体の適法行為によって生じた損害に対する填補である。土地収用法（68条以下）や道路法（69条・70条）など、個別法の補償規定に基づくほか、判例上、憲法29条 3 項を直接の根拠とする補償請求も認められている。補償が与えられるか否かは「特別の犠牲」に該当するか否かによって判断される（本書17）。また、補償の内容は「正当な補償」でなければならないが（憲法29条 3 項）、その解釈をめぐって、完全補償説と相対補償説の対立がある（本書18）。

　国家賠償は、国・公共団体の違法行為によって生じた損害に対する填補である。そのための一般法が国家賠償法であるが、民法不法行為規定との役割分担やこれらの適用関係については検討すべき点が多い（本書19）。国家賠償法 1 条は、国・公共団体の不法行為責任の成立要件を定める。民法上の不法行為の場合とは異なって違法もその要件とされていること、権限不行使の場合にも責任が問われること、立法活動・司法活動についても不法行為が成立しうることなど、国家賠償法特有の問題がある（本書20、21、22）。同法 2 条は、国・公共団体の施設や設備に関する設置管理の責任に関する定めである。現代においては、施設の種類も管理手法も多様化しているため、賠償請求権の成立要件となる「瑕疵」をどのような場合に認めるべきかをめぐって困難な問題を解明しなければならない（本書23）。同法 3 条は、公務員の給与や施設の設置管理費用を負担している国・公共団体も賠償責任を負うとする規定である。1 条・2 条に基づく責任との関係を検討しておく必要がある（本書24）。

　結果責任は、適法・違法を問わず国・公共団体の行為によって生じた損害に対する填補である。刑事補償法や原爆被爆者援護法のように制度化されている場合のほか、予防接種禍訴訟や戦後補償訴訟に見られるように、憲法や国家賠償法の解釈を通じて解決を模索しなければならない場合も少なくない。また、民事賠償との関係も考慮に入れる必要がある。例えば、公害健康被害補償法に基づく補償について、最判2017（平29）・9・8 民集71巻 7 号1021頁は、公害の健康被害に係る損害のすべてが原因者により填補されている場合には、もはや同法に基づく障害補償費の支給によって填補されるべき損害はないと判示している。

（岡田正則）

# 17 損失補償の要否

前田定孝

1 損失補償の憲法上の根拠はどこにあるのか。
2 最高裁は「特別の犠牲」をどのような基準で判断するのか。
3 損失補償は財産権に限定されるのか。

■キーワード
特別の犠牲、財産権の内在的制約、負担の公平、警察制限と公用制限、公用収用と公用制限、精神的損失、生活再建措置、行政財産の使用許可撤回に伴う損失補償

■主要判例
**判例1**・名取川河川附近地制限令事件：最大判1968（昭43）・11・27刑集22巻12号1402頁［行政判例百選Ⅱ（第7版）252事件］
**判例2**・破壊消防事件：最判1972〔昭和47〕・5・30民集26巻4号851頁［行政判例百選Ⅱ（第7版）246事件］
**判例3**・奈良県ため池条例事件：最大判1963（昭38）・6・26刑集17巻5号521頁［行政判例百選（第7版）251事件］
**判例4**・高松地下ガソリンタンク事件：最判1983（昭58）・2・18民集37巻1号59頁［行政判例百選Ⅱ（第7版）247事件］
**判例5**・カナダ在外資産補償金請求事件：最大判1968（昭43）・11・27民集22巻12号2808頁［行政判例百選Ⅱ（第7版）254事件］
**判例6**・盛岡市都市計画道路損失補償請求事件：最判2005（平成17）・11・1裁判集民事218号187頁［行政判例百選Ⅱ（第7版）253事件］
**判例7**・東京都中央卸売市場事件：最判1974（昭49）・2・5民集28巻1号1頁［行政判例百選Ⅰ（第7版）90事件］

## 一 損失補償の意義

### 1 損失補償とは？

　損失補償とは、国や地方公共団体が、その目的実現のために、国民の財産を用いるに際して、国民全体からみて、その負担の公平をはかるために行うものである。最判1979（昭54）・2・22民集33巻1号97頁（自作農創設特別措置法事件）の補足意見（中村治朗裁判官）もまた、憲法29条3項は、「一定の公共の目的のために特定の権利者の権利を奪い、または制約を加えるなどの特別の犠牲を強いる場合に着目して、その場合には正義公平の見地からその犠牲を填補するためにこれに対する正当な補償をすべきことを定めたもの」とする。

図表17-1

|  | 侵害行為の適法性 | 侵害行為の態様 | 填補の法的根拠 |
|---|---|---|---|
| 国家賠償 | 違法 | 不法行為 | 憲法17条<br>一般法としての国家賠償法 |
| 損失補償 | 適法 | 特別の犠牲 | 憲法28条3項<br>個別法における補償規定 |

### 2 憲法上の実定法上の根拠はどこにあるのか？

　**（1）憲法29条3項と損失補償**　　国や地方公共団体は、道路や港湾等の公共施設の用地として、私人の土地等を用いたり、あるいは逆に、その使用を禁止したりすることがある。さらに、国民・住民の事業活動に危険性が明らかになったために、その事業を禁止することもある。このような場合、その土地所有者や利害関係者に、財産上の負担をかけることになる。そこで日本国憲法29条3項は、「私有財産を公共のために用ひる」ものにつき、補償を要請する。そして多くの場合、同趣旨に則って、個別法で補償に関する規定を置く。損失補償の要否が問題になるのは、財産権の剥奪という明白な場面ではなく、その一部制限の場合である[1]。

---

1　西埜章『損失補償法コンメンタール』（勁草書房、2018年）61頁。

**(2) 憲法29条3項から直接的に請求しうるか**

個別法上に損失補償規定が存在しない場合、その法律による規制を違憲無効とする違憲無効説と、直接憲法29条3項に基づいて補償請求しうるとする請求権発生説といったように解釈の相違がある。

**判例1**は、当該地で従前より砂利採取事業を行っていた者が、河川附近地制限令4条により知事に無許可で砂利を採取することが禁止されたにもかかわらず、従前通り事業を継続したために、同令に基づき起訴された事案である。最高裁は、同令の違憲無効性を否定しつつも、「(河川附近地制限令4条2項に) 損失補償に関する規定がないからといつて、同条があらゆる場合について一切の損失補償を全く否定する趣旨とまでは解されず、本件被告人も、その損失を具体的に主張立証して、別途、直接憲法29条3項を根拠にして、補償請求をする余地が全くないわけではない」とした。同判決は、個別法に補償規定がなくても特別の犠牲を被った者には、直接に憲法29条3項に基づいて具体的な損失補償請求権が生ずると判断したと解される。請求権発生説が、一般的に支持されている[2]。

## 二 特別の犠牲の意義

### 1 「特別の犠牲」の有無はどのように判断するのか

その損失が補償を要するか否かの判断に際し、従来から「特別の犠牲」の有無がその基準とされ、その判断に際しても、①形式的基準(侵害の特定性・個別性の有無) と②実質的基準(侵害の強度、侵害の目的) があるとされた。そこでは、形式的基準と実質的基準とを総合的に考慮すべきとする「形式・実質二要件説」と、実質的基準のみで判断すべきとする「実質的要件説」が、学説上対立していたものの、現在は、実質的要件説を前提に、個別事案に即して具体的に判断する考え方が有力である[3]。

この点、一般的に刑罰権や行政上の処分としての没収や、違法建築物の除却処分、および不衛生食品の廃棄等による損失の場合、国民はこれを無補償で受忍しなければならないとされてきた[4]。たとえば破壊消防につき消防法

---

2 西埜章『国家補償法概説』(勁草書房、2008年) 208〜209頁。
3 参照、西埜・前掲注2 217頁、宇賀・前掲注2 401頁。
4 西埜・前掲注1 62頁。

29条2項が、延焼のおそれがある消防対象物の処分について補償は不要としつつ、同法29条3項で補償を必要とする破壊消防の規定を置いていることにつき、**判例2**は、同条2項の対象とは、「火勢、気象の状況その他周囲の事情から合理的に判断して延焼防止のためやむを得ない」ものをさすのに対し、同条3項の補償を要する破壊消防は、「火災が発生しようとし、もしくは発生し、または延焼のおそれがある消防対象物およびこれらのもののある土地」以外であり、かつその処分等が「消火もしくは延焼の防止または人命の救助のために緊急の必要がある」場合をさすとした。

### 2  最高裁はどのような判断基準を用いているのか？

最高裁判所は損失補償の要否が問われる限界事例については、侵害の目的に重点を置いて判断している。その際の有用な概念として用いられているのが、「警察制限の該当性」（あるいは消極目的のための制限）である。

ここで警察制限とは、公共の秩序に対する危険を防ぐ目的で行われる制限で、災害防止を目的とした規制（砂防法4条）や、学校その他一定の施設の近隣や定められた区域における風俗営業その他の営業規制（風俗営業適正化法4条2項2号など）などがその例である。これに対し、公用制限とは、公益上必要な特定の事業または物のためという積極目的において国民に課せられる権力的負担＝公用負担のうち、負担の内容が財産権の制限にあるものをいう。前者は、その財産権に内在する制約であるから補償は不必要であるのに対して、後者は財産上の犠牲を負わせること自体を目的とするものではないから、一般的には補償は必要ではないが、それが特定人に対する特別の犠牲である場合には、一定の補償をすべきと説かれていた[5]。

**判例3**は、ため池の堤とうに竹木、農作物を植えること等を禁止した条例の規定が、「ため池の堤とうを使用する財産上の権利の行使を著しく制限するものではあるが、結局それは、災害を防止し公共の福祉を保持する上に社会生活上已むを得ないもの」であり、「ため池の堤とうを使用し得る財産権を有する者が当然受忍しなければならない責務」と判示し、警察目的による制限は、侵害の強度が大きいものでも、補償を要しないとした。

---

[5]  参照、田中二郎『新版行政法上巻全訂第2版』（弘文堂、1974年）215～216頁（以下「田申上巻」という）、同『新版行政法下巻全訂第2版』（弘文堂、1983年）156～157頁。

**判例4**は、地下道新設の結果、消防法上の違反施設となった私有のガソリンタンクの移転につき、「警察法規が一定の危険物の保管場所等につき保安物件との間に一定の離隔距離を保持すべきことなどを内容とする技術上の基準を定めている場合における道路工事の施行の結果、警察違反の状態を生じ、危険物保有者が右技術上の基準に適合するように工作物の移転等を余儀なくされ、これによって損失を被ったとしても、それは道路工事の施行によって警察規制に基づく損失がたまたま現実化するに至ったものにすぎ」ないと判示した。

これらの判例に照らすとき、最高裁判所は警察制限補償不要論を前提としているといえよう。

しかし、**判例3**のような事案は、本来的な土地の効用発揮の制限であり、従前に適法に行使されていた耕作権の剥奪ともいえる。「これまで認められてきた耕作権（既得権）の剥奪に対しては補償を考慮する余地がある」[6]。警察制限であっても侵害の強度が大きければ、積極目的・消極目的二分論者においても補償が必要であると説かれてきたところであり、**判例3**に対する批判は強い[7]。

**判例1**が、砂利採取事業者は「従来、賃借料を支払い、労務者を雇い入れ、相当の資本を投入して営んできた事業が営み得なくなるために相当の損失」を受けており、「その財産上の犠牲は、……単に一般的に当然に受忍すべきものとされる制限の範囲をこえ、特別の犠牲を課したものとみる余地が全くないわけではない」と説示していることに照らせば、既存の営業が不可能になる場合には、積極的損害に相当する部分は特別の犠牲にあたりうるであろう[8]。

また、警察制限と公用制限の両者の中間にある目的でなされる土地利用規制も多く、また両者が入り組んでおり、その土地利用規制が警察制限・公用制限のいずれに属するか不明確であり、またその損失補償規定も置かれていない[9]。さらに、自然公園法64条1項は、特別地域の指定にかかる不許可補償は自然景観保護のための財産権規制にあたるとして憲法29条3項の要請による損失補償規定と解されているものの、不許可補償を認めた行政実務も裁

---

6 塩野宏『行政法Ⅱ（第6版）』（有斐閣、2019年）388頁。
7 参照、田中（上巻）・前掲注4 216頁、西埜・前掲注1 214頁。
8 参照、宇賀・前掲注2 407頁。

判例もないようである[10]。

　以上の判例状況に照らせば、現在では、警察制限と公用制限との区別、あるいは、消極目的規制と積極目的規制の区別を補償の要否の判断に直結させることは困難である。その判断は、規制の強度・態様、損失の性格・程度、規制の許容性に対する社会通念などの「量的要素」がどの時点で「質的に」補償を要するに至るのかを考えるべきであろう。

　なお、最高裁判所は、上記で説明したとおり、主に実質的基準に基づいて補償の要否を判断しているが、**判例5**は、第2次世界大戦中に連合国によって接収されていた在外資産の返還請求につき、「戦争中から戦後占領時代にかけての国の存亡にかかわる非常事態にあつては、国民のすべてが、多かれ少なかれ、その生命・身体・財産の犠牲を堪え忍ぶべく余儀なくされていた」ことから、「これらの犠牲は、いずれも、戦争犠牲または戦争損害として、国民のひとしく受忍しなければならなかつた」ものと判断し、形式的基準を利用した。

### 3　都市計画制限に補償は必要か？

　2で説明したとおり、都市計画法に基づく用地地域規制と都市計画制限には、損失補償を認める条項は見あたらない。裁判例も、東京地判1967〔昭和42〕・4・25行集18巻4号560頁は、1946年段階で東京都市計画の街路予定地として建築制限を受けていた土地が、その後1961年の都市計画事業決定に至るまで長期間、更地にしておかざるをえなかったことにつき、「都市計画の目的に照らせば、……憲法第29条第3項による補償を要するかぎりではない」と判断した。さらに、**判例6**は、都市計画道路にかかる60年を超える長

---

9　塩野宏は、建築規制は、そのことによって地域の環境がよくなるという事情もあるし、また、一種の相隣関係的規制として受忍の範囲内にあるという要素も考慮に入れる必要があるとする。参照、塩野宏「行政法Ⅱ（第6版）」（有斐閣、2019年）390頁。

10　東京地判1990（平2）・9・18行集41巻9号1471頁は、自然公園法35条1項（現行64条1項）に基づく損失補償を憲法29条3項の趣旨に基づく損失補償を法律上具体化したものであるとしつつも、不許可処分による制限が特別の犠牲に当たるか否かを別途判断し、国立公園内におけるすぐれた風致・景観を保護するために必要かつ合理的な範囲内の制限として、社会生活上一般に受忍すべき財産権の内在的制約の範囲内にあり、これによって生ずる損失は、これを補償することを要しないと判断している。

期の都市計画制限につき、「一般的に当然に受忍すべきものとされる制限の範囲を超えて特別の犠牲を課せられたものということがいまだ困難」とした。

しかし、**判例6**の補足意見（藤田宙靖裁判官）は、都市計画施設にかかる都市計画決定における無補償での制限の受忍限度を考えるに当たっては「制限の内容と同時に、制限の及ぶ期間が問題とされなければならない」とする[11]。学説においても、「時間の経過によって損失が累積するとともに、計画の必要性・合理性に対する疑いが増大する」ことから、少なくとも不相当に長期にわたる都市計画制限については、補償を要するという見解が有力である[12]。

そもそも、損失補償なしの都市計画制限が認められるのは、その計画に必要性と合理性が備わっている場合のみである[13]。したがって、「制限の時間を補償基準とする必然性はなく、制限が具体的事情の下で個々の所有者にどの程度の侵害を与えているのかを直截に問うべき」とする学説もある[14]。

### 4 行政財産使用許可の撤回に補償は必要か？

行政財産の使用許可が、使用期間中にもっぱら公益上の理由によって撤回され、財産的損失が生じた場合にも、補償がされることが原則である（国有財産19条〔24条準用〕、道路72条1項、河川76条1項など）。しかし、行政財産の使用許可の撤回に「因って生じた損失」（国有財産24条）に、土地使用権という財産権喪失が含まれるかが問題とされてきた。かつて通説は、使用許可に基づく行政財産の使用許は、通常の借地権等に比べ脆弱だとはいえ財

---

11 この点安本典夫『都市法概説（第2版）』（法律文化社、2013年）は、このような長期にわたる都市計画制限に対する補償の考慮要素を「時の要素」と呼ぶ。322頁。
12 岡田正則「長期にわたる都市計画制限と補償の要否」行政判例百選Ⅱ（第7版）263事件。参照、遠藤博也『計画行政法』（法学選書、1976年）227頁他参照。
13 都市計画決定が事実上消滅または廃止された状態、あるいは事実上実施不可能な状態にあり、場合によっては所有者に甘受しがたい負担を課し続けているような特段の事情にある場合（東京地判1993（平5）・2・17行集44巻1＝2号17頁、岡山地判2002（平14）・2・19判自230号90頁）や、都市計画に関する基礎調査の結果が客観性・実証性を欠く場合（東京高判2015（平17）・10・20判時1914号43頁）、違法または「特別の犠牲」にあたると判断された。
14 野呂充「都市計画制限と損失補償」広島法学20巻2号253頁。

産的価値を有する権利であること、使用許可の撤回は使用権を公益のために一方的に収奪するものであることを根拠に、これを積極に解してきた[15]。

しかし**判例7**は、都有地である中央卸売市場内の土地使用許可を撤回した事例につき、原審・東京高判1969(昭44)・3・27判時553号261頁が従前の通説にしたがって、使用権の価格を土地の更地価格の6割相当と認定したところ、「行政財産たる土地につき使用許可によって支えられた使用権は、それが期間の定めのない場合であれば、当該行政財産本来の用途または目的上の必要を生じたときはその時点において原則として消滅すべきものであり、また、権利自体に右のような制約が内在している」と説示して、損失補償は不要と判示した。

しかし、**判例7**を前提にしてもなお、かかる内在的制約の部分を超える損失がある場合、使用許可の撤回にはやはり補償が必要ということになる。**判例7**は、その例として「使用権者が使用許可を受けるに当たりその対価の支払いをしているが当該行政財産の使用収益により右対価を償却するに足りない」場合や、「使用許可に際し別段の定めがされている等により、行政財産についての右の必要にかかわらず使用権者がなお当該使用権を保有する実質的理由を有すると認めるに足りる特別の事情が存する場合」を例示する。

## 三　財産権以外の権利に対する侵害と損失補償

### 1　損失補償は財産権に限られるのか？

「特別の犠牲」は、従来、財産権の公用収用を念頭に置いた概念であった。それは、実際の憲法・法律上の損失補償に関する規定のほとんどが土地収用等の財産権侵害に関するものであることや、憲法や法律が人の生命・身体・健康に対する侵害を授権し同時に補償について定めるということがまず考えられないこと、精神的苦痛については被収用地の価値について補償さえすれば被収用者は精神的苦痛をこうむることはないと考えられたことなどの反映でもある[16]。

生命・身体に対する犠牲が問題となった例として大阪地判1987(昭62)・

---

15　参照、原龍之助『公物営造物法(新版再版)』(有斐閣、1984年)326頁。

16　参照、芝池義一『行政救済法講義(第3版)』(有斐閣、2007年)198頁。

9・30訟月34巻9号1767頁（予防接種）は、憲法29条3項から直接的に補償を請求しうることを根拠に、「生命、身体について前記特別な犠牲がある場合においても妥当することは、勿論」とした。

精神的損失についても、上記のような事情を欠き、精神的苦痛が重大なものである場合には補償を認める余地があるとする学説もある。

これに対して精神的損失につき、高松高判1955（昭30）・11・9行集6巻11号2519頁は、「土地に対し有する愛着心その他主観的な価値は補償額決定に際しこれを考慮に加える必要がない」とするなど、判例は否定的である。しかしながら、学説の中には、肯定説もみられる[17]。

## 2　生活権に対する補償は、「権利」か、「政策」か？

損失補償とは、「特別の犠牲」を回復すべく、金銭評価を通じて実施される。しかしながら、中山間地で山林の産物等に依拠して生活していた者が、ダム開発等で立ち退かせられた場合、支払われた補償金を元手に都市で生活するのもまた、きわめて困難である。岐阜地判1980（昭55）・2・25行集31巻2号184頁は、「当該収用または使用を必要とする目的に照らし、社会的経済的見地から合理的と判断される程度の補償」の範囲を超えた水源地域対策特別措置法8条に基づく生活再建措置は、「関係住民の福祉のため、補償とは別個に」、これを補完する行政措置にすぎないことから、「憲法29条3項にいう正当な補償には含まれ」ないとした。

しかし、「大規模な公共事業により強制的に生活基盤そのものが奪われるとき、取引価値中心の財産権補償だけでは、これによって救われない生活上の利益が大きく浮かび上がってくる」。「このズレをうずめる努力」[18]が求められる。

□■■　**検討問題　予防接種**　□■■

土地Aは、原告Xの所有地であるところ、戦前の都市計画法制度のもとで、道路拡幅を目的として、損失補償されることなく建築制限がかけられていた。この状態は1945年の敗戦後も継続し、2015年にまで至った。この都市計画決

---

17　参照、芝池・前掲注16 211頁（本書18も参照）。
18　参照、遠藤博也「財産権補償と生活権補償に関する覚書」（1980年）。
　　遠藤博也著作集Ⅲ『行政救済法』（信山社、2011年）203〜204頁。

定は、2015年段階で、事情変更等によって、取り消された。しかしながら、戦前から最近に至るまで、同地は更地として保持せざるをえなかった。原告Xは、その間の何らの損失補償およびその間において被った額の損害賠償を請求している。

　原告Xの請求は認められるか。なお、同土地Aの周辺は、高度経済成長期以降、高所得者用のマンション街となり、2000年代には新規に地下鉄等も通るなど、地価は急上昇の一途である。
参考：東京高判2016（平28）・12・15裁判所ウェブサイト

### ■参考文献
・西埜章『損失補償法コンメンタール』（勁草書房、2018年）
・小幡純子『国家賠償責任の再構成』（弘文堂、2015年）

# 18　損失補償の内容

平川英子

1　損失補償の内容についての基本的な考え方はどのようなものか。
2　損失補償の具体的内容はどのようなものか。

■キーワード
正当な補償、完全補償説、相当補償説、権利対価補償、通損補償、収用損失、事業損失

■主要判例
**判例1**・農地改革補償額事件：最大判1953（昭28）・12・23民集7巻13号1523頁［行政判例百選Ⅱ（第7版）248事件］
**判例2**・倉吉都市計画街路事業用地収用事件：最判1973（昭48）・10・18民集27巻9号1210頁［行政判例百選Ⅱ（第7版）250事件］
**判例3**・関西電力変電所予定地収用事件：最判2002（平14）・6・11民集56巻5号958頁［平成14年度重判解憲法6事件］
**判例4**・輪中堤事件：最判1988（昭63）・1・21判時1270号67頁［街づくり・国づくり判例百選76事件］
**判例5**・徳山ダム事件：岐阜地判1980（昭55）・2・25行集31巻2号184頁［街づくり・国づくり判例百選106事件］

## 一 損失補償の内容

### 1 憲法29条3項の「正当な補償」はどのような意味か？

損失補償が必要とされる場合に、憲法29条3項は、「正当な補償」を要するとしているが、その内容はどのようなものであろうか。

**（1）相当補償説と完全補償説**　憲法29条3項に定める「正当な補償」について、相当補償説と完全補償説という2つの考え方がある。相当補償説は、正当な補償とは、相当または妥当な補償をいい、社会通念に照らして客観的に公正妥当であればよいとする。一方、完全補償説は、正当な補償とは、発生した財産的損失の完全な補償をいうとする。

**（2）憲法29条3項にいう「正当な補償」の意義**　最高裁は、戦後の農地改革における農地買収の対価（田一反が鮭3匹の代価にも及ばないといわれた）について、憲法29条3項に定める「正当な補償」とは、「その当時の経済状態において成立することを考えられる価格に基づき、合理的に算出された相当な額をいうのであって、必ずしも常にかかる価格と完全に一致することを要するものではない」（**判例1**）とした。これは、一般的に、相当補償説にたつものと考えられている。

しかし、一方で、農地改革における農地買収については、そもそも農地が自由な取引を制限され、また米価や小作料が低く法定され、さらに農地の価格そのものも統制されていたことを前提に考えると、その当時においては統制価格が正当な補償であり、そうした社会的制約の結果、低落した財産的価値について、完全に補償しているとみることもできないわけではないと考えることもできる[1]。そのような意味において、何が完全で何が相当かは、何を基準とするかでかわってくることに注意が必要である。

**（3）土地収用法における土地収用の損失補償額**　都市計画の街路用地と決定されたため建築基準法による建築制限を受けている土地を収用するにあたって、当該収用土地の損失補償額は、そうした建築制限を受けた土地として評価すべきか、それとも建築制限を受けていない土地として評価すべきか。最高裁は、土地収用法における損失の補償は、「完全な補償、すなわち、

---

[1] 参照、阿部泰隆『行政法解釈学Ⅱ』（有斐閣、2009年）417頁、宇賀克也『行政法概説Ⅱ：行政救済法（第6版）』（有斐閣、2018年）519頁、神橋一彦『行政救済法（第2版）』（信山社、2016年）405頁。

収用の前後を通じて被収用者の財産価値を等しくならしめるような補償をなすべきであり、金銭をもって補償する場合には、被収用者が近傍において被収用地と同等の代替地等を取得することをうるに足りる金銭の補償」をいうものとし、被収用地が建築制限を受けている場合には、そのような建築制限を受けていない土地として評価した価格をいうとした（**判例2**）。

このほか、地主が任意買収を拒否した結果、土地収用までに地価が値上がりし、周辺土地の任意買収価格との間に差異が生じた場合に、値上がり分が損失補償の対象になるかが争われた事件において、裁判所は、収用土地に対する補償は、事業認定告示時における完全な補償でなければならず、その額は、右時点において近傍で被収用地と同等の代替地を取得することをうる額でなければならないとし、事業の施行に起因する値上がりであっても、補償の対象になるとするものがある[2]。これらの判決は、土地収用における土地の権利対価の補償については完全な補償を要するとしたものと解され、完全補償説にたつものと考えられた。

1967（昭42）年の土地収用法の改正によって、補償額の算定の基準時が、権利取得裁決時から事業認定告示時に変更された（事業認定時主義）。この改正は、損失補償額の算定基準時を事業認定告示時とすることで、事業認定告示時から権利取得裁決時までの間に生じた公共事業の実施による地価の上昇（開発利益）を損失補償の額に反映させないこととし[3]、いわゆるゴネ得をふせぐことを目的とするものであった[4]。しかし、実際、周辺地価が上昇している場合には、その損失補償額では、「近傍において被収用地と同等の代替地等を取得する」ことは難しいことから、事業認定時主義は、憲法29条3項に反するのではないかということが問題になった。

**判例3**は、憲法29条3項にいう「正当な補償」の意義について、**判例1**を

---

2　大阪地判1977（昭52）・4・26行集28巻4号354頁（街づくり・国づくり判例百選67事件）。本判決は、被収用者が任意買収の価格より高額な補償金を受けても、それは近傍で同等の代替地を取得するに足りるものにすぎず、後に収用を受けた者がゴネ得をし、不当な利益を手にすることはできないとする。また、起業者としては、速やかに事業認定を求めることにより補償金額の高騰を防ぐことができると指摘する。
3　この制度では、事業認定告示時点以降については、物価変動のみが考慮される。
4　もっとも、この制度ではゴネ得はなくならないと指摘する阿部・前掲注1　387頁以下も参照。

### 図表18-1 事業認定時主義

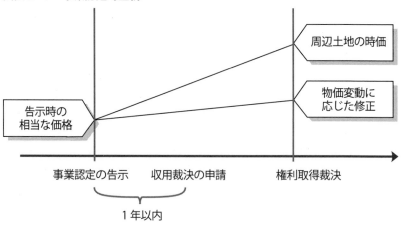

引用し、事業認定時主義を定める土地収用法71条の規定の合憲性も、当該判例の趣旨に従って判断すべきものであるとした。そして、①事業により近傍類地に付加される価値と同等の価値を収用地の所有者が当然に享受し得る理由はなく、事業の影響により生じる収用地の価値の変動は起業者に帰属するものであること、②事業認定告示により、当該土地については任意買収に応じない限り、収用されることが確定し、その後は一般の取引対象となることはなく、その取引価格が一般の土地と同様に変動するとはいえず、任意買収においては事業認定告示時の相当な価格を基準として契約が締結されることが予定されていること、③事業認定告示後は、権利取得裁決前であっても、土地所有者は起業者に補償金を請求することができ、起業者は原則2か月以内に補償金の見積額を支払わなければならず、この制度を利用することによって、土地所有者は近傍において被収用地と見合う代替地を取得することが可能であることから、土地収用法71条は、十分な合理性があり、被収用者は収用の前後を通じて被収用者の有する財産価値を等しくさせるような補償を受けられるのであり、違憲ではないと判示した。

　**判例3**は、土地収用における補償金の額について、相当補償説にたつとされる**判例1**を引用した上で、事業認定時主義を合憲と判断しており、その意味において、相当補償説にたつものと考えることができる。しかし、判旨は、上述の①から③の点を考慮し、事業認定時主義によっても、「被収用者は収

用の前後を通じて被収用者の有する財産価値を等しくさせるような補償を受けられる」とする。これは、学説上の完全補償説とほぼ同内容といえる。

「**判例1**＝相当補償説」と「**判例2**＝完全補償説」というように、これらの判例を学説と同様に対立するものととらえると、このことは一見、矛盾であるようにみえる。しかし、**判例1**と**判例2**は、そもそも対立する関係にあるのだろうか。**判例1**のいう「その当時の経済状態において成立することを考えられる価格」は、通常の経済状態であれば市場価格をいうものと考えられ、その意味では学説上の完全補償説の結論と一致するようにも読める。このように、学説上の対立がそのまま**判例1**と**判例2**とにあらわれているわけではなく、判例上の相当補償説と学説上の完全補償説とは必ずしも矛盾するわけではないと考えられる。

## 二 損失補償の具体的内容

### 1 損失補償の内容として具体的にどのようなものがあるか？

ここではまず、公共のために財産権を剥奪する場合の典型的ケースとして、公共事業に必要な用地を得るために私人の土地を収用する場合について考えてみよう。土地収用法は、土地の権力的取得（収用）を認め、あわせて収用土地に対する損失補償を規定している。

（1）**土地収用法における土地収用に対する損失補償の内容**　土地収用法は、次のように規定する。土地の収用、使用によって土地所有者および関係人が受ける損失は、起業者が補償しなければならない（68条）。また、損失補償は金銭補償を原則とする（70条）。そして、収用する土地などに対する補償金の額は、事業認定時の相当な価格に、権利取得裁決の時までの物価の変動に応ずる修正率を乗じて得た額とする（71条）。このように、収用土地の所有権の対価に対する補償が、土地収用法における損失補償の主たる内容といえる。

（2）**土地収用法における付随的損失に対する補償**　土地の収用によって相手方が受ける損失は、土地に対する所有権等を失うこと以外にもさまざまなものがありうる。例えば、①土地の一部が収用されたことによって残りの土地（残地）の価格が下落したといった場合や、②残地の従来通りの利用ができなくなる場合もあろう。また、収用される土地で従来から事業を営んでいたが、収用によって立ち退きを余儀なくされ、その土地で事業を続ける

ことができなくなることによって営業上の損失をこうむることもありうる。

そこで、土地収用法は、土地などに対する補償のほかにも、さまざまな補償を規定している。例えば、上記①については残地補償（74条）や、②についてはいわゆるみぞ・かき補償（75条）、移転費用補償（77条）などの補償がある。このほか収用によって土地所有者らが通常受ける損失（通損補償）が補償の対象となる（88条）。これについては、「土地収用法第88条の2の細目等を定める政令」が制定されており、具体的基準が定められている。

このように、土地収用法は、土地所有権などの権利そのものを対象とした損失補償だけでなく、土地の収用に伴って生じる付随的な損失についても補償している。さらに、これらの付随的損失に対する補償の性格は、憲法上の正当な補償にあたるものもあれば、政策的理由に基づくものなど多様である[5]。

## 2 財産的損失以外の損失は補償の対象になるのだろうか？

（1）**精神的損失**　先祖代々住み慣れた愛着のある土地を収用されたことに伴う苦痛など、精神的な損失は補償の範囲にはいるのだろうか。土地収用法には、精神的損失に対する補償に関する特段の規定はなく、同法の解釈としては88条の通損補償にあたるとして請求し得るか、また憲法29条3項を直接の根拠として請求し得るかが問題となろう。

一般に、収用土地に対する損失補償は、収用前後において被収用者の財産価値を等しくするよう補償することを目的としていることから、客観的な取引価格をもとに算定され、所有者の土地に対する愛着のような主観的な価値は補償の対象とはならないと考えられている。「公共用地の取得に伴う損失補償基準要綱（昭和37年6月29日閣議決定、平成14年7月2日改正）」[6]の施行に伴う閣議了解においても「従来一部において行われてきた精神損失に対する補償、協力奨励金その他これらに類する不明確な名目による補償等の措置は行わないものとする」とされており、精神的損失に対する補償について否定している。これに対し、損失補償の意義である公平負担の見地からすれば、必ずしも損失補償の対象は財産的損失に限られないと考えることもでき

---

5　塩野宏『行政法Ⅱ：行政救済法（第16版）』（有斐閣、2019年）395頁。
6　法律に基づいて土地収用が認められる事業であっても、いきなり収用が行われるわけではなく、その前段階として任意買収による土地の取得が行われることが多い。この要綱は、任意買収における価格の不統一をなくすため、補償基準の大綱を定めている。

る[7]。その場合、精神的損失が独立の救済対象として認めることができるか、客観的な評価が可能か問題となろう[8]。

（2）**文化的価値の損失**　収用される土地が、文化的・歴史的価値をもつものである場合、そうした文化的・歴史的価値は、補償の対象になるのだろうか。この点について争われたのが**判例4**である。福原輪中堤は、江戸時代初期から築造され、また当時において完全な形で現存する唯一の輪中堤であり、高校の教科書でも紹介されるなど、歴史的・学術的にみて高い価値を有するものであった。**判例4**は、「土地収用法88条にいう『通常受ける損失』とは、客観的社会的にみて収用に基づき被収用者が当然に受けるであろうと考えられる経済的・財産的な損失をいうと解するのが相当であって、経済的価値でない特殊な価値についてまで補償の対象とする趣旨ではない」とし、由緒ある書画等のように、その美術性・歴史性などの文化的価値なるものが取引価格に反映し、市場価格を形成する一要素になる場合には補償の対象になるが、「貝塚、古戦場、関跡などにみられるような、主としてそれによって国の歴史を理解し往時の生活・文化等を知り得るという意味での歴史的・学術的な価値は、特段の事情のない限り、当該土地の不動産としての経済的・文化的価値を何ら高めるものではなく、その市場価格の形成に影響を与えることはないというべきであって、このような意味での文化的価値なるものは、それ自体経済的評価になじまない」として損失補償の対象となりえないとした。

（3）**生活補償**　大規模な公共事業、例えば、山奥のダム建設のため、ひとつの村の大半が水没してしまうような場合、従来の生活基盤は失われてしまい、その土地を追われた住民にとっては、土地の価格の損失補償だけでは、従来通りの生活を送ることは困難である。このような場合、住民の生活を再建するために必要な措置は補償の対象となるのだろうか。

この点につき争われた事例として**判例5**がある（詳しくは本書17を参照）。

（4）**事業損失**　収用そのものではなく、収用された土地を用いてなされた事業によって、残地やその周辺土地が不利益を被ったり、損害を受けることがある。例えば、道路の設置によって隣地と道路に高低差が生じた場合に、擁壁や排水路を設置したり、出入りに支障のないように通路を確保する

---

7　参照、塩野・前掲注5 396頁、宇賀・前掲注1 527頁。
8　参照、塩野・前掲注5 396頁。

などの工事が必要になったり、事業地の建造物によって周辺土地に日照被害が生じたり、道路や空港の共用によって騒音被害が発生したりすることがある。これらは、収用損失に対して、事業損失といわれる。このような事業損失は、損失補償の対象となるのだろうか。

この点、土地収用法は、いわゆるみぞ・かき補償については規定するものの、日照被害や騒音などの事業損失については、補償を定めていない。前出の公共用地の取得に伴う損失補償基準要綱41条ただし書も「事業の施行により生ずる日陰、臭気、騒音その他これらに類するものによる不利益又は損失については、補償しないものとする」としている。そして、裁判実務においても、国営空港、国道など公共施設の稼動に伴う被害については、国家賠償法2条の営造物の設置・管理の瑕疵の問題として処理されている（詳しくは本書23を参照）。

## 3　公用制限の場合にはどのような補償をなすべきか？

土地の利用規制については損失補償の要否について議論のあるところではあるが、損失補償が必要とされる場合には、いかなる内容の補償がなされるべきであろうか。例えば、自然公園法は、自然公園内の地種に応じて、建築行為や木竹の伐採など一定の行為については許可を要するとし（20条3項、21条3項、22条3項）、その許可を得られなかったため損失を受けた者に対して、「通常生ずべき損失」を補償するとしている（64条1項）。この場合、その補償の内容はどのように考えたらよいだろうか。公用制限による損失をどのように考えるかについては、次のような考え方がある[9]。

（1）**相当因果関係説**　相当因果関係説は、土地の利用方法が限定されたために、土地所有者が被ることとなったと合理的に認定される一切の損失を補償の対象とする見解である。土地利用制限のために余儀なくされた出費だけでなく、地価の低落分や逸失利益も補償の対象とする[10]。

（2）**地価低落説**　地価低落説は、土地の利用制限による損失補償は継続的な土地の利用制限によってもたらされる利用価値の低下に対して支払わ

---

9　以下、原田尚彦「公用制限における補償基準」公法29号177頁（1967年）を参照。
10　宇賀は、この説の魅力は高額の逸失利益をストレートに請求し得ることにあり、むしろ「逸失利益説」と称した方がよいかもしれない、と指摘する。宇賀克也『国家補償法』（有斐閣、1997年）462頁。

れるべきとする考え方に基づくものである。土地の利用価値の低下は結局のところ地価の低下に反映するとして、その地価低落分を補償の対象とする。

　**（3）積極的実損説**　　積極的実損説は、土地の利用制限によって、従前の土地利用が妨げられたために受ける損失だけを補償の対象とすれば足りるとする見解であり、土地所有者が現実に予期せぬ出費を余儀なくされた場合に、その積極的かつ現実の出費を補償の対象とする。この説によれば、逸失利益はもちろんのこと、地価の低落も補償の対象にはならない。

□■■　**検討問題**　□■■

　Xは交通量の多い国道に面した所有地で飲食店を経営してきた。同国道の交通渋滞緩和のため、立体高架化工事が行われることとなり、X所有地の一部も収用されることになった。工事が完成し、高架道路の供用が開始されると、Xの店舗前の道路を通行する自動車の数が大幅に減ることが予想され、それに伴ってXの店の入店客も激減すると考えられる。Xは従来通りの営業上の利益を得るのは困難になるとして廃業を考えている。このような場合、Xはどのような範囲の損失について損失補償を請求しうるだろうか。金沢地判1992（平4）・4・24行集43巻4号651頁（金沢国道損失補償事件）（控訴審は名古屋高判1993（平5）・4・26行集44巻4・5号363頁）を参考に検討してほしい。

■**参考文献**
・阿部泰隆『国家補償法』（有斐閣、1988年）282〜323頁（第2章第3節）
・阿部泰隆『行政法解釈学Ⅱ：実効的な行政救済の法システム創造の法理論』（有斐閣、2009年）393〜427頁（第11章第1節第3款〜第4款）
・西埜章『損失補償の要否と内容』（一粒社、1991年）107〜276頁（第3章〜第6章）
・宇賀克也『国家補償法』（有斐閣、1997年）430〜472頁（第2章第4節）
・小幡純子「国家補償の体系の意義」磯部力ほか編『行政法の新構想Ⅲ』（有斐閣、2008年）279頁

# 19 国家賠償法と民法不法行為法

徳田博人

1　国家賠償制度の意義は何か、どの範囲で国家無答責の原則が適用されたのか。
2　憲法17条や国家賠償法によって、何が変わったのか。
3　国家賠償法は民法の特別法か。

■キーワード
国家（公権力行使）無答責の原則、国家賠償請求権の性質、民法の特別法、公務員の個人責任

■主要判例
**判例1**・郵便法責任制限違憲訴訟：最大判2002（平14）・9・11民集56巻7号1439頁［行政判例百選Ⅱ（第7版）245事件］
**判例2**・湯前町農地委員会解散命令事件：最判1955（昭30）・4・19民集9巻5号534頁［行政判例百選Ⅱ（第7版）234事件］
**判例3**・求償権行使懈怠違法確認等請求事件：最判2017（平29）・9・15判時2366号3頁［平成29年度重判解・行政法7事件］
**判例4**・矢火責任国家賠償請求事件：最判1978（昭53）・7・17民集32巻5号1000頁［行政判例百選Ⅱ（第7版）244事件］

## 一　国家賠償制度の意義と沿革

### 1　国家賠償制度とは？

　国家賠償制度とは、違法な行政活動によって生じた損害を国家が金銭的に填補・賠償するものである。

　わが国の国家賠償制度および判例の歴史的展開や現行の国賠法の仕組みを論じる際に、損害の原因となりうる行政活動を、まず、（1）権力的行政活動と（2）非権力的行政活動に分け、次に、非権力的行政活動を、①非権力的公務執行、②営造物・公物の設置・管理、③一般の私人と同じ立場で行う私経済的活動、に分けて議論することが有益である[1]。

### 2　国家無答責の原則が適用されたのは、どのような行政活動なのか？

　わが国において大日本帝国憲法の下で、国家無答責の原則が支配していて、官公吏の違法な行政活動によって生じた損害に対する国の賠償責任は認められないと考えられていた。また、行政裁判所は損害賠償訴訟を受理することができなかった（行政裁判所法16条「行政裁判所ハ損害要償ノ訴訟ヲ受理セス」）。そのため、国または公共団体に対し損害賠償を請求するには、司法裁判所に対して民事事件として申し立てる以外に、その方法はなかった。したがって、明治憲法下の国家賠償に関する判例法は、大審院を中心に、民（私）法の適用の可否をめぐって展開してきたのである。

　大審院の判例は、非権力的行政活動に関わる損害については民法を適用して、国の責任を認める傾向にあった。非権力的活動の中でも、鉄道事業等の営利的な私経済的活動に関わる損害については、事業の実態が私企業と同一であることなどを理由として、早くから民法の適用を認めて国の賠償責任を認めていた。また、非権力的な活動のうちの公行政の性格をもつものについては、公法行為等を理由に民法の適用を否定していたが、1916（大5）年6月1日、大審院は、小学校で発生した遊戯具の欠陥による児童の死亡事故について、「小学校校舎其他ノ設備ニ対スル占有権ハ公法上ノ権力関係ニ属スルモノニアラス純然タル私法上ノ占有権ナルノミナラス其占有ヲ為スニモ私

---

[1]　古崎慶長『国家補償法』（有斐閣、1971年）17頁、芝池義一『行政法読本（第3版）』（有斐閣、2013年）17頁、377頁以下、神橋一彦『行政救済法』（信山社、2012年）321頁参照。

人ト不平等ノ関係ニ於テ之ヲ為スニアラス全ク私人カ占有スルト同様ノ地位ニ於テ其占有ヲ為スモノ」と述べて、民法717条を適用して賠償責任を認めた（徳島市小学校遊動円棒事件・大判1916（大5）・6・1民録22輯1088頁）。この判決以降、公の工作物の設置または保存の瑕疵に基づく損害（これに類似の損害）について、その原因を公法行為ではなく私法上の関係または事実であることを理由に民法の適用を認める判例法を形成するに至るのである。さらに、非権力的な公務の違法な執行に起因する損害ついて、判例は、否定するものもみられたものの、傾向的には民法の適用を肯定するものが大勢であり、非権力的な活動全般にわたって、国・公共団体の責任が認められることになった。しかし、国・公共団体の責任を拡大した判例の傾向にも関わらず、判例は公権力の行使に起因する損害については、国家無答責の原則に基づき、国の損害賠償責任（民法の適用）を認めなかったのである[2]。

### 3　どのような場合に公務員（官吏）の個人責任が認められたのか？

公務員（官吏）の個人的な賠償責任（民法の適用）については、学説上、故意または重過失のある場合にかぎって肯定する説が一般的であった。判例は、職務外の行為および形式上職務行為であっても職権を濫用し故意に他人の私権を侵害する場合には、当該行為を私人の行為であるとして公務員の個人責任を認める傾向にあったが[3]、公法上の職務行為に基づく損害については、たとえ故意または過失に基づく場合でも、特別の規定のないかぎり一般に賠償責任を否定した[4]。

## 二　憲法17条の意義と国家賠償法

### 1　憲法17条によって、何が変わったのか？

日本国憲法17条は、国家無答責の原則を否定し、公務員の不法行為が権力

---

[2]　大判1941（昭16）・2・27民集20巻2号118頁（違法な租税の徴収・滞納処分）。
[3]　例えば、大判1933（昭8）・1・14新聞3509号5頁（滞納処分の際に職権を濫用して差押え・公売処分をした収税官吏らの個人責任が認められた事例）。
[4]　例えば、大判1924（大13）・5・14新聞2275号20頁（郵便局長の郵便物保管の過失に起因する私権侵害・損害に対する郵便局長の個人責任が否定された事例）。

的か、または非権力的行為かに関わらず、公務員の違法な行政活動に起因する損害に対して国または公共団体がその賠償責任を負うとしたのである。

この憲法17条の法的性格について、戦後早い時期の判例の中には、憲法17条が「法律の定めるところにより」被害者が損害賠償を請求することができるとされていることから、憲法17条を直接の根拠にして賠償請求をすることはできないとする、いわゆるプログラム規定と解したものがある（東京高判1954（昭29）・9・30判時41号13頁）。ただ、この法的性質（プログラム規定説）をめぐる議論は、国賠法が存在しない場合を想定する議論であって、憲法17条に違反する法令を、憲法17条を理由に無効としうるのか、そのような議論は別の論点として成り立つ。この点について、学説は憲法17条の趣旨を没却する法令は無効とする説が通説である。また、最高裁も、**判例1**において郵便事故に関して国の免責を定める郵便法の規定につき、公務員の不法行為による国等の損害賠償責任の免除または制限規定の憲法17条適合性基準について、「当該行為の態様、これによって侵害される法的利益の種類及び侵害の程度、免責又は責任制限の範囲及び程度等に応じ、当該規定の目的の正当性並びにその目的達成の手段として免責又は責任制限を認めることの合理性及び必要性を総合的に考慮して判断すべきである。」との基準を設定し、この基準を用いて、書留郵便については郵便業務従事者の故意・重過失の免責・責任制限部分を、さらに特別送達郵便物については軽過失の場合の免責・責任制限部分をも憲法17条に違反し無効であるとすることで、憲法17条が立法府の裁量にしばりをかける法規範性を有することを示したのである。

## 2　国家賠償法の構造（構成・仕組み）は、どのようなものか？

国賠法は、憲法17条に基づき、国の不法行為責任に関する一般法として制定され、他の法律に別段の定めがない限り（国賠5条）、国賠法が適用され、国賠法に規定がないときは、民法の規定が補充的に適用される（国賠4条）。したがって、法の適用の順序としては、特別法、国賠法、民法の順序となる。

国賠法は、わずか6か条からなる法律であるが、損害の原因となりうる行政活動を念頭に置き、それぞれの適用条文を整理・体系化している。

国賠法は、その1条において、権力的な行政活動（公権力の行使）に起因する損害に対する国・公共団体の賠償責任を定めている。また、国賠法は、その2条において営造物の設置管理の瑕疵による損害に対する国の賠償責任ついて定め、さらに、これらの適用がない私経済活動については4条によっ

て民法の適用がある、とした。非権力的な公務の違法な執行に起因する損害について、国賠法制定当時の通説（国賠1条1項の公権力の行使につき、狭義説の立場）の理解では、私経済活動と同様、民法の適用によるものと解していたようであるが[5]、今日では、国賠法の救済機能を重視する立場から、文理に反するものの、国賠法1条1項の「公権力の行使」の範囲に、「権力的活動」だけではなく、私経済的活動を除く、非権力的公行政活動（非権力的公務執行）も含むと解する見解が有力となり、また、判例も、そのような傾向にある。例えば、国有林野の管理行為に関する事件において、裁判所は、「『公権力の行使』とは、国又は公共団体の作用のうち純粋な私経済的作用を除くすべての作用を意味する」と述べている（東京高判1981（昭56）・11・13判時1028号45頁）。このような判例の傾向によるならば、非権力的公行政活動（非権力的公務執行）に起因する損害に対する賠償責任は、民法ではなく、国賠法1条1項が適用されることになる[6]（詳細は、本書20参照）。

### 3 公務員の職務上の不法行為に対し、なぜ、国等が責任を負うのか？

この問題をめぐっては、本来公務員が負うべき責任を国等が代位して責任を負うと解する代位責任説と、公権力の行使という危険を伴う職務執行のあり方それ自体に瑕疵があるのだから国等自ら責任を負うと解する自己責任説の対立がある。この議論の対立は、具体的には加害公務員の特定性や組織的過失といった問題とも関連づけられて議論されてきた。下級審において自己責任説をとるものもあるが（安保教授団事件・東京地判1964（昭39）・6・19判時375号6頁）、最高裁は、代位責任説をとることを明示していないものの、それを前提にしていると考えられる[7]。

---

5 田中二郎「国家賠償法について」同『行政上の損害賠償および損失補償』169頁注(2)参照。
6 実際の具体的事件において、統一的理解が困難な事例もでてきている。稲葉馨「公権力の行使にかかわる賠償責任」雄川一郎ほか編『現代行政法大系第6巻』（有斐閣、1983年）28頁参照。
7 例えば、最判1969（昭44）・2・18判時552号47頁。このケースにおいて最高裁は、代位責任説に立脚した控訴審（札幌高判1968（昭43）・5・30判時552号50頁）を正当であると判断し、自己責任説に立脚する上告人の見解を「独自の見解」に立って控訴審を非難するものにすぎない、と述べている。

### 4 公務員の個人責任は認められるのか？

　国賠法は、被害者が加害公務員に対して民法709条に基づいて直接損害賠償を請求できるのか、明文の規定がないことから、問題となる。最高裁として、公務員の個人責任を否定した最初のケースが、**判例2**である。そこでは、当時知事または県農地部長の地位にあった者たちに対する損害賠償請求訴訟等が提起されている。最高裁は、「国または公共団体が賠償の責に任ずるのであつて、公務員が行政機関としての地位において賠償の責任を負うものではなく、また公務員個人もその責任を負うものではない。」と述べて、公務員の個人責任を否定した。この判決以降、最高裁は、一貫して公務員の個人責任を否定している（芦別国家賠償請求事件・最判1978（昭53）・10・20民集32巻7号1367頁等）。しかし、その射程について、外形理論によって職務関連性が認められるケースで「故意の職権濫用」に当たる場合にまで、公務員の個人責任を否定する判例法理が及ぶのかは必ずしも明らかではない。

　また、国賠法1条2項に基づく求償権の行使は稀であったが、近時、求償権行使の懈怠を争う住民訴訟もみられる。**判例3**で最高裁は、教員採用選考不正関与事件で県が受験者に支払った損害賠償金につき、不正関与者に対して求償すべき金額から退職金返納額を控除する求償は許されないとした上で、求償権行使の制限につき、「不正が行われるに至った経緯や、本件不正に対する県教委の責任の有無及び程度、本件不正に関わった職員の職責、関与の態様、本件不正発覚後の状況等に照らし」て判断すべきだとした。

## 三　国家賠償請求権の性質

### 1　国賠法と民法不法行為の違いは何か？

　国賠法1条および2条の規定は、同種事例に適用される民法715条および民法717条に比べて、免責規定がないなど概して国民の救済に有利な構造をしている（**図表19-1 対照表**参照）。また、国賠法3条も、国と公共団体または公共団体間の複雑な関係ゆえに被害者に被告選択の負担を課すことを避けるためのものであり、これも権利救済の観点からのものといえる。ただ、国賠法は、被害者が外国人である場合の相互保証主義を採用していて（国賠6条）、被害者が外国人である場合に、被害者救済の妨げとなる場合がある。

図表19-1　国家賠償法と民法の不法行為法との対照表

|  | 国家賠償法 | 民法の不法行為法 |
| --- | --- | --- |
| 使用者責任 | 1条1項<br>全面的代位責任(学説上、自己責任説も有力)<br>免責規定なし | 715条<br>選任・監督に過失がないときは免責<br>(免責例はほとんどない) |
| 賠償責任者 | 選任・監督者、給与負担者 | 使用者、監督者 |
| 被用者の責任 | 求償規定(1条2項)<br>　故意・重過失に限定<br>個人責任について、明文の規定なし。民法709条の適用につき、最高裁は一貫して否定。学説は諸説あり | 求償規定(715条3項)<br>　判例は求償権行使を制限<br>個人責任については709条で可能 |
| 公物または土地の工作物 | 2条<br>占有と所有の区別することなく、国等の絶対的(無過失)責任 | 717条<br>占有者に過失がないときは免責<br>所有者に絶対的(無過失)責任 |
| 賠償責任者 | 設置管理者、費用負担者 | 占有者、所有者 |
| 相互保証主義 | 6条により適用 | 適用なし |

## 2　国家賠償請求権の性質は、どのようなものか？

　国家賠償請求権の性質をめぐる議論は、訴訟法上の論点として、国家賠償請求権に基づく訴訟は、民事訴訟か、それとも行訴法の当事者訴訟か否か、実体法上の論点として、私法上の権利なのか、公法上の請求権なのか、そのような論点に関わってくる[8]。公法上の請求権として理解した場合には、訴訟法上、公法上の当事者訴訟に関する規定が適用され、また、実体法上、例えば、消滅時効に関する行政法規の適用（会計法30条、地方自治法236条）となる。これに対して、私法上の請求権として理解した場合には、民事訴訟法によることになり、また、その消滅時効については民法の適用があることになる[9]。この点について、最高裁は、「国または公共団体が国家賠償法に基づ

---

　8　下山瑛二『国家補償法』（筑摩書房、1973年）47頁参照。
　9　このような議論の立て方自体については、強い批判もある。阿部泰隆『国家補償法』（有斐閣、1988年）46頁参照。

き損害賠償責任を負う関係は、実質上、民法上の不法行為により損害を賠償すべき関係と性質を同じくするものであるから、国賠法に基づく普通地方公共団体に対する損害賠償請求権は、私法上の金銭債権であって、公法上の金銭債権ではな（い）」と述べて、国家賠償請求権が私法上の請求権であることを明言した（最判1971（昭46）・11・30民集25巻8号1389頁）[10]。

### 3　国賠法4条（民法）の適用は、どの範囲で及ぶのか？

国賠法4条は、「国又は公共団体の損害賠償の責任については、前3条の規定によるの外、民法の規定による」としている。これは、①国賠法1条・2条の適用がある場合でも、過失相殺（民法722条2項）など、民法の諸規定が補充的に適用されること、②国賠法1条・2条の適用がない場合には、民法不法行為法の規定が適用されることを意味している。

ところで、国賠法4条で定める民法には、形式的な民法典のみならず、失火責任法、自賠法などの民法の特別法も含むものと解されている。ただし、消防職員の失火活動について、失火責任法（責任要件が故意・重過失に限定）の適用の有無については争いがある。**判例4**は、消防職員が消火活動を行った後に、火災が再燃した事件において失火責任法の適用が争われたものである。最高裁は、「失火責任法は、失火者の責任条件について民法709条の特則を規定したものであるから、国賠法4条の「民法」に含まれると解するのが相当である。また、失火責任法の趣旨にかんがみても、公権力の行使にあたる公務員の失火による国又は公共団体の損害賠償責任についてのみ同法の適用を排除すべき合理的理由も存しない。」と述べて、失火責任法の適用を肯定する。これに対して、消火活動を職務とする消防職員に失火責任法を適用し、責任を制限することには批判も少なくない。

### 4　国家賠償法は民法の特別法か――この議論の意義

国賠法は民法不法行為法の特別法であるか、それとは別の法原理に支えられたものであるか、という議論がある。国賠法を民法の特別法とみる見解からは、国賠4条は確認規定ということになる。これに対して、公権力の行使

---

10　本件の解説として、時岡泰「国家賠償法に基づく普通地方公共団体に対する損害賠償請求権の消滅時効と民法145条の適用」西村宏一ほか編『国家補償法大系3』（日本評論社、1988年）384～388頁も参照。

（国賠1条）については、別の法原理に支えられていて、本来民法の適用はなく、国賠法4条は同法で規定できない事項について民法の適用という形式をとったとものであり、この見解からすると国賠4条は創設規定ということになる。この議論は、一方で、国賠法4条の規定により立法的に解決されていて実益のない議論とみることもできるが、他方で、日本国憲法施行後国賠法施行前の行為による損害や、民法709条に基づき国の自己責任を導く法的根拠となりうることが指摘され[11]、または、組織的過失やプログラミング責任といった国賠法上想定されていない責任を民法規定から導くことのできる現代的意義のある議論であることも指摘されている[12]。

## □■■　検討課題　□■■

　Y市内の、とある中学校の教師Aは、日頃から自分に反抗的態度をとっていると感じていたBがあいさつをしなかったことをとがめ、その顔面・頭部等を3、4回殴打し、腹部を膝で蹴る等の暴行を加え、その結果、Bに対し全治2か月日間を要する腹部打撲傷等の傷害を与えた。Bは、損害賠償請求訴訟を提起したいと考えている。

　Bの所属する中学校がY市立中学校なのか、それとも私立中学校なのかで、Bの提起する損害賠償請求訴訟に違いが生じるであろうか。違いが生じる場合には、その違いも含めて、関係する法律・条文を整理した上で、どのような点が法律問題（法的論点）となるのか検討しなさい（浦和地判1990（平2）・3・26判時1364号71頁）。

**参考文献**
・中原太郎「国家賠償責任と使用者責任（三）」法学77巻2号（2013年）7～41頁
・岡田正則『国の不法行為責任と公権力の概念史』（弘文堂、2013年）60～96頁
・下山瑛二『国家補償法』（筑摩書房、1973年）47～64頁
・阿部泰隆『国家補償法』（有斐閣、1988年）33～73頁
・宇賀克也『国家補償法』（有斐閣、1997年）1～24頁、88～97頁

---

11　阿部・前掲注9　48頁参照。
12　中原太郎「国家賠償責任と使用者責任（三）」法学77巻2号（2013年）23頁参照。

## 20 国家賠償法1条の要件1
### （公権力の行使、職務関連性等）

萩原聡央

1 国家賠償法1条における国または公共団体、公務員とは何か。
2 国家賠償法1条における「公権力の行使」はどのように考えられているのか。
3 外形標準説とは何か、職務関連性はどのように考えられているのか。

■キーワード
国家賠償責任の適用範囲、国家賠償責任の主体（国または公共団体）、公務員、公権力の行使、職務関連性、客観的に職務執行の外形をそなえる行為（外形標準説）

■主要判例
**判例1**・東京建築検査機構事件：最決2005（平17）・6・24判時1904号69頁［行政判例百選Ⅰ（第7版）7事件］
**判例2**・社会福祉法人積善会暁学園事件：最判2007（平19）・1・25民集61巻1号1頁［行政判例百選Ⅱ（第7版）232事件］
**判例3**・岡山税務署健康診断事件：最判1982（昭57）・4・1民集36巻4号519頁［行政判例百選Ⅱ（第7版）230事件］
**判例4**・川崎市警察官強盗殺人事件：最判1956（昭31）・11・30民集10巻11号1502頁［行政判例百選Ⅱ（第7版）229事件］

## 一　国または公共団体、公務員

### 1　国家賠償法1条における国または公共団体の要件とは？

**（1）国家賠償法1条の要件**　国家賠償法1条1項の要件については、①国または公共団体、②公務員、③公権力の行使、④職務関連性、⑤故意・過失、⑥違法性の各要件に整理することが可能であり、また、①ないし④は同条の定める賠償責任の適用範囲を画する機能をもつのに対し、⑤および⑥は適用範囲にある行為について賠償責任の成否を実質的に決定する機能をもつということができる[1]。

**（2）国または公共団体の範囲**　国家賠償法1条は、賠償責任の主体について「国又は公共団体」と定めている。この「国」には行政権を行使する国のほか、立法権や司法権を行使する国も含まれる[2]。ところで、「公共団体」に地方公共団体が含まれることは明らかである一方、その範囲は必ずしも明確ではなく、弁護士会などもここでいう「公共団体」に含まれると理解されており、賠償責任の主体は国や地方公共団体のほかにも認められる。

**（3）公共団体該当性をめぐる裁判例**　弁護士名簿への登録請求に係る進達を拒絶した弁護士会会長に対する損害賠償請求事件（京都地判2009（平21）・11・19判時2077号120頁、大阪高判2010（平22）・5・12判タ1339号90頁）では、当該進達の拒絶については、日弁連に対する審査請求および東京高等裁判所への裁決取消訴訟の提起が可能であることから、国家賠償法1条の「公共団体の公権力の行使」に該当するとした。また、国立大学法人職員の行為に対する損害賠償請求事件（東京地判2009（平21）・3・24判時2041号64頁）では、国立大学法人成立の際に存在していた国立大学の職員が職務に関して行った行為は、純然たる私経済作用を除いては一般に公権力の行使にあたると解されていたことから、国立大学法人は国家賠償法1条の「公共団体」にあたるとしている。

ところで、指定確認検査機関の行為に係る賠償責任の主体に関し、**判例1**は、指定確認検査機関による確認に関する事務は地方公共団体の事務であり、

---

1　室井力編『行政法100講』（学陽書房、1990年）182〜184頁〔市橋克哉〕および見上崇洋ほか著『レクチャー行政法（第3版）』（法律文化社、2012年）174〜176頁〔久保茂樹〕参照。

2　室井力ほか編著『コンメンタール行政法Ⅱ：行政事件訴訟法・国家賠償法（第2版）』（日本評論社、2006年）516頁〔芝池義一〕。

「その事務の帰属する行政主体は、当該確認に係る建築物について確認をする権限を有する建築主事が置かれた地方公共団体であると解するのが相当である」として、指定確認検査機関が行った確認の取消訴訟を、本来の事務の帰属主体である市に対する国家賠償請求に変更することを許可した。なお、下級審においては、**判例1**を引用しながら、地方公共団体は指定確認検査機関による建築確認処分に係る事務の違法それ自体を理由として国家賠償法上の責任を負うとした裁判例（横浜地判2005（平17)・11・30判例自治277号31頁）がある一方、**判例1**は確認事務の帰属先について判断したものであり、損害賠償責任の主体について判断したものではないとの立場から、指定確認検査機関の賠償責任を認めた裁判例（東京地判2009（平21)・5・27判時2047号128頁、横浜地判2012（平24)・1・31判時2146号91頁）がある[3]。

## 2　国家賠償法1条における公務員の要件とは？

（1）**公務員の概念**　国家賠償法1条の「公務員」の概念は、身分上の概念ではなく機能上の概念として理解されている。したがって、同条にいう「公務員」とは、「公権力の行使」を委託されたすべての者をいい、私人であっても同条の「公務員」に該当することがある[4]。例えば、**判例2**は、社会福祉法人の設置運営する児童養護施設職員等の不法行為に対する損害賠償請求事件に関し、児童福祉法の規定および趣旨に照らせば、児童養護施設における養育監護は「本来都道府県が行うべき事務であり、このような児童の養育監護に当たる児童養護施設の長は」、「本来都道府県が有する公的な権限を委譲されてこれを都道府県のために行使するものと解される」ことから、社会福祉法人の設置運営する児童養護施設に入所した児童に対する当該施設の職員等による養育監護行為は、「都道府県の公権力の行使に当たる公務員の職務行為」と解するのが相当であるとする[5]。また、市の委嘱を受けた医師による予防接種事故に対する損害賠償請求事件（東京地判1977（昭52)・1・31判時839号21頁）では、本件予防接種は勧奨の方法によるものとはい

---

[3]　なお、耐震強度偽装に係る国家賠償請求事案において、最判2013（平25)・3・26裁時1576号8頁は、建築確認の違法性に係る判断として職務行為基準説をとることを明らかにしている（米丸恒治「判批」行政判例百選Ⅱ（第7版）221事件455頁）。

[4]　西埜章『国家賠償法コンメンタール（第2版）』（勁草書房、2014年）119頁。

え、事実上の強制力を持つ公権力機関の活動として国家賠償法にいう公権力の行使に当たると解するのが相当であり、実施主体である市が固有の事務として非常勤の特別職職員である医師に行わせたものであるから、市は国家賠償責任を負うべきであるとした。

このように、国家賠償法1条の「公務員」に該当するか否かは、結局のところ委嘱などによって「公務」を遂行しているかどうか、あるいは、ある者の活動が「公権力の行使」に該当するかどうか、によって判断されることになる[6]。

**(2) 公務員の特定**　加害公務員の特定に関し、機動隊所属警察官の加害行為に係る安保教授団事件（東京地判1964（昭39）・6・19判時375号6頁）は、自己責任説の立場から、公権力の行使にあたった公務員の所属が解明されるならば、国または公共団体の賠償責任を問うことができると解するのが妥当であるとして、加害公務員の特定を要しないとした。また、税務署長が実施した定期健康診断において、担当医師のレントゲン検診もしくは結果報告に過誤があったため、または報告を受けた税務署長が必要な措置を怠ったために長期療養を余儀なくされたとしてなされた損害賠償請求事件に関し、**判例3**は、国または公共団体の公務員による一連の職務上の行為の過程において他人に被害を生ぜしめた場合、「それが具体的にどの公務員のどのような違法行為によるものであるのかを特定することができなくても」、「それらの一連の行為を組成する各行為のいずれもが国又は同一の公共団体の公務員の職務上の行為にあたる場合」には、国または公共団体は加害行為の不特定を理由に損害賠償責任を免れないとしている。

---

5　なお、本判決が当該施設職員の職務行為を公務員の職務行為とみなし、職員およびその使用者である法人の賠償責任を否定したことについて、米丸恒治「行政の多元化と行政責任」磯部力ほか編『行政法の新構想Ⅲ：行政救済法』（有斐閣、2008年）311頁は、「県とともに使用者も、不真正連帯債務として損害賠償責任を負うとの考え方が、公私協働的な行政には適合的ではないだろうか」と指摘する。
6　室井ほか編著・前掲注2　518頁〔芝池義一〕は、「公務に従事する者を広く公務員と解し加害者がその意味での公務員に当たるか否かを判断するよりは、加害行為が公務に当たるか否かを判断するほうが直截であると考えられる」とする。

図表20-1 「公権力の行使」の意義に係る3つの学説と広義説からみた適用法規

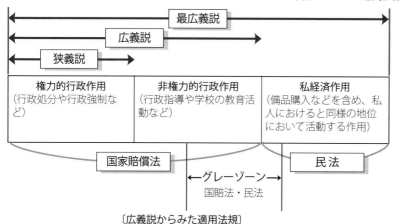

## 二 公権力の行使

### 1 国家賠償法1条における公権力の行使とは？

（1）「公権力の行使」の概念　公務員の違法行為が「公権力の行使」に該当しない場合、国家賠償法2条が適用される場合を除けば民法の不法行為の問題として処理されることになる。

ところで、「公権力の行使」については、行政活動を、①権力的行政作用、②非権力的行政作用（国家賠償法2条の対象となる公の営造物の設置・管理と③を除く）、③私経済作用の3つの作用に分け、それらの作用のどこまで国家賠償法を適用すべきかによって、狭義説、広義説、最広義説がそれぞれ存在している。すなわち、①に限定して国家賠償法を適用するのが狭義説、①および②に国家賠償法を適用する考え方が広義説、そして①、②および③を含むあらゆる作用に国家賠償法を適用する考え方が最広義説である[7]（図表20-1参照）。

（2）「公権力の行使」をめぐる裁判例　判例は広義説を採用していると考えられる。例えば、国有林野の管理行為に係る損害賠償請求事件（東京高

---

[7] 学説の整理については、市橋克哉ほか『アクチュアル行政法（第2版）』（法律文化社、2015年）300頁〔榊原秀訓〕。

判1981（昭56）・11・13判時1028号45頁）は、国家賠償法1条にいう「公権力の行使」とは、「国又は公共団体の作用のうち純粋な経済作用と同法2条によって救済される営造物の設置又は管理作用を除くすべての作用を意味するのであって、国有林野の管理のごときいわゆる非権力的作用もこれに含まれるものと解するのが相当である」としており、広義説を採用していることが明らかである。そのほかにも、「公権力の行使」には公立学校における教育活動も含まれるとした事例（最判1987（昭62）・2・6判時1232号100頁）などが存在しており、狭義説によれば「公権力の行使」にあたらない可能性のある活動についても国家賠償法の適用が肯定されている。

## 2　国家賠償法と民法の適用は明確に区別できるか？

（1）**非権力的行政作用と私経済作用の境界線**　国家賠償法1条の「公権力の行使」には、規制権限の不行使が含まれることや、行政作用のみならず立法活動や司法活動も含まれると理解されているが、非権力的行政作用と私経済作用の境界線は必ずしも明らかとなっていない[8]。これは、ある行政活動について、国家賠償法を適用するのか民法を適用するのかという問題[9]と関わる。

（2）**医療行為と公権力の行使**　医療行為についてみた場合、**判例3**は健康診断における医師のレントゲン写真による検診およびその結果の報告について、「医師の一般的診断行為と異なるところはないから、特段の事由のない限り、それ自体としては公権力の行使たる性質を有するものではない」とする。もっとも、本判決では、「民法715条の損害賠償責任を問疑すべき余地があ」ると指摘していることから、公権力の行使にあたらない場合であっても、民法による責任追及は可能であるといえる[10]。

---

8　市橋ほか・前掲注7　301頁〔榊原秀訓〕は、非権力的行政作用と私経済作用の境界線が必ずしも明らかでないとした上で、「このように国賠法か民法かについてグレーゾーンが存在するが、これは、公務員の個人責任追及を別にすれば、国賠法と民法の適用による相違が、実際には大きくないからである」とする。

9　塩野宏『行政法Ⅱ：行政救済法（第6版）』（有斐閣、2019年）325頁は、「ある行為が、国家賠償法1条にいう公権力の行使に当たるかどうかは、損害賠償請求の途が一般的に閉ざされるかどうかの問題ではなく、国家賠償法1条を適用するのか民法（709条・715条）を適用するのかという問題である」とする。

（3）国家賠償法と民法の適用範囲　　判例3の立場に依拠するならば、医療行為の主体が国または公共団体であり、医療行為者が公務員の身分を持っている場合であっても、私人と同様の立場において行われる医療行為については、国家賠償法ではなく民法の適用が考えられる。しかし、勧奨の方法による予防接種であっても「公権力の行使」にあたるとして国家賠償法の適用を肯定した事例（前掲・東京地判1977（昭52）・1・31判時839号21頁）や、拘置所に収容された被勾留者に対する診療行為について、国は信義則上の安全配慮義務を負わないというべきであるが、事実関係次第では国家賠償法1条に基づく損害賠償責任を負う場合があり得るとした事例（最判2016（平28）・4・21民集70巻4号1029頁）も存在する。このように、「公権力の行使」については広義説が採用される一方、国家賠償法を適用するのか民法を適用するのかの範囲は必ずしも明確になっているとはいえない[11]。

## 三　職務関連性

### 1　国家賠償法1条の「職務を行うについて」とは何か？

（1）国家賠償責任と職務関連性　　国家賠償法1条は国家賠償責任の要件として、公務員の行為が「職務を行うについて」なされたものでなければならないことを定めている。公務員の行為が職務と無関係であれば、公務員自身の民事責任が問題となる一方、国または公共団体の賠償責任の問題は生じない。したがって、公務員の行為が国または公共団体の賠償責任と結びつくためには、当該行為が職務との関連性を持つことが必要となる。

（2）「職務を行うについて」の内容　　小学校における児童の傷害事故に係る損害賠償請求事件（高松高判1974（昭49）・10・31判時770号57頁）は、

---

10　同じく医療行為に関し、国家賠償法ではなく民法による責任の追及がなされた事例として、輸血による梅毒感染事件（最判1961（昭36）・2・16民集15巻2号244頁）がある。

11　宇賀克也『行政法概説Ⅱ：行政救済法（第6版）』（有斐閣、2018年）417頁は、「広義説がもたらした1つの問題点は、国家賠償法1条1項における違法・過失概念の多元化である」とし、「学校教育等、行為規範が必ずしも明確ではないものまで公権力概念に包摂することとしたために、統一的違法概念・過失概念を措定することが困難になっている」と指摘する。

「職務を行うについて」とは、「①職務行為自体又は②これと関連して一体不可分の関係にあるもの、及び③行為者の意思にかかわらず、職務行為と牽連関係があり、客観的・外形的にみて社会通念上職務の範囲に属するとみられる行為（不作為を含む。）を指称し、国又は公共団体は、これらの行為による加害に対し賠償責任を負うものと解するのが相当である」とする。しかし、本判決に拠ってもなお、職務行為自体は別として、職務行為との不可分性および牽連性あるいは社会通念上職務の範囲に属するといった内容は必ずしも明確ではなく、職務関連性の限界が問題となる。

## 2 外形標準説とは何か？

（1）**外形標準説**　職務関連性に係る判断基準として、判例はいわゆる外形標準説[12]を採用している。例えば、**判例4**は、制服制帽を着用し拳銃を携帯した非番の警察官が、管轄外の場所で行った強盗殺人事件に対する損害賠償請求事件において、国家賠償法1条は「公務員が主観的に権限行使の意思をもってする場合にかぎらず自己の利をはかる意図をもってする場合でも、客観的に職務執行の外形をそなえる行為をしてこれによって、他人に損害を加えた場合には、国又は公共団体に損害賠償の責を負わしめて、ひろく国民の権益を擁護することをもって、その立法の趣旨とするものと解すべきである」とする。ここでは、客観的に職務執行の外形を備えている行為に職務関連性が認められることになり、公務員が当該行為を職務と認識しているかどうかという主観的側面は問われない。

（2）**職務関連性判断における要考慮事項**　ところで、判例において一般に外形標準説が採用されているとしても、職務関連性に係る判断基準は必ずしも明確であるとはいえない。例えば、小学校教諭による児童殺害事件（広島地県支判1993（平5）・3・19判時1480号129頁）では、謝罪を理由に乗用車で児童を連れ出し殺害した行為は、教諭の「職務たる謝罪行為と截然とは分かち難く、複合的に結び付いた一体のものと評価すべきであり」、教諭の「職務行為の外形の中にあったと認めるのが相当である」とする。他方、市臨時職員の戸籍情報漏洩に係る損害賠償請求事件（京都地判2008（平

---

12　外形標準説は、事物管轄を有する公務員の職務行為との関連性を問題とする際の理論であり、公務員としての外形を有するか否かについての法理ではない（宇賀・前掲注11 424頁）。

20）・3・25判時2011号134頁）では、本件漏洩行為は帰宅後のものであり、市の「職務と時間的・場所的に密接に関連しているといえないことは明らかであ」るから、「職務との関連性は認められない」としている。

したがって、「職務を行うについて」に該当するかどうかの判断にあたっては、加害行為に関する公務員の事物管轄の有無に加えて、本来の職務と加害行為との時間的・場所的な関連性の程度などの要素を総合的に考慮することが求められていると考えられる。

### □■■ 検討問題　消防団OBの不法行為と国家賠償責任 □■■

Y（町）の消防署員、消防団員および元消防団員が民家の火災の消火活動にあたっていたところ、Yの管理する防火水槽にAが転落して死亡する事故が発生した。この消火活動に際し、元消防団員Bは消防団員Cからかぎ手を借り、消防団員Dとともに防火水槽の取水口となるマンホールの蓋を開けた。その後Bが1人でマンホール付近に残っていたが、ポンプ運搬等を手伝おうと考え、安全措置を講じることなくマンホールから離れたところAがマンホール内の防火水槽に転落して死亡した。そこで、Aの親であるXは、Aの死亡はBの過失（注意義務違反）によるものだとして、国家賠償法1条1項に基づき、Yに対する国家賠償請求を求めて出訴した。なお、消防団員は特別職の地方公務員とされているが（地方公務員法3条3項5号）、本件事故当時Bは消防団員ではなく、火災現場の近隣住民として自ら率先して消火活動に携わっていたものである。

本件のように、元消防団員Bの活動（不法行為）はY（町）の「公権力の行使に当たる公務員の職務行為」に該当するとして国家賠償を求めることが可能であろうか。新潟地判2011（平23）・2・25判タ1365号74頁を参考に検討してほしい。

### ■参考文献

・宇賀克也『国家補償法』（有斐閣、1997年）24〜42頁
・北村和生「『民』による行政執行と国家賠償」小林武ほか編『「民」による行政：新たな公共性の再構築』（法律文化社、2005年）98頁
・小幡純子「国家補償の体系の意義」磯部力ほか編『行政法の新構想Ⅲ：行政救済法』（有斐閣、2008年）279頁
・山本隆司「私人の行為による国家賠償を巡る諸問題」藤山雅行・村田斉志編『新・裁判実務大系第25巻：行政争訟（改訂版）』（青林書院、2012年）618頁

## 21 国家賠償法1条の要件2
### （違法性と過失）

府川繭子

1 「違法性」と「過失」はどのような関係にあるのか。
2 国家賠償法1条の「違法」とは何か。取消訴訟における「違法」とはどう違うのか。
3 規制権限不行使の違法性はどのように判断すべきか。
4 多数の公務員が関わる行為の過失をどのように判断すべきか。

■キーワード
結果不法説、相関関係説、行為不法説、公権力発動要件欠如説、職務行為基準説、規制権限不行使、裁量収縮論、裁量権消極的濫用論、過失の客観化、組織過失

■主要判例
**判例1**・パトカー追跡事件：最判1986（昭61）・2・27民集40巻1号124頁［行政判例百選Ⅱ（第7版）216事件］
**判例2**・奈良民商事件：最判1993（平5）・3・11民集47巻4号2863頁［行政判例百選Ⅱ（第7版）219事件］
**判例3**・京都府宅建業法事件：最判1989（平1）・11・24民集43巻10号1169頁［行政判例百選Ⅱ（第7版）222事件］
**判例4**・筑豊じん肺訴訟：最判2004（平16）・4・27民集58巻4号1032頁［行政判例百選Ⅱ（第6版）231事件］
**判例5**・水俣病関西訴訟：最判2004（平16）・10・15民集58巻7号1802頁［行政判例百選Ⅱ（第7版）225事件］
**判例6**・監獄法施行規則事件：最判1991（平3）・7・9民集45巻6号1049頁［行政判例百選Ⅰ（第7版）48事件］
**判例7**・在外被爆者402号通達事件：最判2007（平19）・11・1民集61巻8号2733頁［行政判例百選Ⅱ（第7版）220事件］
**判例8**・小樽予防接種禍訴訟：最判1991（平3）・4・19民集45巻4号367頁［行政判例百選Ⅱ（第7版）217事件］

## 一　違法性

### 1　違法性要件と過失要件はどのような関係にあるのか？

「違法性」と「過失」は国家賠償法（以下、「国賠法」という）1条の主要要件である。「違法性」は公務員の行為が客観的規範に違反したかどうかという客観的要件であり、「過失」は主観的要件であるとされている。「過失」は、不法行為時の行為者の内心の心理状態の問題であるとされてきたが、その後民事不法行為法において、これを行為者の主観的心理状態ではなく、予見可能な結果の回避義務違反と捉える考え方が主流となった。こうした状況を「過失の客観化」と呼ぶ。国賠法1条にいう過失も、こうした客観化した意味での過失であると考えられる。したがって、公務員の行為に過失が存在したか否かは、当該公務員の主観的心理状態に照らしてではなく、通常当該公務員のポストにある一般的な公務員であれば、原因行為が違法であることを認識し得たか否かによって判断される。

国賠法1条が想定していた請求認容要件の認定判断は、まず違法性について、公務員が公権力の行使にあたって従うべき行為規範に違反したかどうかを判断し、公務員の行為に違法性が存在する場合に、その行為が違法であることを公務員が認識できたかどうかという観点から過失を判断するというものであった[1]。しかし、国賠法上の「公権力の行使」概念について広義説が採られた結果として、事実行為を初めとして、公務員が活動する際の客観的行為規範が存在しない多くの行為が国賠法1条の下で争われるようになった。そのような事案においては客観化した過失と違法性が区別できないという問題が必然と生じる。この典型例が公立学校における事故等の事案である。

こうした事案においては、私立学校における事故が、民事不法行為法において問題になる場合と同様に、予見可能な結果に対する回避義務違反として、違法と過失は一体的に判断される。教師の教育活動に関して、これが国賠法1条にいう「公権力の行使」に該当すると明示した最判1987（昭62）・2・6判時1232号100頁は、教師の注意義務違反のみを問題とし、違法性に言及せずに賠償を認めている。これに対して、公務員の活動に際して客観的行為

---

[1] 公権力の行使には法に基づき適法に私人の権利を制約するものもあるから、国賠法における過失は権利侵害の認識可能性ではなく違法性の認識可能性と考えられる。遠藤博也『国家補償法（上巻）』（青林書院、1981年）182頁。

規範が存在する場合には、やはり違法性と過失は別個に判断することが可能であるし、されるべきである。しかし、判例においては、近年これとは異なる考え方が定着しつつある（後述）。

## 2 国賠法1条の「違法」とは何か？取消訴訟の違法とはどう違うのか？

（1）違法性の考え方　「違法に」という文言は、不法行為を規定する民法709条の解釈についての、権利侵害だけでなく社会の規範を逸脱する加害行為を不法行為と解する「権利侵害から違法性へ」という当時の判例学説の到達点を踏まえて、国賠法1条に用いられたられた文言である。

国賠法1条の「違法性」をどのように捉えるかについても、民事不法行為法における議論にならって、大きく分けて結果不法説、行為不法説、相関関係説の3つの考え方が示されている。これら3つの説は、結果と行為のどちらの要素に着目して違法性判断を行うかという点に違いがある。結果不法説は、被侵害法益に着目し、法の許容しない結果を発生させたことをもって違法性を判断する。これに対して、行為不法説は侵害行為に着目し、公務員が法に反して行為したことをもって違法性を判断する。相関関係説は両者の折衷説で、法益侵害と行為の様態の双方を総合考慮して違法性を判断する。いずれの説に立つかは、国家賠償法の機能をどのように捉えるかに関係している。公権力の行使によって生じた損害の被害者を救済し、税金によってこれを公平に分担する機能を重視する立場からは結果不法説が支持される。他方で、国家賠償訴訟を通じて公務員の違法行為が認定されることによる違法行為抑止機能を重視する立場からは行為不法説が支持される。

通説・判例は行為不法説を採る。例えば、違反車両を追跡していたパトカーが第三者の車両に追突した事案である**判例1**において、パトカーによる追跡行為が違法となる場合は「追跡が当該職務目的を遂行する上で不必要であるか、又は逃走車両の逃走の態様及び道路交通状況等から予測される被害発生の具体的危険性の有無及び内容に照らし、追跡の開始・継続若しくは追跡の方法が不相当である」場合であると判示されている。判例は、第三者に被害が発生したことをもって即、追跡行為を違法と評価する立場（結果不法説）をとらず、あくまで違法性を公務員の行為の側から評価し、追跡行為に必要性と相当性のある限りはこれを適法な行為と評価したのである。

（2）公権力発動要件欠如説と職務行為基準説　通説、判例は、行為不法説を採用するが、行為不法説はさらに公権力発動要件欠如説と職務行為基

準説とに分かれる。両説はともに公務員の行為を違法性判断の対象とするが、公権力発動要件欠如説が公務員が公権力の発動要件を定める行為規範に違反した場合にその行為を違法と評価するのに対して、職務行為基準説は公務員が職務上の注意義務に違反したことをもってその行為を違法とする。判例にあらわれる職務行為基準説は、公務員が「職務上通常尽くすべき注意義務を尽くすことなく漫然と上記行為をしたと認められるような事情がある場合に限り」国賠法上違法となるとする[2]。職務行為基準説の特徴は、国賠法上の違法を公務員の注意義務違反と捉え、公務員が「漫然と」行為したか否かという過失の要素を違法性判断に持ち込む点にある。公権力発動要件欠如説においては、行為規範違反が違法性の問題、行為規範に違反する可能性の認識が過失の問題として別個に判断されるのに対し、職務行為基準説においては違法性と過失が一体的に判断される。

（3）「処分」の違法性と国賠法上の違法性　この問題が最も顕著なかたちであらわれるのが、取消訴訟の対象となる「処分」を原因行為として国賠訴訟が提起される局面である。「処分」については処分の根拠法令との関係で客観的に違法性を判断することが可能であり、これが取消訴訟における違法である。公権力発動要件欠如説は、公務員が公権力を発動する要件、すなわち根拠法令に照らして適法に行為する要件を欠いて行為した場合に国賠法上違法と評価する立場であるから、取消訴訟における違法と国賠訴訟における違法は必然的に一致する。このように、両者の違法性を同一のものとして理解する立場は違法性同一説（一元説）と呼ばれており、反対に、両者を異なるものとして理解する立場は違法性相対説（二元説）と呼ばれている（**図表21-1**）。しかし、それぞれの説における取消違法と国賠違法との関係は同じではない。結果不法説によれば、処分要件を満たしていても法益侵害が法の許容しないものである場合には、国賠法上は違法となる。相関関係説においては、処分の要件を満たしている場合であっても、法益侵害が重大であれば国賠法上は違法となり得るが、処分要件を満たしていない場合でも、法益侵害の有無や程度等によっては、国賠法上違法とはならない可能性がある。これに対し、職務行為基準説に立った場合には、処分要件を満たしていなくても職務上の注意義務が尽くされていれば国賠法上違法とはならない。前者

---

2　例えば、**判例2**のほか、最判1999（平11）・1・21判時1675号48頁、最判2006（平18）・4・20LEX/DB28110992、**判例7**など。

図表21-1　国賠法1条の違法性の捉え方

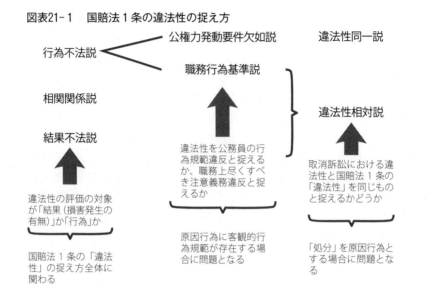

二説が、処分の違法性とは独立した基準で国賠法上の違法性を捉えようとするのに対して、職務行為基準説は、国賠法上の違法性に、処分の違法に加えて職務上の注意義務違反という要件を加重する考え方なのである。したがって、職務行為基準説は、国賠法上の違法性を最も狭く捉える説といえる。もっとも、他の説に立った場合でも、別途、過失の判断はされるため、最終的に請求が認容されるかどうかという点からみれば、職務行為基準説が被害者救済の点で（特に公権力発動要件欠如説との比較で）必ずしも劣っているわけではない。

　従来、判例は基本的に公権力発動要件欠如説に立ってきた[3]。その中で、**判例2**は最高裁が「処分」について職務行為基準説を初めて採用した判例とされる。これ以前にも、国賠法上の違法性を公務員の職務上の義務違反と理解する判例は存在したが、それらは特殊公務員の公権力の行使に対する訴訟であった（本書22を参照）。これに対して、**判例2**の事案においては、通常の公務員である税務署長の行った更正「処分」が問題となっており、さらに、

---

[3] 判例における職務行為基準説という用語と考え方の変遷について、宇賀克也「職務行為基準説の検討」行政法研究1号（2012年）18頁。

原告の提起した更正処分の取消訴訟において処分が違法と判断され、すでに取消判決が出されていた。したがって、公権力発動要件欠如説に基づけば、税務署長の行為は違法であり、課税処分を違法に行ったことについて税務署長に過失が存在したか否かのみを問題とすれば足りるはずである。これに対し、判決は、「税務署長のする所得税の更正は、所得金額を過大に認定していたとしても、そのことから直ちに国家賠償法一条一項にいう違法があったとの評価を受けるものではなく、税務署長が資料を収集し、これに基づき課税要件事実を認定、判断する上において、職務上通常尽くすべき注意義務を尽くすことなく漫然と更正をしたと認め得るような事情がある場合に限り、右の評価を受けるものと解するのが相当である」と述べ、結論として違法性を否定した。その後の判例においては、**判例6**のように過失と違法を区別して判断を行う例外も存在するものの、職務行為基準説が採用されている。

（4）「違法性」概念に関する議論の現状　　上述のように、職務行為基準説においては、公務員が客観的行為規範に違反したか否かの判断は独立して行われず、公務員に注意義務違反が存在しない場合には、原因行為が客観的に違法とされるべき場合でも、国賠法上は違法と判断されることはない。このため、国賠法の違法行為抑止機能が損なわれることになる点が批判されている[4]。国賠訴訟の第一次的な目的は被害者の損害を補填することであるが、被害者にとって、当該処分が根拠規範に照らして違法であることが明らかにされることが重要な意味を持つ場合もあり得る。また、将来同一の行為が反復的に行われる可能性がある場合には、国賠訴訟において処分の客観的違法性が確認される必要性は高いといえるからである[5]。職務行為基準説の問題性は、「違法」と「過失」を区別する国賠法1条の文言にもかかわらず、あえて過失を違法性要件に取り込み、国賠法の違法行為抑止機能を低下させる点にあるといえる。

他方で、**図表21-1**に示したように、職務行為基準説と公権力発動要件欠如説の対立が発生するのは、原因行為に客観的な行為規範が存在する場合に限られることに注意が必要である。公権力発動要件欠如説がその独自性を発揮するのは上記の領域に限られ、国賠法上の「公権力の行使」の他の多くの

---

[4] 宇賀克也『行政法概説Ⅱ：行政救済法（第6版）』（有斐閣、2018年）448頁、塩野宏『行政法Ⅱ（第6版）』（有斐閣、2019年）341頁。

[5] 塩野宏『行政法Ⅱ（第6版）』（有斐閣、2019年）346頁およびそこに参照されている文献。

領域をカバーするものではない。根拠規範に適合する限りにおいて私人の権利制約を可能にする権力的行為の特殊性と、国賠法一条のカバーする行為類型の多様さが「違法性」の統一的理解を困難にしているといえる。これに対し、近年、相関関係説的アプローチや義務違反的構成によって国賠法一条の違法を統一的に理解すべきことが主張されている[6]。そして、このような立場からは、不法行為に基づく損害賠償法である国賠法に違法行為抑止機能を期待すること自体に対しても疑問が呈されている[7]。

## 二　不作為の違法性

### 1　規制権限不行使の違法性はどのように判断されるか？

不作為の違法に関しては、申請に対する不応答も問題となりうるが（これを争った著名な事件として、最判1991（平3）・4・26民集45巻4号653頁（水俣病待たせ賃訴訟）がある）、主として争われるのは規制権限の不行使である。規制権限の不行使の違法性を判断するにあたっては、反射的利益論、行政便宜主義をいかに克服するかが課題とされてきた。

（1）**反射的利益論と保護規範性**　　規制権限の不行使が問題となる局面では、直接の加害者である被規制者たる私人、第三者たる被害者、行政庁の三面関係が生じる。そこで、行政庁が被規制者に対して適切に規制を行うことによって保護される第三者の利益が、法によって保護された利益であるか否かが問題とされうる。被害者の利益が規制根拠法規によって直接的に保護されない利益（反射的利益）である場合、取消訴訟において原告適格が否定されるのと同様に、そもそも規制権限不行使が当該被害者との関係では違法になり得ないとする考え方もあり得る。しかし、取消訴訟と異なりすでに発生した被害の救済を求める国賠訴訟に、反射的利益論をストレートに持ち込むことは学説の批判が多い[8]。**判例3**は、法が「免許制度を設けた趣旨は、

---

6　武田真一郎「国家賠償法における違法性と過失について：相関関係説、違法性相対説による理解の試み」成蹊法学64号（2007年）455～494頁。同「続・国家賠償における違法性と過失について」成蹊法学88号1～34頁。米田雅弘「国家賠償法1条が定める違法概念の体系的理解に向けた一考察（2・完）」法学28巻1号55頁以下。

7　中川丈久「国家賠償法1条における違法と過失について」法教385号（2012年）95頁。

直接的には、宅地建物取引の安全を害するおそれのある宅建業者の関与を未然に排除することにより取引の公正を確保し、宅地建物の円滑な流通を図るところにあり、免許は個別の業者の人格・資質等を一般的に保証し、取引関係者が被る具体的な損害の防止、救済を直接的な目的とするものではないから、「知事等による免許の付与ないし更新それ自体は、法所定の免許基準に適合しない場合であっても、当該業者との個々の取引関係者に対する関係において直ちに国家賠償法1条1項にいう違法な行為に当たるものではない」と判示したが、規制権限の不行使が著しく不合理である場合には、賠償請求が認容される余地を認めており、当該利益を完全に保護範囲外の利益とはみなしていない。

　その後の**判例5**は、漁業調整規則について、「水産動植物の繁殖保護等を直接の目的とするものではあるが、それを摂取する者の健康の保持等をもその究極の目的とするものであると解される」と判示し、住民の健康を究極の目的として読み込み保護範囲の拡張解釈を行った。ここでは規制の根拠規範が原告の被侵害利益を個別的利益として保護しているかを問題とせずに、被害の実態に見合った保護規範性の判断が行われている。

　他方で、近年大きな問題となっているアスベスト関連の被害については、石綿工場労働者、建築作業従事者、労働者の家族、近隣住民等多様な人々が暴露の被害を受けた。泉南アスベスト訴訟最高裁判決（最判2014（平26）・10・9民集68巻8号799頁）は、石綿工場労働者に加えて出入り業者の労働者が旧労基法の保護範囲にあることを認めたが、近隣住民、家族は救済の対象とならなかった。建築作業従事者については、特に、一人親方や零細事業者が安衛法及び建基法の保護範囲に入るかが問題になっている。地裁レヴェルにおいては、安衛法上の権限行使の保護範囲を労基法上の「労働者」に限定し、一人親方等を保護範囲に含めない判決が多発したが[9]、最近高裁レヴェルにおいて、一人親方が安衛法の一定の権限について、国賠法上の保護範囲に入ることを認める判決が相次いでいる。大阪高判2018（平30）・8・31判時2404号4頁は、安衛法上の規制権限について、生命健康という人の生存に

---

8　詳しくは、中原茂樹「規制権限の不行使と国家賠償責任」法教383号（2012年）28頁およびそこで参照されている文献。
9　大阪地判2016（平28）・1・22判タ1426号49頁、京都地判2016（平28）・1・29判タ1428号101頁、横浜地判2017（平29）・10・24LEX/DB25549052など。

関わるものであるから、就労環境（場所）や有害物質（物）に関する規制に関しては、労働者と同様の就労状況にある者や労働者の家族などの安全を保護する趣旨を含むと判示した。

**（2）行政便宜主義と2つの論理構成**　行政便宜主義とは、行政庁に規制権限が付与されている場合にそれを行使するかどうかは行政庁の裁量に委ねられているという考え方である。それゆえ、行政庁の権限不行使によって国民に損害が発生した場合においても、行政庁に規制権限を発動すべき義務はなく、不作為は違法とならない。このような考え方は、被規制者の自由を保護する観点からみれば望ましいものかもしれないが、現代社会において行政の果たす役割は多面化しており、第三者の利益を保護するために行政庁が積極的な規制を行うべきことを期待される場面も少なくない。したがって、規制権限の行使について、行政庁が一定の作為義務を負う場合があると考えられる。そこで、どのような根拠で、どのような場合に行政庁に作為義務が発生するのかが問題とされることになる。

判例は、「国又は公共団体の公務員による規制権限の不行使は、その権限を定めた法令の趣旨、目的や、その権限の性質等に照らし、具体的事情の下において、その不行使が許容される限度を逸脱して著しく合理性を欠くと認められるときは、その不行使により被害を受けた者との関係において、国家賠償法1条1項の適用上違法となる」（**判例4**）という基準を示している。このように規制権限不行使の違法を裁量の著しい濫用ととらえる構成は、裁量権消極的濫用論と呼ばれる。これに対し、初期の下級審判決には、一定の状況下では効果裁量がゼロに収縮して、作為義務が発生するとする裁量収縮論といわれる構成を採用するものがある。両者は、規制権限不行使の判断を完全な裁量には委ねず、作為義務が発生する場合がありうるとする点では共通している[10]。2つの構成の違いの1つは、行政庁に作為義務違反があったか否かを判断する際の要件を固定的に捉えるかどうかである。裁量収縮論は①危険の切迫性②予見可能性③結果回避可能性④期待可能性⑤補充性の五要件を具体的にあげるのに対し、裁量権消極的濫用論においては、具体的事案

---

10　これに対し、裁量を前提とせず保護利益の観点から直接に作為義務を導出する構成も学説において主張されている。「保護義務論」（桑原勇進「いわゆる行政の危険防止責任について」東海18号（1997年）9頁以下）、「健康権説」（下山瑛二『健康権と国の法的責任：薬品・食品行政を中心とする考察』（岩波書店、1979年））などがこれにあたる。

ごとに、行政庁の判断の基礎となった諸般の事情を総合考慮する。裁量収縮論については考慮要素の平準化、固定化が指摘され[11]、消極的濫用論については、総合考慮が行政庁の不行使判断を追認する結論に結びつきやすいことが指摘されている[12]。他方で、実際の具体的事案の下においては、両者の考慮要素に大きな差はなく、両者の差異は説明の仕方の違いに過ぎず、結論を左右しないとの見方もある。そこで、判例があげる考慮要素と違法判断の方法を具体的にみてみることにする。

**（3）考慮要素と違法判断の方法**　**判例3**は、知事の監督処分権限の不行使は、「権限が付与された趣旨・目的に照らし、その不行使が著しく不合理と認められるときでない限り」、違法とならないとした上で、作為義務の成否の判断要件を明示することなく判断をおこなっている。判決は、「業務の停止ないし免許の取消は、当該宅建業者に対する不利益処分であり、その営業継続を不能にする事態を招き、既存の取引関係者の利害にも影響するところが大き」いこと等から知事の監督処分権限に広い裁量を認め、他の取引関係者の利益に配慮する必要性があったこと、さしあたりは行政指導で対応するという知事が行った実際の措置に合理性があったことを根拠として、知事の権限不行使を違法ではないと判断した。「著しく不合理」という定式の下で、具体的要件を示さず、規制権限の行使に広い裁量を認める最高裁の判断方法はその後の最判1995（平7）・6・23民集49巻6号1600頁（クロロキン訴訟）でも維持された。クロロキン訴訟は薬害事件であり、宅建業法事件とは異なり、生命・健康という重大な法益が問題となっていた。しかし、最判は、医薬品の有用性（有効性と副作用のバランス）の判断には高度の専門性が要求されることから、大臣の規制権限行使の判断に広い裁量を認めている。

　**判例4**も、**判例3**およびクロロキン訴訟判決同様、裁量権消極的濫用論に立ち、作為義務の成立要件を明示していない。しかし、**判例4**は、大臣の省令制定権行使の裁量は、「できる限り速やかに、技術の進歩や最新の医学的知見等に適合したものに改正していくため」認められたものであるから、「省令制定権限は、鉱山労働者の労働環境を整備し、その生命、身体に対す

---

11　横山匡輝「規制権限の不行使と国家賠償法上の違法」西村宏一ほか編『国家補償法大系2：国家賠償法の課題』（日本評論社、1987年）144頁。
12　西埜章「国・公共団体の規制権限不行使責任：水俣病国家賠償事件［最高裁平成16・10・15判決］」論ジュリ3号（2012年）138頁。

る危害を防止し、その健康を確保することをその主要な目的として、できる限り速やかに、技術の進歩や最新の医学的知見等に適合したものに改正すべく、適時にかつ適切に行使されるべきものである。」と判示した。その上で、炭鉱労働者のじん肺罹患の深刻な状況（危険の切迫）、じん肺に関する医学的、工学的知見の到達度（予見可能性）、技術面での結果回避可能性を考慮し、規制権限不行使を違法と判断している。

続く、**判例5**においても、違法判断の構成は同様である。**判例5**は、水質2法に基づく大臣の規制権限を、「当該水域の水質の悪化にかかわりのある周辺住民の生命、健康の保護をその主要な目的の一つとして、適時にかつ適切に行使されるべきもの」であると位置付ける。その上で、水俣病の被害状況（危険の切迫）、原因が有機水銀であることの予見可能性、結果回避手段の存在を根拠として、国の規制権限不行使を違法と判断した。その後の泉南アスベスト訴訟最高裁判決（最判2014（平26）・10・9民集68巻8号799頁）も、**判例4・判例5**と同じ枠組みで、労働大臣の規制権限不行使を「適時適切性」の観点から違法と判断した。

上記判決をまとめると、同じ違法判断の構成に立ちながら、**判例3**と**判例4・判例5**とで、その判断の内実が大きく異なっているのが分かる。この違いは、「権限が付与された趣旨・目的」がいかに判断されたかによっている。**判例3**の場合、被侵害利益が経済的利益であり、かつ法令の直接の保護対象とされなかったことから、権限行使の性質に被侵害利益を保護するための「適時適切性」が要求されず、むしろ広範な裁量が認められている。この場合には、実際に行政庁が行なった行動が不合理でなかったかが検討されることになり、既存の取引関係者への影響などの要素が考慮されることになる。これに対し、**判例4・判例5**が規制権限不行使の違法性判断にあたって考慮した要素は、裁量収縮論における5要件と共通しており、これらの要素の充足によって作為義務が生じるという判断方法も裁量収縮論と共通する。この背景には、被侵害利益が生命、健康という重大な法益であり、規制根拠法規の保護範囲内にあったことがあると考えられる[13]。被侵害利益が重大な法益であり、規制根拠法規が存在し、これを保護するための仕組みを一定の規律密度をもって定めている場合には、行政庁に付与された権限は被侵害法益を適切に保護すべく「適時かつ適切に」権限を行使することを義務付けられて

---

13 塩野・前掲注5 327頁。

いると解することができる。その上で、これを行使しないと「著しく合理性を欠く」状況が存在していたかが問題とされることになる。この時、権限行使における時の裁量は狭く捉えられ、予見可能性、回避可能性の要件の充足をもって、権限不行使が違法とされることになる。このため、結果的に裁量収縮論に立った場合と異ならない判断が行われることとなったとみることができる。

(4) **行政指導の不作為**　以上、規制権限不行使の違法性について、処分の不作為を念頭に置いて解説してきたが、行政指導の不作為が問題となる場合もある。この場合、法令に規定がないか、根拠条文が存在しても規律密度が低い場合がある。根拠条文が存在しない場合には、行政指導の作為義務は条理上の義務となるため、処分よりも広範な裁量が行政庁に認められる。例えば、国民の重大な権利が侵害される緊急的事態が生じており、立法による対処を待っていられない場合（東京地判1992（平4）・2・7判時臨増平成4年4月25日号3頁（水俣病東京訴訟第一審）、京都地判1993（平5）・11・26判時1476号3頁（水俣病京都訴訟第一審））などのかなり厳格な要件の下で不作為の違法性を判断する判例も存在する。加えて、行政指導は被規制者に対する拘束力を持たないため、行政指導が行われていたとしても被規制者が指導に従ったとは限らない。それゆえ、行政指導が結果回避のための手段として有効か、という点に疑問を呈する見解もある[14]。しかし、一口に行政指導といっても、その果たす役割は事案ごとにさまざまであり、一律にその有効性を否定するべきではない。その不作為の違法を判断するにあたっては、被侵害利益の性質や、法令の定める規制の仕組みにおける行政指導の位置付けを分析した上で、処分の不作為に関する判例の到達点も踏まえた判断が必要となる。

(5) **作為義務の発生時点と救済**　規制権限不行使が違法と判断される時点は、作為義務の発生時点であり、加害行為の終了時は不作為が終了した時点である。したがって、その前後に生じた被害に対しては、国賠請求は認容されない。例えば、**判例5**では、作為義務発生時点以前に水俣地域から転居した者[15]に対しては、権限不行使と損害との因果関係が否定されている。

他方で、国賠法4条の規定により、国賠訴訟の時効および除斥期間につい

---

[14] 古崎慶長『国家賠償法の理論』（有斐閣、1980年）74頁。
[15] 当該事件の場合の作為義務の終了時点は水俣地域からの転居時である。

ては、民法724条の規定が適用される。規制権限不行使の違法が問題となる場合には、加害行為の存在（換言すれば、行政庁が規制を行うべきであったこと）および加害者を知ることが困難な場合が多く、また、健康被害において一定期間経過後に症状があらわれる場合など、被害者が被害に気づくまでに相当な時間を要する場合がある。このため、規制権限不行使の違法が問題となる際に、時効および除斥期間の起算点をどのように解するかは大きな問題であるが、判例はこの点を被害者救済の観点から柔軟に判断する傾向にある。例えば、時効については、じん肺に罹患し死亡した労働者の遺族が、**判例4**の最高裁判決をうけて国賠訴訟を提起した事案である札幌地判2010（平22）・3・26判時2117号58頁（北海道石炭じん肺訴訟）が、「加害者を知ったとき」を「被告国に対する損害賠償請求が可能であることを現実に認識した時」であると解釈し、当該訴訟における損害賠償請求権の存在は**判例4**最判によって初めて明らかになったものだとして、消滅時効の完成を否定している。除斥期間については、国賠訴訟においても、民法不法行為法同様に「不法行為の時」の解釈として「加害行為時説」がとられることが多いが、**判例4**、**判例5**は「損害の性質上、加害行為が終了してから相当の期間が経過した後に損害が発生する場合」には、損害の発生を待たず除斥期間が進行することを認めることは被害者にとって著しく酷であることから、「当該損害の全部又は一部が発生した時が除斥期間の起算点となる」と判断した。

## 三　過失

### 1　多数の公務員が関わる行為の過失をどのように判断すべきか？

公権力の行使には、直接の加害行為に至るまでに多くの段階を踏み、多数の公務員が関わるものも少なくない。一方で、国賠法1条は代位責任を定めたものと理解されているから、そこで問題になるのは、あくまでも加害公務員個人の過失である。

（1）**法令解釈の誤り**　　まず、直接の加害公務員が従った政省令、通達等が誤っていた場合が問題となる。加害公務員が法令の解釈、適用を誤った場合、その公権力の行使は違法となるが、その事項について複数の見解が存在し、実務上も取り扱いが分かれており、いずれにも相当の根拠が認められる場合には、公務員に過失はないとするのが確立した判例の立場である（最判1971（昭46）・6・24民集25巻4号574頁）。**判例6**は、拘置所長の接見拒

否処分の根拠となった法務省令が法の委任の範囲を超える違法なものであり、結果として処分が違法であるとされた事案であるが、ここでも、拘置所長は省令の違法性を予見すべきであったとはいえないとして過失は否定されている。代位責任説の構造および昭和46年判決に忠実な判断ではあるが、省令を違法と判断している以上、省令担当者の過失をも問題とすべきだったのではないかとの指摘もある[16]。他方、**判例7**のように、原爆2法に基づく諸手当の受給権を日本国外への出国によって失権させるいわゆる402号通達を発出し、それに従った取り扱いを継続したことが原因行為として主張された事案では、通達に従う立場にあった知事の過失ではなく、国の担当者の注意義務が認定されている[17]。

（2）**組織過失**　第2に、行政活動全体、すなわち行政活動の制度そのものに欠陥があり損害が発生した場合、どの段階の公務員の過失を問題とするかという問題がある。**判例8**は、予防接種法に基づいて国が指導し、地方自治体により行われた予防接種の副反応により後遺症が残った事案である。原審が、接種を担当した医師の予診義務違反を問題としたのに対して、**判例8**は、予防接種を国の施策として実施する際に、国民に重大な事故が生じないよう結果の発生を回避する義務が厚生大臣にあるとして、大臣の過失を問題とした。形式的には行政の責任者である厚生大臣の過失が認定されてはいるが、実質的には厚生省自体の組織過失、すなわち予防接種の制度、運用そのものの不備（制度過失）を認定したものといえる[18]。

□■■　**検討問題　イレッサ薬害訴訟における違法性判断**　□■■

判例は、薬害を防止するための薬事法上の権限行使について「副作用を含めた当該医薬品に関するその時点における医学的、薬学的知見の下において、前記のような薬事法の目的及び厚生大臣に付与された権限の性質等に照らし、右権限の不行使がその許容される限度を逸脱して著しく合理性を欠くと認められるときは、その不行使は、副作用による被害を受けた者との関係におい

---

16　なお、法務大臣の省令制定を原因行為とする国賠訴訟がその後提起され、一審（東京地判1993（平5）・2・25判時1487号57頁）は過失を認めた。
17　北村和生「判批」民商138巻3号（2008年）89頁。
18　又坂常人「判批」自研72巻7号（1996年）134頁は、大臣の過失は「ほとんどフィクション」と指摘する。

て同項の適用上違法となる」との基準を提示している（最判1995（平7）・6・23民集49巻6号1600頁（クロロキン訴訟））。

　イレッサ薬害訴訟は、イレッサという肺がんに対する新薬の投与を受けた患者に間質性肺炎という重篤な副作用が発生した事件である。当該訴訟において主として問題となったのは、厚生労働大臣がイレッサの添付文書に「警告」欄を設け、間質性肺炎への注意喚起を促すよう行政指導を行わなかった不作為の違法性である。この点について、大阪地判2011（平23）・2・25（訟月58巻3号1132頁）と東京地判2011（平23）・3・23（判時2124号202頁）は、どちらも上記のクロロキン訴訟最判の基準を用いて判断を行い、異なる結論に達した。両者の判断が分かれたのには（事実認定以外で）どのような理由があるか。

　また、行政指導の不作為の違法性はどのように判断されるべきか。

■参考文献
・神橋一彦「行政救済法における違法性」磯部力ほか編『行政法の新構想Ⅲ』（有斐閣、2008年）237〜256頁
・同「『職務行為基準説』に関する理論的考察：行政救済法における違法性・再論」立教法学80号（2010年）1〜40頁
・高木光「国家賠償法における『行為規範』と『不法行為論』：パトカー追跡事故判決再考」石田喜久夫・西原道雄・高木多喜夫先生還暦記念『損害賠償法の課題と展望（中）』（日本評論社、1990年）137〜169頁
・山本隆司「国家賠償法上の違法性（1）：判断枠組」、「国家賠償法上の違法性（2）：権限不行使の違法」同『判例から探究する行政法』（有斐閣、2012年）506〜557頁、558〜582頁
・西田幸介「規制権限の不行使と国家賠償：『規制権限不行使定式』の判断構造」法学81巻6号（2017年）208〜232頁
・府川繭子「イレッサ訴訟における国の責任——添付文書に対する行政指導の不作為について」法時84巻10号（2012年）76〜81頁

# 22 国家賠償法1条と立法活動・司法活動

庄村勇人

1 立法活動・司法活動に国家賠償法は適用されるのか。
2 立法活動・司法活動における国家賠償法1条の違法性の判断基準とはどのようなものか。
3 行政処分の違法性の判断基準とは、どのような点が同じで、どのような点が異なるか。

■キーワード
職務行為基準説、結果違法説、違憲即違法説、区別説、制限的肯定説

■主要判例
**判例1**・在宅投票制度廃止事件：最判1985（昭60）・11・21民集39巻7号1512頁［行政判例百選Ⅱ（第6版）233事件］
**判例2**・在外邦人選挙権事件：最大判2005（平17）・9・14民集59巻7号2087頁［行政判例百選Ⅱ（第7版）226事件］
**判例3**・誤判国家賠償事件：最判1982（昭57）・3・12民集36巻3号329頁［行政判例百選Ⅱ（第7版）227事件］
**判例4**・芦別国家賠償請求事件：最判1978（昭53）・10・20民集32巻7号1367頁［行政判例百選Ⅱ（第7版）228事件］

## 一 立法活動と国家賠償法

### 1 「立法活動」に国家賠償法の適用はあるのか？

「立法活動」には、国会や地方議会の立法活動、国政調査権の行使、議員の懲罰権行使などが含まれる。近年は、このうち国会の立法活動が特に問題となっており、特に戦後補償に関する訴訟や学生無年金訴訟など、立法不作為に関する裁判例が増加している[1]。このような立法活動への国家賠償法の適用に関してかつては消極説も存在したが、現在は、立法経緯も含めて、判例学説の多くが、国家賠償法1条1項の「公権力の行使」に当たることについて一致する[2]。

### 2 判例1における違法性の判断基準はどのようなものか？

**判例1**は国家賠償法の適用があることを前提としつつ、違法性の基準として、極めて例外的な場合を除けば、立法行為が国家賠償法1条1項上違法とはいえないとして、違法となる場合を制限した。

**（1）職務行為基準説の採用**　第1に、「一般論」として「国家賠償法1条1項は、国又は公共団体の公権力の行使に当たる公務員が個別の国民に対して負担する職務上の法的義務に違背して当該国民に損害を与えたときに、国又は公共団体がこれを賠償する責に任ずることを規定するもの」という職務行為基準説をとった[3]。

**（2）違憲即違法説と区別説**　第2に、「国会議員の立法行為（立法不作為を含む。以下同じ）が同項の適用上違法となるかどうかは、国会議員の立法過程における行動が個別の国民に対して負う職務上の法的義務に違背したかどうかの問題であって、当該立法の内容の違憲性の問題とは区別されるべきであり、仮に当該立法の内容が憲法の規定に違反する廉があるとしても、その故に国会議員の立法行為が直ちに違法の評価を受けるものではない」と

---

1　西埜章『国家補償法概説』（勁草書房、2008年）37頁、65〜73頁。なお、立法作為と立法不作為の区別については、昭和60年最判では特に区別をしておらず、ここでも同様に区別せずに論じる。

2　宇賀克也『国家補償法』（有斐閣、1997年）29〜31頁。

3　例えば、宇賀克也『行政法概説Ⅱ：行政救済法（第6版）』（有斐閣、2018年）433頁。なお、職務行為基準説との位置付けに批判的な見解として、青井未帆「選挙権の救済と国家賠償法：立法不作為の違憲を争う方法として」信法9巻（2007年）123〜125頁。

し、立法内容の違憲性と国賠法上の違法性を区別して論じている（「区別説」）。この点、立法内容が違法であれば立法行為も直ちに国賠法上違法となるとする「違憲即違法説」とは一線を画している（**判例1**の下級審である第一審（札幌地小樽支判1974（昭49）・12・9民集39巻7号1550頁）および控訴審（札幌高判1978（昭53）・5・24民集39巻7号1590頁））。

（3）**違法性限定説**　第3に、「国会議員の立法行為は、立法の内容が憲法の一義的な文言に違反しているにもかかわらず国会があえて当該立法を行うというごとき、容易に想定し難いような例外的な場合」でなければ違法とはならないとした。この「例外的な場合」に当たる場合は、実際上極めて限定されることになるため、「違法性限定説」とされる。なお裁判例の中には、**判例1**の枠組みに従いつつ、「例外的な場合」について、「本国憲法秩序の根幹的価値に関わる基本的人権の侵害をもたらしている場合にも」例外性を認めるべきとして、立法不作為の違法性を肯定したものもあり（関釜訴訟・山口地下関支判1998（平10）・4・27判時1642号24頁）、**判例1**の法理を弾力的に適用する下級審判例が存在する。

### 3　職務行為基準説の問題性は？

（1）**職務行為基準説の採用の理由**　**判例1**は、職務行為基準説を用いた裁判例であるとされているが、理由付けが不明なまま職務行為基準説が用いられている点が問題である。このため、どのような場合に職務行為基準説が使われるべきかが不明であり、最高裁自身も職務行為基準説をすべての裁判で適用しているわけではない[4]。

（2）**違憲判断機能との関係**　次に、立法の違法を理由として国家賠償請求を行う場合、金銭賠償よりも違憲判断を示してほしいという趣旨で訴訟提起する場合が多く、職務行為基準説をとる場合、この機能が減殺されるという問題がある。もっとも、この点の評価は司法と立法との関係をどう捉えるかに関わるもので、議会制民主主義の観点から立法の評価は本来政治過程ですべきという立場からは職務行為基準説が妥当であろうし、司法積極主義の立場からは、職務行為基準説には否定的立場となる[5]。

---

4　宇賀・前掲注2　54〜55頁。
5　宇賀・前掲注3　434頁。

### 4 判例2における違法性の判断基準はどのようなものか？

学説等からの批判を受け、最高裁は**判例2**において、**判例1**の違法性の制限を、実質的に緩和する判断基準を示した。

（1）**判例2の意義**　判例1の論理を参照した上で、「立法の内容又は立法不作為が国民に憲法上保障されている権利を違法に侵害するものであることが明白な場合や、国民に憲法上保障されている権利行使の機会を確保するために所要の立法措置を執ることが必要不可欠であり、それが明白であるにもかかわらず、国会が正当な理由なく長期にわたってこれを怠る場合などには、例外的に、国会議員の立法行為又は立法不作為は、国家賠償法1条1項の規定の適用上、違法の評価を受けるものというべきである」として、10年以上、立法措置をとらなかった不作為を理由とする国賠請求を認容した。この**判例2**は、最高裁として初めて立法不作為の違法性を肯定した裁判例でもある。そこでは、**判例1**の「容易に想定し難いような例外的な場合」という枠組みは踏まえられておらず、実質的に、立法不作為の違法性の要件を緩和あるいは**判例1**の射程を限定したものである[6]。

（2）**違法性要件の緩和**　**判例2**における違法性の要件として、「違憲の明白性」、「国会による対応の必要性」、「合理的期間の経過」が必要とされる。これらは**判例1**以前の裁判例でみられた要件との間で共通点がみられる[7]。このうち「合理的期間の経過」については、期間の長さは個別の裁判例で分かれており、また始期をいつにするのか、あるいはこの要件自体が不要との見解があることも含め今後考察する必要がある[8]。

（3）**違法性と過失の一体的判断**　次に**判例2**は、違法と過失を一体的にとらえている。**判例2**で示された上記要件は違憲状態の認識と対応が可能であったという職務上尽くすべき注意義務を尽くしたかを判断する要素でもあるが、他方で過失の要素でもある。したがってここでは違法と過失をほぼ一体的に評価している[9]。

（4）**判例2以降の裁判例**　**判例2**によって立法活動の違法性の要件が

---

6　西埜章『国家賠償法コンメンタール（第2版）』（勁草書房、2014年）308頁。
7　北村和生「在外日本人選挙権剥奪訴訟における行政法上の論点について」ジュリ1303号（2005年）28頁。
8　西埜・前掲注1　71頁。
9　北村・前掲注7　28頁。

若干緩やかになったといわれているが、**判例2**以降の最高裁においても、依然立法不作為の違法性は否定される傾向にある[10]。例えば、対人恐怖症患者選挙権訴訟（最判2006（平18）・7・13判時1946号41頁）においては、**判例2**を引用しつつも立法不作為の違法性を否定している。さらに、再婚禁止期間訴訟（最大判2015（平27）・12・16民集69巻8号2427頁）では、「法律の規定が憲法上又は保護されている権利利益を合理的な理由なく制約するものとして憲法の規定に違反するものであることが明白であるにもかかわらず、国会が正当な理由なく長期にわたってその改廃等の立法措置を怠る場合等」との基準を示した上で、民法733条の規定は違憲ではあるが、平成20年の時点で違憲性は明白ではないとして違法性を否定した。この基準は、違憲となった法律を改廃しない立法不作為の場合に立法措置をとるまでに必要な期間を考慮しつつ、**判例2**の基準との整合性を踏まえ示されたものといえる[11]。

## 二 裁判官の職務行為と国家賠償法

### 1 裁判官の職務行為に国家賠償法の適用はあるのか？

裁判官の行為の違法を理由とする国家賠償請求については、裁判官の独立や判決の既判力の確保などを理由としてこれを否定する考え方もかつて存在したが、一般的には否定されない[12]。最判1968（昭43）・3・15（判時524号48頁）では、「その本質に由来する制約はあるが」との前提を置きつつも、司法行為としての裁判所の判決について国賠法1条を適用した。以降の裁判例はこの例によっており、憲法17条の精神や国賠法1条の文言を踏まえると、司法行為について国賠法の適用を否定する理由はない。

さて、裁判官の職務行為として最も重要なものは判決行為である。この判決行為について違法がある場合の国家賠償請求については、①敗訴した判決について上訴審を経ずに国家賠償請求を行う場合と、②判決が上訴・再審によって取り消された後に国家賠償請求をする場合に分けられる[13]。

---

10 西埜・前掲注6 308頁。
11 加本牧子「判解」平成27年最判解民（2015年）693〜694頁。
12 阿部泰隆『国家補償法』（有斐閣、1988年）125頁。宮田三郎『国家責任法』（信山社、2000年）117頁。
13 西埜・前掲注1 73頁。

## 2 敗訴した判決について上訴審を経ずに国家賠償請求を行う場合は？

この場合、否定説（＝判決に不満がある場合は上訴や再審といった方法をとる必要があり、確定判決の違法を理由として国賠責任を認めるのは裁判の独立、確定判決の法的安定性に欠けるため否定）、肯定説（＝実定法上、国家賠償をしてはいけないという規定はないこと、当初の裁判と後の国家賠償とでは次元が異なるため肯定）があるが、最高裁は、以下で述べるように、制限的肯定説をとっている。

**判例3**は、民事訴訟（損害賠償請求訴訟・大阪地判1972（昭47）・1・21）の判決に、法令適用の誤りがあったとして提起された訴訟である。すなわち、「裁判官がした争訟の裁判に上訴等の訴訟法上の救済方法によって是正されるべき瑕疵が存在したとしても、これによって当然に国家賠償法1条1項の規定にいう違法な行為があったものとして国の損害賠償責任の問題が生ずるわけのものではなく、右責任が肯定されるためには、当該裁判官が違法または不当な目的をもって裁判をしたなど、裁判官がその付与された権限の趣旨に明らかに背いてこれを行使したものと認めうるような特別の事情があることを必要とすると解するのが相当である」とする。

## 3 上訴・再審による判決の取消し後に国家賠償請求をする場合は？

判例では、「職務行為基準説」と「結果違法説」が存在する。

下級審の裁判例の中には、上訴審における無罪判決の確定によって「有罪判決」は即違法となるとする結果違法説をとるものもあるが[14]、現在の判例の立場は下記の通りである。すなわち「裁判官がした争訟の裁判に上訴等の訴訟法上の救済方法によって是正されるべき瑕疵が存在したとしても、これによって当然に国家賠償法1条1項にいう違法な行為があったものとして国の損害賠償責任の問題が生ずるものではな」く、「当該裁判官が違法又は不当な目的をもって裁判をしたなど、裁判官がその付与された権限の趣旨に明らかに背いてこれを行使したものと認め得るような特別の事情がある場合にはじめて右責任が肯定される」（**判例3**）という「理は、刑事事件において、上告審で確定した有罪判決が再審で取り消され、無罪判決が確定した場合においても異ならないと解するのが相当である」として、職務行為基準説をとっている（弘前大学教授夫人殺害事件・最判1990（平2）・7・20民集44巻

---

14 東京地判1969（昭44）・3・11判時551号3頁（八丈島老女殺害事件）。

5号938頁)。

なお、結果違法説をとった注14事件においても、自白の任意性、信憑性を裁判官が認めたことについては過失があったとして責任を否定しており、判例の流れとしては、国の責任を否定する方向である。

### 4　判例3の厳格すぎる基準と広い射程

ただ、そこではなぜそのように制限するのかについて理由を明記しておらず、そのうえあまりに厳格な基準にすぎるところがある。現実には裁判官が違法・不当な目的で裁判をすることはほぼないものといってよく、基準としてどの程度の意味をもつものか疑問である[15]。また、本件において最高裁は、一般的に権力的法的行為形式について、結果の違法と国家賠償法上の違法とが異なるという観点からの評価をしておらず、特に違法事由の厳格な制限をしていることからして、裁判作用の特質に依拠したものとの評価が可能であろう[16]。なお、**判例3**の射程については、民事訴訟と刑事訴訟とは訴訟構造の本質や裁判官の役割に変わりがないので、刑事事件にも及ぶ（仙台高判1986（昭61）・11・28判時1217号39頁）としたり、裁判官の行う職務行為一般に及ぶ（名古屋高判2003（平15）・12・24LEX/DB28090659）とするなど、その射程を広く捉えている[17]。

## 三　検察官の公訴提起と国家賠償法

### 1　検察官の公訴提起の違法性の判断基準はどのようなものか？

（1）**判例4のいう「職務行為基準説」**　　検察官の公訴提起後の無罪判決の場合に、その公訴提起が違法となるかどうかが問題となる。この点、結果違法説と**判例4**のいう「職務行為基準説」が存在する。結果違法説とは、無罪判決が確定すれば当該起訴は国賠法上違法とする考え方である。他方、**判例4**のいう「職務行為基準説」は、以下のように説明されている。

「刑事事件において無罪の判決が確定したというだけで直ちに起訴前の逮捕・勾留、公訴の提起・追行、起訴後の勾留が違法となるということはない。

---

15　宇賀克也「裁判官の職務行為と国家賠償」雄川一郎先生献呈論集『行政法の諸問題（中）』（有斐閣、1990年）656頁。
16　塩野宏『行政法Ⅱ：行政救済法（第6版）』（有斐閣、2019年）335頁。
17　裁判例の整理について、西埜・前掲注6　299頁参照。

けだし、逮捕・勾留はその時点において犯罪の嫌疑について相当な理由があり、かつ、必要性が認められる限りは適法であり、公訴の提起は、検察官が裁判所に対して犯罪の成否、刑罰権の存否につき審判を求める意思表示にほかならないのであるから、起訴時あるいは公訴追行時における検察官の心証は、その性質上、判決時における裁判官の心証と異なり、起訴時あるいは公訴追行時における各種の証拠資料を総合勘案して合理的な判断過程により有罪と認められる嫌疑があれば足りるものと解するのが相当であるからである」、というものである。

（2）**判例4の特徴** この判決では、まず、起訴時あるいは公訴追行時における検察官の心証は、「判決時における裁判官の心証と異なり」とあり、裁判官の判決の場合と区別して論じられている。そして、合理的な嫌疑さえあれば検察官は公訴提起が可能なのであるから、無罪判決が出されたからといって公訴提起が直ちに違法となるのではないとする点で、「無罪判決」と「公訴提起」とが、違法性判断の場面で切り離されている。

## 2 判例4のいう「職務行為基準説」は奈良過大更正事件最判の論理とは異なるか？

**判例4**の考え方については、**判例4**自身が、「いわゆる職務行為基準説」によって判断したものとしているが、果たして行政処分についての職務行為基準説と同じものと捉えてよいのであろうか。

**判例4**は、起訴の要件の欠如をもって違法としていることから考えると、この場合の**判例4**のいう「職務行為基準説」は、公権力発動要件欠如説と考えてよい[18]。そもそも刑事司法手続は**図表22-1**のように、警察官の逮捕・勾留 → 検察官の公訴提起 → 裁判所の判決の順に、公権力の発動要件が厳しくなる構造がみてとれ、裁判所が無罪判決を出したからといって、警察官や検察官の行為の違法性はその判断とは連動せずに、独自に判断される（図表22-1参照）。

これと異なり行政処分における職務行為基準説は、客観的法規に対する違背（公権力発動要件の欠如）だけでは国家賠償法1条1項の違法を認めず、「職務上尽くすべき注意義務を尽く」したか否かによって、判断する。このように、行政処分について論じられる職務行為基準説と、検察官の公訴提起

---

18 宇賀・前掲注2 50頁。

## 図表22-1 刑事手続の各段階における「公権力発動要件」の厳格性

| 警察官の逮捕 | ＜ | 検察官の公訴提起 | ＜ | 裁判官の判決 |
|---|---|---|---|---|
| 「被疑者が罪を犯したことを疑うに足りる相当な理由がある」こと（刑訴199条） | | 「合理的な判断過程により有罪と認められる嫌疑」(**判例4**) | | 例えば「…被告事件について犯罪の証明がないときは、判決で無罪の言渡をしなければならない」(刑訴360条) |

において論じられる「職務行為基準説」とは、公権力発動要件の欠如を要件とするかどうかで異なるものということができる。そして**判例4**で上記考え方を「職務行為基準説」と評したことについては強い批判がある[19]。

### □■■　検討問題　□■■

　不安神経症の疾患をもつＸは、外出先で他人を見ると体が硬直する症状の為、選挙での投票が極めて難しい状況であった。Ｘは、ある年の衆議院議員総選挙において、父親を代理人として、郵便投票証明書の交付申請をしたが、公選法49条2項の「身体障害者」に該当しないので、申請書を受理してもらえず、郵便投票をすることができなかった。このような精神的原因による投票困難者に対して、選挙権行使の機会を確保することは憲法が求めるものであり、国会議員の立法不作為は、国家賠償法1条1項の適用上違法であると主張して、Ｘは国に損害賠償を請求した。このような請求は認められるか。なお公職選挙法は、投票日当日に投票所で自主的に投票する旨を定めている（最判2006（平18）・7・13判時1946号41頁参照）。

### ■参考文献
- 西埜章『国家賠償法コンメンタール（第2版）』（勁草書房、2014年）289〜378頁
- 宇賀克也『国家補償法』（有斐閣、1997年）97〜139頁
- 北村和生「在外日本人選挙権剥奪訴訟における行政法上の論点について」ジュリ1303号（2005年）25頁
- 青井未帆「選挙権の救済と国家賠償法：立法不作為の違憲を争う方法として」信法9号（2007年）115頁

---

19　宇賀・前掲注2 52頁。

# 23 国家賠償法 2 条

寺　洋平

1　国家賠償法 2 条とはどのような規定か、民法717条との異同はどのような点にあるのか。
2　公の営造物とは何か、講学上の営造物・公物と概念上どのような違いがあるのか。
3　公の営造物の設置・管理の瑕疵とは何か、それはどのように判断されるのか。
4　国・公共団体はいかなる範囲で営造物責任を負うのか。
5　供用関連瑕疵についての瑕疵判断は、どのように行われるのか。

■キーワード
国家賠償、公の営造物、営造物責任（営造物管理責任）、公物、人工公物、自然公物、道路、河川、設置・管理（作用）、物的性状瑕疵、供用関連瑕疵（機能的瑕疵）、過失、損害、予測可能性、回避可能性、不可抗力

■主要判例
**判例 1**・高知落石事件：最判1970（昭45）・8 ・20民集24巻 9 号1268頁［行政判例百選Ⅱ（第 7 版）235事件］
**判例 2**・大阪空港訴訟：最大判1981（昭56）・12・16民集35巻10号1369頁［行政判例百選Ⅱ（第 7 版）241事件］
**判例 3**・大東水害訴訟：最判1984（昭59）・1 ・26民集38巻 2 号53頁［行政判例百選Ⅱ（第 7 版）237事件］
**判例 4**・神戸夢野台高校転落事件：最判1978（昭53）・7 ・4 民集32巻 5 号809頁
**判例 5**・多摩川水害訴訟：最判1990（平 2 ）・12・13民集44巻 9 号1186頁［行政判例百選Ⅱ（第 7 版）238事件］
**判例 6**・テニス審判台転倒事件：最判1993（平 5 ）・3 ・30民集47巻 4 号3226頁［行政判例百選Ⅱ（第 7 版）240事件］
**判例 7**・福島駅点字ブロック未設置転落事件：最判1986（昭61）・3 ・25民集40巻 2 号472頁［行政判例百選Ⅱ（第 7 版）239事件］
**判例 8**・国道43号線訴訟（国家賠償）：最判1995（平 7 ）・7 ・7 民集49巻 7 号1870頁［行政判例百選Ⅱ（第 4 版）165事件］

## 一　国家賠償法2条の趣旨

### 1　国家賠償法2条とはどのような規定か？

　国家賠償法2条1項は、公の営造物の設置または管理の瑕疵に起因する損害に係る国および公共団体の責任を定める。判例および学説上、同条同項に定める国・公共団体の責任は、危険責任の法理をその根拠とするものであり、かつまた、国・公共団体の自己責任であると解されている[1]。
　国家賠償法2条に定める営造物責任（営造物管理責任）は、民法717条1項の土地工作物の所有者の責任に相当する。両者は危険責任の法理を共通の根拠とし、前者は後者の特則に当たると理解されている。
　明治憲法の時代、公の営造物の設置・管理の瑕疵に起因する損害につき、当初は賠償責任が否定されていたが、徳島小学校遊動円棒事件（大判1916（大5）・6・1民録22輯1088頁）を契機に、民法717条の規定の適用による救済が図られるようになった。しかし、当時の判例の態度は必ずしも一貫したものではなかったため、その点を明確にするとともに、賠償責任の範囲を民法717条の「土地ノ工作物」よりも広げるなどの理由から、国家賠償法2条の規定が設けられることとなったものである。
　なお、国家賠償法2条に基づく国家賠償請求訴訟も、同法1条に基づく国家賠償請求訴訟と同様、民事訴訟である。

### 2　国家賠償法2条と民法717条との異同はどのような点にあるのか？

　民法717条と国家賠償法2条を比べると、両者の間には、①「土地の工作物」（民法717条1項本文）よりも「公の営造物」の方が広い概念であること（後述二参照）、②民法717条1項ただし書には、工作物責任のうち占有者の責任は中間責任であり免責条項が設けられているのに対し、国家賠償法にはかかる免責条項は設けられていないこと、③営造物責任の場合は営造物の設置・管理者だけでなく費用負担者も賠償責任を負うこと（国家賠償法3条1項）という違いがあり、国家賠償法2条の方が被害者の救済を図りやすいものになっている。
　①は、被害者に対し、より広く国家賠償法2条による救済の途が開かれていることを意味する。国・公共団体が設置・管理する物に起因する損害の賠

---

1　今村成和『国家補償法』（有斐閣、1957年）91頁以下など。

償請求は、その物が営造物に該当する場合には国家賠償法2条、営造物には該当しないが土地工作物に該当する場合には民法717条に基づいて行うことになる。例外的に、営造物と土地工作物のどちらにも該当しない場合（自然公物に該当しない自然物など[2]）には、国家賠償法1条および（717条以外の）民法不法行為法の規定による請求を検討することになる。

②に関しては、第一に民法717条1項ただし書により占有者の免責が認められることは稀であり、第二に占有者免責が認められたとしても被害者は所有者に賠償請求をすることができる（民法717条1項ただし書）。したがって、国家賠償法2条との間の差異は実質的には大きなものではない[3]。

③により、営造物の設置・管理者と費用負担者とが異なる場合、被害者は、その両者のいずれに対しても、損害賠償の請求をすることができる。

### 3　国賠法1条と2条はどのような適用関係にあるのか？

国家賠償法1条1項の「公権力の行使」の意義に関する広義説（判例・通説）によれば、「公権力の行使」とは、国または公共団体の行う作用のうち、純粋な私経済作用および同法2条1項の公の営造物の設置・管理作用を除くすべての作用をいう。公の営造物の設置・管理作用も、国・公共団体の作用であるが、「公権力の行使」の概念からは除外されている。しかし、現在、学説の多数は、公の営造物の設置・管理作用に起因する損害に係る賠償請求につき、国家賠償法の1条と2条が重複的に適用されることを認めている（裁判例も、両規定の重複適用を認めているとみられるものが少なくない）[4]。もっとも、1条の責任要件（故意・過失、違法性、等）と2条の責任要件（設置・管理の瑕疵）には違いがあり、その立証責任も勘案すると、被害者

---

2　しばしばあげられる例として、普通財産たる土地上に存し、公の用に供されていない天然の池沼（千葉地判1974（昭49）・3・29判時753号67頁とその控訴審判決である東京高判1975（昭50）・6・23判時794号67頁参照）がある。

3　仮に国家賠償法に占有者免責条項が設けられていたとしたら、それが救済上の差異をもたらすのは、特に、他有公物の所有者が十分な資力を有しない私人である場合である。宇賀克也『行政法概説Ⅱ：行政救済法（第6版）』（有斐閣、2018年）465〜466頁参照。

4　稲葉馨「国家賠償法2条の『公の営造物の設置又は管理』について」川上宏二郎先生古稀記念論文集刊行委員会編『情報社会の公法学』（信山社、2002年）395頁など参照。なお、その場合、1条に基づく請求権と2条に基づく請求権の関係をどのように捉えるかという問題が生じる。

救済の観点からは、一般に、2条の適用による方が救済の可能性が高いものと考えられる。

### 4 国・公共団体はいかなる範囲で求償権を行使できるか？

国家賠償法2条1項により被害者に損害賠償をした国・公共団体は、「他に損害の原因について責に任ずべき者」があるときは、その者に対して求償権を有する（同条2項）。「他に損害の原因について責に任ずべき者」とは、営造物の設置・管理の瑕疵を作り出した者をいい、営造物の設置・管理を担当する公務員のほか、営造物の設計者、営造物に係る工事の請負人などがそれに該当し得る。国家賠償法1条2項とのバランスから、国・公共団体が公務員に対して求償権を有するのは、当該公務員に故意または重過失があった場合に限られると解されている（通説）。なお、国家賠償法2条1項により国・公共団体が損害賠償責任を負う場合において、営造物の設置・管理に当たる者とその費用を負担する者（費用負担者）とが異なるときは、費用負担者もまた損害賠償責任を負う（同法3条1項）[5]。

## 二 公の営造物

### 1 公の営造物とは何か？

行政法学上、「営造物」という用語は、通常、行政主体により公の用に供される人的手段および物的施設の総合体を意味する[6]。しかし、法令用語としての「営造物」には複数の意味があり、法令ごとに、その意味するところは必ずしも同一ではない。一般に、国家賠償法2条1項（および3条1項）の「（公の）営造物」は、講学上の概念でいえば、「営造物」ではなく「公物」に相当するものと解されている。講学上の「公物」とは、行政主体[7]により、直接、公の目的に供用される有体物をいう[8]。したがって、講学上の

---

[5] 営造物に関し補助金を交付していた国が費用負担者に当たるか否かが争われた事例として、最判1975（昭50）・11・28民集29巻10号1754頁（鬼ヶ城転落事件）、最判1989（平1）・10・26民集43巻9号999頁がある。

[6] 田中二郎『新版行政法・中（全訂第2版）』（弘文堂、1976年）300頁、303頁、原龍之助『公物営造物法（新版・増補）』（有斐閣、1982年）61頁、358頁など参照。

[7] そこでいう「行政主体」とは、行政組織法上の行政主体を指す。塩野宏『行政法Ⅲ：行政組織法（第4版）』（有斐閣、2012年）359頁。

「公物」と同様、国家賠償法2条の「公の営造物」の概念には「人的手段」の要素は含まれず、その点で、講学上の「営造物」の概念とは異なる。

また、「公の営造物」を公の用に供する主体は、行政主体に限定されるから、行政主体以外の者が、有体物を直接公の用に供したとしても、それは公の営造物とはいえない（例えば、私人がその私有地を道路として一般の自由な通行の用に供していても、当該土地は公の営造物には当たらない）。

国家賠償法2条の適用範囲は、主として、この「公の営造物」の概念により画される。例えば、公の用に供されていない普通財産の設置・管理に関しては、民法不法行為法の規定（717条など）が適用されることになる。

## 2　講学上の営造物・公物と概念上どのような違いがあるのか？

（1）公の営造物の範囲　　一般に、国家賠償法2条の「公の営造物」は、民法717条の「土地の工作物」のほか、学説および裁判実務上、「土地の工作物」には当たらない「自然公物」、「動産」、「動物」も、「公の営造物」に含まれるものと解されている。以下、公の営造物の範囲という観点から、その種類等についてみていくこととする。

（2）有体物・無体物　　公の営造物は、定義上、有体物（民法85条参照）であり、無体物、無体財産（知的財産権など）は含まれない。

（3）自然公物・人工公物　　民法717条の「土地の工作物」というためには、人工的な作業を加えられていることが必要である。これに対して、公の営造物の場合は、国家賠償法2条1項が、公の営造物の例示として、「道路」とともに「河川」を掲げていることもあって、人工公物だけでなく自然公物も含まれるものと解されている。

（4）不動産・動産　　公の営造物は、有体物であり、不動産だけでなく、動産も含まれる。動産については、営造物に該当することを否定的ないし限定的に解する見解もあるが、肯定説が通説である。裁判例においても、動産

---

8　公物の観念については、田中・前掲注6 305頁、原・前掲注6　61頁など参照。両書を含め、従来、「公物」は「個々の有体物」と定義されてきた。しかし、国家賠償法2条の「公の営造物」の場合、個々の有体物だけでなく、複数の有体物が包括的に「公の営造物」と捉えられることも少なくない。近年は、講学上の「公物」の定義から、「個々の」という限定を外すものもみられる。宇賀克也『行政法概説Ⅲ：行政組織法・公務員法・公物法（第5版）』（有斐閣、2019年）541頁など。

に起因する損害について国家賠償法2条の適用が認められた例は多い[9]。裁判例において公の営造物に該当するものとされた動産として、臨海学校の飛込台、警察署の公用車、自動二輪車、公立小学校の校庭の雲梯、刑務所の作業工場内の洗濯用脱水機、営林署の刈払機、郵便局の事務椅子、自衛隊の航空機、新幹線の列車、自衛隊の訓練用砲弾、警察官のけん銃などがある。

ただし、次の2点に注意が必要である。第一に、民法717条の「土地の工作物」に動産は含まれないが、上記の具体例の中には、「土地の工作物」に相当するものが含まれていることである。第二に、動産に起因する損害には、すべて国家賠償法2条の規定が適用されると考えるのは妥当ではない。動産に物理的欠陥がなく、それを使用する人の行動に問題があるような場合には、同法1条により処理されることになるものと考えられる[10]。

(5) 動物　　警察犬、騎馬警官隊の馬などの動物も公の営造物に含まれると解するのが従来の通説である。これに対し、有体物・物的施設である公の営造物と動物は異質であることなどから、動物を含めることに否定的な見解も有力である（動物に起因する事故は、動物の管理の問題として、国家賠償法1条または民法718条によるべきであるとする）。現在までのところ、動物が公の営造物に該当するか否かが正面から争われた事例はない。

(6) 行政財産・普通財産との関係　　国有財産法（3条）および地方自治法（238条）は、国有財産および公有財産を行政財産と普通財産とに区分する。行政財産とは、国・地方公共団体において直接公用・公共用に供し、または供することと決定した財産をいい、有体物たる行政財産は、原則として公の営造物に該当すると解されている。他方、普通財産とは、行政財産以外の一切の国有財産・公有財産をいうが、それは直接公の用に供されるものではないため、原則として公の営造物には含まれない。もっとも、行政財産と普通財産の区分は、財産管理上の区分であり、必ずしも常に公の営造物に該当するか否かを判定する標識となるものでもない。公の営造物に該当するか否かは、具体の財産ごとに、それが直接に公の目的に供されているかどうかを実質的・客観的に検討した上で判断すべきものと考えられる。裁判例にも、行政財産を公の営造物に当たらないと判断したもの（長野地松本支判

---

9　動産であることを理由に営造物に当たらないとされた事例はないといわれている。宇賀・前掲注3　454頁。

10　小幡純子「『公の営造物』の意義」西村宏一ほか編『国家補償法大系2：国家賠償法の課題』（日本評論社、1987年）175頁など参照。

1979（昭54）・3・1判時941号89頁（国有林野））、普通財産を公の営造物に当たると判断したもの（東京高判1978（昭53）・12・21判時920号126頁（溜池））がある。

## 三　公の営造物の設置・管理の瑕疵

### 1　公の営造物の設置・管理の瑕疵とは何か、それはどのように判断されるのか？

（1）国家賠償法2条の請求権の主な成立要件（国・公共団体、公の営造物の設置・管理の瑕疵）　国家賠償法2条1項に定める公の営造物の設置・管理の主体および損害賠償責任の主体は、「国又は公共団体」である。「国」は、法人としての国を指す。他方、「公共団体」であるが、地方公共団体がそれに該当することに異論はない。それ以外に、どのような法人が「公共団体」に当たるかが問題となり得るが、基本的には、行政主体たる性質を有する法人は、「公共団体」に当たるものと解される[11]。

「公の営造物の設置又は管理の瑕疵」とは、「営造物が通常有すべき安全性を欠いていること」（**判例1**）あるいは「営造物が通常有すべき安全性を欠き、他人に危害を及ぼす危険性のある状態」（**判例2・判例3**）をいい、かかる瑕疵の存否については、「当該営造物の構造、用法、場所的環境及び利用状況等諸般の事情を総合考慮して具体的個別的に判断すべきものである」（**判例4・判例3**）とするのが判例である。

学説上、上記の「公の営造物の設置又は管理の瑕疵」の意義をどのように理解するかをめぐり、見解は分かれている（客観説、義務違反説、営造物瑕疵説等の、いわゆる瑕疵論争[12]）が、近年は、そのような見解の理論的な優劣よりも、公の営造物・瑕疵の類型ごとに瑕疵判断における考慮要素とその衡量を考察することが重要であると考える立場が一般的になっている。

---

11　塩野宏『行政法Ⅱ：行政救済法（第6版）』（有斐閣、2019年）358頁。同・前掲注7　91頁以下によれば、行政主体性を有する法人には、国および地方公共団体という（普通）行政主体のほか、特別行政主体としての①独立行政法人、②国立大学法人、③政府関係特殊法人、④公共組合、⑤地方公社、⑥地方独立行政法人がある。

12　瑕疵論争に関しては、西埜章『国家賠償法コンメンタール（第2版）』（勁草書房、2014年）841頁以下、宇賀克也・小幡純子編著『条解国家賠償法』（弘文堂、2019年）475頁以下〔木村琢麿〕など参照。

以下、「公の営造物の設置又は管理の瑕疵」に関する判断を、公の営造物ないし瑕疵の類型に即してみていく。
　**（2）道路の設置・管理の瑕疵**　　**判例1**は、山地の崩土によって落下した岩石が国道を走行中の貨物自動車を直撃した事故について、道路管理者の国と費用負担者の高知県の損害賠償責任を認めた。**判例1**は、「国家賠償法2条1項の営造物の設置または管理の瑕疵とは、営造物が通常有すべき安全性を欠いていることをいい、これに基づく国および公共団体の賠償責任については、その過失の存在を必要としない」と判示して、営造物責任が無過失責任であることを明らかにした。そして、「本件道路における防護柵を設置するとした場合、その費用の額が相当の多額にのぼり、上告人県としてその予算措置に困却するであろうことは推察できるが、それにより直ちに道路の管理の瑕疵によつて生じた損害に対する賠償責任を免れうるものと考えることはできない」との原則的な立場を示して、予算制約の抗弁を排した。ただし、「不可抗力ないし回避可能性のない場合」における免責の可能性は認められている。
　これを先例として、道路に関しては国および公共団体の責任が比較的緩やかに認められてきた。名古屋高判1974（昭49）・11・20判時761号18頁（飛騨川バス転落事件）は、悪天候下で観光バス2台が土石流のため川に転落した事故について、通行の事前規制措置その他の方法をとり得たことを理由に、不可抗力による免責の主張を排斥し、道路管理者の責任を肯定した。また、最判1975（昭50）・7・25民集29巻6号1136頁（和歌山国道故障トラック放置事件）は、87時間にわたって路上に放置されたトラックに通行中の原動機付自転車が衝突した事故について、「道路管理者は、道路を常時良好な状態に保つように維持し、修繕し、もつて一般交通に支障を及ぼさないように努める義務を負うところ（道路法42条）、……、道路の安全性を保持するために必要とされる措置を全く講じていなかつたことは明らかであるから、……、本件事故発生当時、同出張所の道路管理に［は］瑕疵があつた」と判断して、道路管理の瑕疵を肯定した。ただし、最判1975（昭50）・6・26民集29巻6号851頁（奈良県道赤色灯標柱転倒事件）では、「本件事故発生当時、……工事標識板、バリケード及び赤色灯標柱が道路上に倒れたまま放置されていたのであるから、道路の安全性に欠如があつたといわざるをえないが、……、時間的に被上告人において遅滞なくこれを原状に復し道路を安全良好な状態に保つことは不可能であつた」として、道路の安全性を回復することが時間

的に不可能であったことを理由に、道路管理の瑕疵が否定されている。

　（3）**河川の管理の瑕疵**　　水害が河川管理の問題として国家賠償法2条により争われるようになったのは、特に1970年代以降である。当初、下級審裁判所は、河川の管理についても、道路その他の営造物の場合と区別することなく、同様の瑕疵判断基準を適用し、被害者による請求が認容される事例が続いた。しかし、そのような裁判例の流れは、**判例3**により、一変することとなった。

　**判例3**において、河川の管理については、その特質に由来する財政的・技術的・社会的諸制約が存するため、道路その他の営造物の管理の場合とは、瑕疵判断の基準が異なるとする考え方が明示された。すなわち、道路その他の営造物は、通常、当初から人工的に安全性を備えた物として設置され、管理者の公用開始行為によって公共の用に供される。それに対して、河川は、通常、洪水等の災害発生の危険性を内包した自然の状態において、管理者による特別の行為を要することなく公共の用に供され、その安全性の確保は、管理開始後において、財政的・技術的・社会的諸制約のもと、相応の期間と莫大な費用をかけ治水事業を行うことによって達成される。それゆえ、「未改修河川又は改修の不十分な河川の安全性としては、……一般に施行されてきた治水事業による河川の改修、整備の過程に対応するいわば過渡的な安全性をもって足りるものとせざるをえない」。そして、以上のことを踏まえて、「河川の管理についての瑕疵の有無は、過去に発生した水害の規模、発生の頻度、発生原因、被害の性質、降雨状況、流域の地形その他の自然的条件、土地の利用状況その他の社会的条件、改修を要する緊急性の有無及びその程度等諸般の事情を総合的に考慮し、［河川管理の特質に由来する財政的、技術的及び社会的］諸制約のもとでの同種・同規模の河川の管理の一般水準及び社会通念に照らして是認しうる安全性を備えていると認められるかどうかを基準として判断すべきである」とする瑕疵判断の基準が示された。

　**判例3**は、改修計画に基づいて現に改修中である河川をめぐる事案であった。**判例3**は、上記の判断基準に基づき、「［改修］計画が全体として……格別不合理なものと認められないときは、その後の事情の変動により当該河川の未改修部分につき水害発生の危険性が特に顕著となり、当初の計画の時期を繰り上げ、又は工事の順序を変更するなどして早期の改修工事を施行しなければならないと認めるべき特段の事由が生じない限り、右部分につき改修がいまだ行われていないとの一事をもって河川管理に瑕疵があるとすること

はできない」として、水害被害者による請求を認容した原判決を破棄し、原審に差し戻した。**判例3**以降、最判1985（昭60）・3・28民集39巻2号333頁（加治川水害訴訟）、最判1993（平5）・3・26判時1469号32頁（志登茂川水害訴訟）、最判1994（平6）・10・27判時1514号28頁（長良川安八水害訴訟）、最判1996（平8）・7・12民集50巻7号1477頁（平作川水害訴訟）などにおいても同様に、改修未了の河川につき河川管理の瑕疵が否定され、水害被害者の請求が退けられている。

**判例3**で示された瑕疵判断の基準は、河川管理の瑕疵に関する一般的な判断基準であり、改修未了の河川だけでなく、改修済み河川にも適用されるものである。しかし、改修未了河川と改修済み河川とでは、治水事業の過程における改修・整備の段階の違いに応じ、その備えるべき安全性には差異がある。多摩川水害訴訟は、改修済み河川をめぐる事案であるが、その最高裁判決である**判例5**は、「工事実施基本計画が策定され、右計画に準拠して改修、整備がされ、あるいは右計画に準拠して新規の改修、整備の必要がないものとされた河川の改修、整備の段階に対応する安全性とは、同計画に定める規模の洪水における流水の通常の作用から予測される災害の発生を防止するに足りる安全性をいう」と判示している。それは、換言すれば、「改修、整備がされた河川は、その改修、整備がされた段階において想定された洪水から、当時の防災技術の水準に照らして通常予測し、かつ、回避し得る水害を未然に防止するに足りる安全性を備えるべきものである」ということである。

## 2　国・公共団体はいかなる範囲で営造物責任を負うのか？

公の営造物の設置・管理の瑕疵の有無は、営造物の通常の用法を前提に、通常予測し得べき危険に対し安全性を具備していたかどうかにより判断される（「本来の用法」論と呼ばれる）。

**図表23-1　判例3による人工物と自然公物の対比**

|  | 公用開始の時期 | 安全性確保の基準 | 安全性に対する制約要因 |
|---|---|---|---|
| **人工公物**（道路等） | 設置後の供用開始行為 | 当初から通常予測される災害に対応する安全性を備えたもの | 制約要因は認められない |
| **自然公物**（河川等） | 自然発生的な開始（設置・供用開始行為はない） | 過渡的な安全性で足りる（もともと危険性を内包） | 財政的・技術的・社会的制約の存在 |

6歳の児童が、道路端に設置された防護柵に腰掛けて遊ぶうち誤って約4m下の高等学校の校庭に転落し、頭蓋骨陥没骨折等の傷害を負ったという事案について、**判例4**は、「本件防護柵は、本件道路を通行する人や車が誤つて転落するのを防止するために被上告人によつて設置されたものであり、……、通行時における転落防止の目的からみればその安全性に欠けるところ[は]ない」と認定した上で、「上告人の転落事故は、……、本件道路及び防護柵の設置管理者である被上告人［神戸市］において通常予測することのできない行動に起因するものであ」り、「上告人のしたような通常の用法に即しない行動の結果生じた事故につき、被上告人はその設置管理者としての責任を負うべき理由はない」と判示している。**判例4**は、営造物の設置・管理の瑕疵の有無を判断するにあたり、まず営造物が本来それが具有すべき安全性を有していることを確認し、その上で、事故の原因となった「通常の用法に即しない行動」が営造物の設置管理者において通常予測することのできるものであったかどうか（危険の予見可能性）を検討している。この事案では、設置管理者に損害発生についての予見可能性は認められず、営造物の管理に瑕疵はなかったものとして、損害賠償責任が否定されている[13]。しかし、事案によっては、損害発生の予見可能性が認められることもあり得る。その場合には、さらに、当該営造物が、当該「通常の用法に即しない行動」との関係においても、安全性を有していたかどうかが検討されることになる[14]。損害発生の予見可能性の有無は、事案ごとに、営造物の構造、場所的環境、被害者の属性などを考慮して判断される。

　また、5歳の幼児が、公立中学校の校庭内のテニスコートに設置されたテニスの審判台に前部階段から昇った後、階段のない後部から降りようとしたところ、審判台が後方に倒れ、幼児が後頭部を地面に強打して死亡したという事案において、**判例6**は、**判例4**により示された判断枠組みに従い、「審判台の通常有すべき安全性の有無は、[そ]の本来の用法に従った使用を前

---

[13] 営造物の通常の用法に即しない行動に起因する事故に関し営造物の設置・管理の瑕疵が否定された事例として、**判例4**および後出の**判例6**のほかに、最判1980（昭55）・7・17判時982号118頁、最判1983（昭58）・10・18判時1099号48頁、最判1985（昭60）・3・12判時1158号197頁、最判1988（昭63）・1・21判例自治47号72頁などがある。

[14] 営造物の設置・管理の瑕疵が肯定された事例として、最判1981（昭56）・7・16判時1016号59頁などがある。

提とした上で、何らかの危険発生の可能性があるか否かによって決せられるべきもの」であるところ、「本件審判台［は］本来の用法に従ってこれを使用する限り転倒の危険を有する構造のものでな」く、「安全性に欠けるもので［は］ない」と認定した上で、「本件事故時の［幼児］の行動は、……、……極めて異常なもので、本件審判台の本来の用法と異なることはもちろん、設置管理者の通常予測し得ないものであった」として、設置管理者は国家賠償法2条1項の責任を負わないと判断した。この事案の事故は、一般市民に事実上開放されていた公立中学校の校庭において発生したものであった。**判例6**は、その点との関係で、公の営造物の設置管理者の責任の範囲について、「公の営造物の設置管理者は、……、［営造物］が本来の用法に従って安全であるべきことについて責任を負う」が、「その責任は原則としてこれをもって限度とすべく、本来の用法に従えば安全である営造物について、これを設置管理者の通常予測し得ない異常な方法で使用しないという注意義務は、利用者である一般市民の側が負う」という基本的な考え方（いわゆる守備範囲論）も提示している。

### 3 新たに開発された安全設備はいつまでに設置すべき責任があるのか？

公の営造物の設置・管理の瑕疵の有無は、事故発生時点における技術水準に照らして判断される。したがって、事故発生後に新たな安全設備が開発されたという場合、事故発生時に当該安全設備を設置していなかったことを理由に、営造物の設置・管理に瑕疵があったとされることはない。それでは、事故発生時においてすでに開発されていた新たな安全設備が設置されていなかった場合、営造物の設置・管理に瑕疵があるということになるのか。その点が争われた事例として、**判例7**がある。1973年に、視力障害者の男性が、日本国有鉄道（当時）大阪環状線福島駅のホーム側端から足を踏み外して線路上に転落し、進入してきた電車に両脚を轢過され、重傷を負った。点字ブロックは1965年、点字タイルは1966年に開発されていたが、福島駅にはどちらも敷設されていなかった。**判例7**は、「点字ブロック等のように、新たに開発された視力障害者用の安全設備を駅のホームに設置しなかつたことをもつて当該駅のホームが通常有すべき安全性を欠くか否かを判断するに当たつては、①その安全設備が、視力障害者の事故防止に有効なものとして、その素材、形状及び敷設方法等において相当程度標準化されて全国的ないし当該地域における道路及び駅のホーム等に普及しているかどうか、②当該駅のホ

ームにおける構造又は視力障害者の利用度との関係から予測される視力障害者の事故の発生の危険性の程度、③右事故を未然に防止するため右安全設備を設置する必要性の程度及び④右安全設備の設置の困難性の有無等の諸般の事情を総合考慮することを要する」(丸数字は筆者が加えたもの)と判示し、原審はこれらの考慮要素について適切に検討をしていないとして、駅のホームの設置・管理の瑕疵を認めた原判決を破棄し、原審に差し戻した。

その後、新たに開発された安全設備の未設置が問題となった事例として、東京高判1993 (平5)・6・24判時1462号46頁 (日本坂トンネル事件) がある。1979年に東名高速道路下り線用の日本坂トンネル内において、自動車6台が関係する追突事故が発生し、車両火災となって、これら6台の車両が焼毀したほか、同トンネル内に停車していた後続車両167台が延焼し、事故の被害者がトンネルの設置・管理に瑕疵があったと主張して日本道路公団 (当時) に対し損害賠償を請求した。同判決は、「諸般の事情からみて防災目的を達成するために高度に有用であると判断される設備については、速やかにこれを設置して合理的な運用を図る必要がある」と判示し、「本件事故当時既にトンネル内警報設備として高度に有用であると認められる状況にあった」ラジオ再放送設備が設置されていなかったことを、同トンネルが長大トンネルとして通常具有すべき安全性を欠如していた理由の一つを構成する要素としてあげている。

## 4 供用関連瑕疵についての瑕疵判断は、どのように行われるのか

国家賠償法2条1項の営造物の設置・管理の瑕疵には、「物的性状瑕疵」だけでなく、「供用関連瑕疵 (機能的瑕疵)」も含まれる。**判例2**は、国営の国際空港の周辺住民が、航空機の発する騒音等により身体的・精神的被害、生活妨害等の損害を被っているとして、一定の時間帯における空港の供用の差止めおよび損害賠償を求めた事案において、営造物の設置・管理の瑕疵に該当する「安全性の欠如、すなわち、他人に危害を及ぼす危険性のある状態」とは、「ひとり当該営造物を構成する物的施設自体に存する物理的、外形的な欠陥ないし不備によつて一般的に右のような危害を生ぜしめる危険性がある場合のみならず、その営造物が供用目的に沿つて利用されることとの関連において危害を生ぜしめる危険性がある場合をも含み、また、その危害は、営造物の利用者に対してのみならず、利用者以外の第三者に対するそれをも含む」として、過去の損害の賠償請求を認容した (将来の損害の賠償請

求は却下されている)。

供用関連瑕疵の有無の判断に関しては、いわゆる受忍限度論が採用されている。**判例2**では、「国の行う公共事業が第三者に対する関係において違法な権利侵害ないし法益侵害となるかどうかを判断するにあたつては、……、①侵害行為の態様と侵害の程度、②被侵害利益の性質と内容、③侵害行為のもつ公共性ないし公益上の必要性の内容と程度等を比較検討するほか、④侵害行為の開始とその後の継続の経過及び状況、その間にとられた被害の防止に関する措置の有無及びその内容、効果等の事情をも考慮し、これらを総合的に考察してこれを決すべきものである」(丸数字は筆者が加えたもの)と判示されている。同判決中の③の考慮要素については、被害者が営造物の存在によって受ける利益と被害との間の彼此相補性も検討されている。

**判例2**以降、自衛隊基地、米軍基地、国道等における騒音等の被害に関し、供用関連瑕疵の有無が争われる事案がみられる。一般国道等の道路の周辺住民が、道路の供用に伴い自動車から発せられる騒音、振動、排気ガス等により生活妨害等の被害を受けたとして、国および兵庫県に損害賠償を求めた事案において、**判例8**は、**判例2**の判断枠組みに従い道路の供用関連瑕疵を認めて周辺住民の請求を認容した原審の判断を正当として是認した。この事案をめぐっては、周辺住民は、道路の供用の差止めも請求している。しかし、最判1995(平7)・7・7民集49巻7号2599頁は、差止請求と損害賠償請求とでは、「請求を認容すべき違法性があるかどうかを判断するにつき考慮すべき要素は……ほぼ共通する」が、請求内容の相違(施設の供用の差止めと金銭による賠償)に対応して、「違法性の判断において各要素の重要性をどの程度のものとして考慮するかにはおのずから相違があるから、右両場合の違法性の有無の判断に差異が生じることがあっても不合理とはえいない」と判示し、その見地から、差止めを認容すべき違法性はないと判断している。この判決は、民法学上の違法性段階説をそのまま採用したものではないが、損害賠償請求と差止請求との間で違法性の有無の判断に関し差異のあることを認めたものである。同判決において、最高裁判所は、原審(大阪高判1992(平4)・2・20判時1415号3頁)が、損害賠償請求の場合の違法性判断の要素のうち①・②・③について検討をし、周辺住民の被害の内容が生活妨害にとどまる(①・②の要素)のに対して、一般国道等は沿道の住民・企業、地域間交通および産業経済活動に多大な便益を提供している(③の要素)として、違法性を否定したことを正当として是認している[15]。

## □■■　検討問題　□■■

　Xらの子である小学生のAが、Y県甲市乙町内の土地（以下「本件土地」という）に存在する池沼（以下「本件池沼」という）において、他の3人の小学生と筏に乗って遊んでいたところ、筏が転覆して水中に投げ出され、溺死した（以下「本件事故」という）。本件土地は、新興住宅地の外れに位置する面積約36,000平方メートルの土地であり、Y県が所有し、Y県総務部管財課が県の普通財産として管理していた。本件池沼は、面積が約250平方メートルの楕円形で、水深は約1.8メートルであり、付近住宅の下水、ガソリンスタンドの廃液が流れ込んでいたほか、廃材・廃品が投棄され、水質は汚濁していた。本件土地および本件池沼は、本件事故当時、自然のままの荒蕪地の状態であり、住民が自由に立ち入ることができたが、本件池沼の周囲に囲障は設けられていなかった。本件池沼は、Aらの通っていた小学校から約500メートルの距離にあるが、本件池沼に接する農道は通学路には当たらず、小学生を含め、あまり人の近寄らない場所であった。小学校では本件池沼で遊ぶことが禁止されていたこともあって、そこで遊ぶ子どもは極めて少なく、過去に事故が発生したこともなかった。また、本件池沼が危険であるとの注意や苦情がY県に寄せられたこともなかった。

　XらがY県に対して損害賠償を請求する訴えを提起する場合、どのような訴えを提起すればよいだろうか。

### ■参考文献

・宇賀克也『国家補償法』（有斐閣、1997年）1章6節・7節
・室井力ほか編著『コンメンタール行政法Ⅱ：行政事件訴訟法・国家賠償法（第2版）』（日本評論社、2006年）550～571頁〔北村和生〕
・佐藤英善編『実務判例：逐条国家賠償法』（三協法規出版、2008年）2部・第2〔首藤重幸〕
・西埜章『国家賠償法コンメンタール（第2版）』（勁草書房、2014年）2章
・宇賀克也・小幡純子編著『条解 国家賠償法』（弘文堂、2019年）434～447頁〔小幡純子〕、448～471頁〔伊藤智基〕、472～503頁〔木村琢麿〕、504～535頁〔松本充郎〕、536～570頁〔三好規正〕、571～588頁〔大江裕幸〕、589～611頁〔三浦大介〕

---

15　大塚直『環境法（第3版）』（有斐閣、2010年）16～17頁、682頁、684頁参照。最高裁判所の立場は、「ファクター相違説」と呼ばれている。

# 24 国家賠償法3条

藤枝律子

1 国家賠償法3条の規定は何を目的として制定されたのだろうか。
2 公務員の選任・監督者と費用負担者が異なる例として、どのようなものがあるだろうか。
3 「費用を負担する者」に補助金の交付主体が含まれるだろうか。
4 最終的な賠償責任者となるのは、誰だろうか。

■キーワード
公務員の選任・監督者、費用負担者、公の営造物の設置・管理者、県費負担教職員、補助金、賠償責任者、内部関係における求償権、内部関係でその損害を賠償する責任ある者、賠償責任の公平性、寄与度

■主要判例
**判例1**・鬼ヶ城転落事件：最判1975（昭50）・11・28民集29巻10号1754頁［行政判例百選Ⅱ（第7版）242事件］
**判例2**・吉野熊野国立公園吊り橋転落事件：最判1989（平1）・10・26民集43巻9号999頁［ジュリ増刊「最高裁時の判例1公法編」210頁］
**判例3**・郡山市立中学校教諭体罰損害賠償請求事件：最判2009（平21）・10・23民集63巻8号1849頁［行政判例百選Ⅱ（第7版）243事件］

## 一　国家賠償法3条1項

### 1　国家賠償法3条1項の規定は、なぜ、何を目的として作られたのだろうか？

　被害者が、国家賠償法1条または2条に基づいて国や地方公共団体を被告として損害賠償請求をするときに、訴えるべきなのは国か地方公共団体か判断に迷う場合がある。3条1項の規定は、被告の選択を誤ったために被害者が賠償を得られないということのないように、どちらを被告に選択してもよく、どちらも賠償責任を負うことにして被害者の救済を図った便宜的救済規定であるとされている。

　**（1）戦前における学説・判例上の対立**　戦前においては、営造物の設置等に係る事業の管理者と、そのための費用負担者とが異なるときには、どちらが賠償責任者であるか明らかではなく、管理者説[1]と費用負担者説[2]の対立があった。

　学説は、費用負担者説が有力であったが、判例は、管理者説が支配的であった。しかし、徳島市小学校遊動円棒事件大審院判決（大判1916（大5）・6・1民録22輯1088頁）は、費用負担者説に依拠し、遊動円棒の占有権が市に属することを認め、民法717条により、その管理の瑕疵に対する市の賠償責任を肯定している。

　**（2）国家賠償法3条の審議過程**　学説上、管理者説と費用負担者説の対立が存在し、判例においても見解が分かれていた戦前の混乱を、立法により解決することを目的として国家賠償法3条が制定された。当初の原案では、公の事業の管理者と経費負担者とが異なる場合には、費用負担者に賠償義務を負わせることにしていたが、参議院において、管理者、費用負担者のいずれに対しても損害賠償の請求ができるように修正された。修正の理由としては、損害賠償の原理から損害に対する責任は営造物の設置管理者自体が負うべきものであること、費用負担者の負うべき費用の中には損害賠償に要する費用は予定されていないこと、地方公共団体に不当に大きな負担を負わせるのは、財政負担を重くする原因となること等があげられている[3]。

---

1　渡辺宗太郎「判研」論叢34巻1号（1936年）196頁。
2　美濃部達吉「官営公費事業の其法律的特色」法協48巻9号（1930年）58頁。

## 2 公務員の選任・監督または公の営造物の設置・管理に当たる者と、公務員の俸給、給与その他の費用または公の営造物の設置・管理の費用を負担する者とが異なる例として、どのようなものがあるだろうか？

(1) 公務員の選任・監督者と費用負担者（1条関係の費用負担者）　① 地方警務官　都道府県警察の警視正以上の階級にある警察官（地方警務官）は国家公務員（警察法56条1項）であり、その給与は国庫が支弁する（37条1項1号）。それ以外の警察職員は地方公務員であるが、警察官は上官の指揮監督を受けて警察の事務を執行する（63条）。都道府県警察に要する経費は、国庫が支弁することとなる経費（37条1項）を除いて、当該都道府県が支弁し（37条2項）、国は、その一部を補助する（37条3項）。したがって、地方警務官が行為者である場合、遂行する事務の性質を基準とする国家賠償法1条の責任を負うのは都道府県であるが、国は同法3条1項における「費用負担者」としての責任を負わなければならないことになる[4]（**図表24-1**参照）。

② 公立小中学校の教職員　公立小中学校の教職員は、「県費負担教職員」と呼ばれ、市町村教育委員会の内申をまって（地方教育行政の組織及び運営に関する法律38条）、都道府県教育委員会が任命を行う（37条）が、服務の監督は市町村教育委員会が行い（43条）、その給与は都道府県が負担し（市町村立学校職員給与負担法1条）、国はその実支出額の3分の1を負担する（義務教育費国庫負担法2条）。したがって、県費負担教職員の不法行為について、国・都道府県は費用負担者としての責任を問われることになるか否かが問題となる（**図表24-1**参照）。

**図表24-1　選任・監督者と費用負担者**

|  | 選任者 | 監督者 | 費用負担者 |
|---|---|---|---|
| 市町村立学校教員 | 都道府県教育委員会 | 市町村教育委員会 | 都道府県<br>(国の負担 1/3) |
| 地方警務官 | 国家公安委員会 | 都道府県公安委員会 | 国 |

---

3　国家賠償法3条の審議過程は、宇賀克也『国家補償法』（有斐閣、1997年）332〜333頁に詳しい。
4　高木光ほか編『条文から学ぶ行政救済法』（有斐閣、2006年）29頁参照。

（2）公の営造物の設置・管理に当たる者と公の営造物の設置・管理の費用を負担する者（2条関係の費用負担者）　①　国道　国道の新設・改築は、国土交通大臣が行う（道路法12条）が、維持・修繕・管理等は、政令で指定する区間内の国道については、国土交通大臣が行い、その他の部分については都道府県がその路線の当該都道府県の区域内に存する部分について行う（13条）。管理費用は、原則として、当該道路の管理者が負担する（49条）。国道を新設・改築に関する費用は、国が行う場合には国がその3分の2、都道府県がその3分の1を負担し、都道府県が新設・改築を行う場合には国と都道府県がそれぞれ2分の1を負担する（50条1項）。国は、指定区域外の国道の修繕に要する費用の2分の1以内を道路管理者に対して補助することができる（56条）（図表24-2参照）。

図表24-2　一般国道の設置・管理者と費用負担者

|  | 設置者 | 管理者 | 費用負担者 | |
|---|---|---|---|---|
| 一般国道（指定区間） | 国（国土交通大臣） | 国（指定区間内） | 新設・改築 | 国 2/3　都道府県 1/3 |
|  |  |  | 管理費用 | 国 5.5/10　都道府県 4.5/10（災害復旧） |
| 一般国道（指定区間外） | 都道府県（小規模工事等） | 都道府県（指定区間外） | 新設・改築（小規模工事等） | 国 1/2　都道府県 1/2 |
|  |  |  | 管理費用 | 都道府県 |

②　河川　一級河川の管理は、国土交通大臣が行う（河川法9条1項）が、指定区間内の事務の一部を都道府県知事が行うことができる（9条2項）。河川管理の費用については、原則として、国が負担する（59条）が、その区域内における管理費用については、大規模改良工事に要する費用の10分の3、その他の改良工事費用の3分の1、災害復旧事業費用の10分の4.5、それ以外の管理費用の2分の1は都道府県が負担する（60条1項）。また、指定区間内の河川の管理に要する費用については、都道府県の負担とし（60条2項）、国は、予算の範囲内において、その3分の1以内を補助することができる（61条）。二級河川の管理は、都道府県知事が行い（10条1項）、管理に要する費用は都道府県が負担する（59条）が、国も改良工事の費用につき2分の1を超えない範囲内で一部負担する（62条）（図表24-3参照）。

図表24-3 河川の管理者と費用負担者

| 管理者 | | 費用負担者 |
|---|---|---|
| 一級河川 | 国<br>(国土交通大臣) | 指定区間外 | 国（都道府県は、大規模改良工事については3/10、その他の改良工事については1/3、災害復旧事業費用については4.5/10、それ以外の河川工事費用については1/2を負担） |
| | | 指定区間内 | 都道府県（国は、緊急河川事業については国2/3、大規模改良工事については5.5/10、その他の改良工事については1/2を負担） |
| 二級河川 | 都道府県<br>(知事) | | 都道府県<br>国　一部負担（1/2を超えない範囲） |

### 3　国家賠償法3条1項にいう「費用を負担する者」に補助金の交付主体が含まれるだろうか？

（1）学説の動向　地方公共団体の事務を行うために要する経費は、当該地方公共団体が全額負担する（地方財政法9条）。ただし、地方公共団体が、法令に基づいて実施しなければならない事務であって、国と地方公共団体相互の利害に関係がある事務のうち、その円滑な運営を期するためには、なお、国が進んで経費を負担する必要があるものや地方税法または地方交付税法によってはその財政需要に適した財源を得ることが困難なもの等（10条～10条の3）については、国が、その経費の全部または一部を負担する。一方、国は、その施策を行うため特別の必要があると認めるときまたは地方公共団体の財政上特別の必要があると認めるときは、「補助金」を交付することができる（16条）。補助の対象となる事務の開始は地方公共団体に一応委ねられており、また、国の費用負担が法律上義務づけられていない点において、負担金とは性格を異にする[5]。

そこで、補助金が設置・管理の「費用」に含まれるか否か、国家賠償法2条にかかわって費用負担者に地方財政法16条の補助金支出者も含まれるか否かが問題となり、これについては否定説と肯定説の両論がある。かつての多数説とされたのは、地方財政法上の負担金と補助金との法的性格の違いを重要視し、補助金は国家賠償法3条1項の負担に該当しないとする否定説であった[6]。それに対して、形式的には補助金の交付であっても、費用の負担と

---

5　村重慶一編『裁判実務大系第18巻・国家賠償訴訟法』（青林書院、1987年）70頁〔芝田俊文〕参照。

される場合があり得る[7]として、広く補助金を費用負担と認めるのが肯定説である。このように、学説上の対立があるが、以下の**判例1**を契機として、肯定説が優勢になった。

（2）判例の動向　①　**判例1**　三重県熊野市所在の吉野熊野国立公園特別地域鬼ヶ城の周回路にある大もどり橋から、観光客である原告が転落して受傷した。本件周回路は、被告県が自然公園法14条2項により厚生大臣の承認を受けて国立公園事業の一環として設置したが、被告国は、その設置費用の半額を、同法26条による補助金として支出したほか、その後も改修費を支出し、その額は必要経費のほぼ2分の1に達していた。最高裁は、補助金という名目による支出であることから直ちに形式的に費用の負担ではないとはいえないとし、補助金の支出が費用の負担となるか否かを実質的に判断するための三つの要件を明らかにした。すなわち、法律上の負担義務者のほか、①営造物の設置費用につき法律上負担義務を負う者と同等もしくはこれに近い設置費用を負担し、②実質的にはこの者と営造物による事業を共同して執行していると認められる者で、③営造物の瑕疵による危険を効果的に防止し得る補助金の交付者もまた本条1項の費用負担者に当たるとして、地方公共団体の行う事業に補助金を交付した国の賠償責任を認めた。

本判決は、国立公園事業の性質、公園事業の執行のための補助金交付の目的・性質などを考慮に入れて判断しており、補助金の交付のすべてが費用の負担に当たるとしているわけではないことに注意する必要がある[8]。

②　**判例2**　吉野熊野国立公園大台ケ原大杉谷登山道にかかっている吊り橋のワイヤーが切れて、そこを渡っていた者が墜落死亡した。国は、三重県に対して本件吊り橋を含む登山道の架設・補修等のために事業費合計の半額に相当する補助金を交付していたが、本件吊り橋の架設については費用を負担しておらず、補修工事についての費用負担は4分の1に止まっていた。

最高裁は、上記の**判例1**を引用した上で、設置管理に瑕疵があるとされた

---

[6]　乾昭三「国家賠償法」加藤一郎編『注解民法（19）』（有斐閣、1965年）427頁、今村成和『国家補償法』（有斐閣、1957年）120頁、大坪憲三『国家賠償法詳解：警察事務中心』（港出版合作社、1957年）163頁参照。

[7]　野村好弘「わが国における無過失責任の展開」ひろば23巻11号（1970年）10頁参照。

[8]　西埜章『国家賠償法コンメンタール』（勁草書房、2012年）1003頁参照。

特定の営造物が右複合的施設を構成する個々の施設であるときは、当該個別的施設と複合的施設を構成する他の施設とを一体として補助金が交付された場合などの特段の事情がない限り、費用負担者に当たるか否かは、当該個別的施設について費用負担の割合等を考慮して判断するのが相当であるとし、国は、本件吊り橋については国家賠償法3条1項にいう費用負担者に当たらないと判示した[9]。

## 二　国家賠償法3条2項

### 1　国家賠償法3条2項の「内部関係でその損害を賠償する責任ある者」とは、誰か？

　国家賠償法3条2項は、内部的な関係において賠償責任の負担配分が行われることを定めている。しかし、最終的責任者は条文上明らかになっておらず、最終責任は管理者と費用負担者のどちらが負うのかが問題となる。しかし、後述の**判例3**に至るまで、最終的責任者がいずれかについて訴訟で争われることはほとんどなく[10]、学説上の論争に過ぎなかった。通説は、費用負担の中に賠償金も含まれるとして、最終的責任者を費用負担者とする費用負担者説であり、それに対して、管理者が責任を負うべきだとする管理者説[11]や、国賠制度の監視的機能を強調する立場から、費用負担者説を基本としながら、損害発生に対する寄与度をも考慮して個別的に判断すべき[12]とする「寄与度」説等がある。

---

9　2004（平16）年12月の三位一体改革により、国（環境省）の直轄事業とされ、2005（平17）年度から国立公園事業における国庫補助は廃止されたので、自然公園法に関してこのような問題は生じなくなっている。木村琢麿「判批」行政判例百選Ⅱ（第6版）250事件513頁参照。

10　これまでに求償権が問題になった例としては、賠償金の全額を支払った国が、東京都に対して賠償額の4分の1を求償する訴訟を提起した新島漂着砲弾爆発事件（最判1984（昭59）・3・23民集38巻5号475頁）があるが、和解によって決着している。

11　下山瑛二『現代法学全集13：国家補償法』（筑摩書房、1973年）176頁、磯崎辰五郎『行政法（総論）』（1955年、青林書院）224頁。

12　阿部泰隆『国家補償法』（有斐閣、1988年）64頁、西埜章『注解法律学全集7 国家賠償法』（青林書房、1997年）476頁参照。

2 　県費負担教職員が体罰事件を起こした場合、賠償債務の全額を支払った県は、国家賠償法3条2項に基づいて、学校設置者である市町村に対して求償権を行使できるだろうか？

　最近になって、国家賠償法3条2項に基づく内部関係における損害を賠償する責任ある者がいずれかについて争う事例が現われた。県費負担教職員による行為に対して被害者に賠償した県が、費用負担を市に対して求めた**判例3**である。公立中学校の教師が生徒に対して体罰を加える事件が発生し、生徒は国家賠償法1条1項、3条1項に基づき、県および市に対して損害賠償請求を行った。原告生徒と市との間で訴訟上の和解が成立したため、県は、原告生徒との関係では控訴を取り下げ、全額損害賠償金を支払ったが、その後、市に対して国賠法3条2項に基づき賠償額全額を求償した。

　最高裁は、国又は公共団体がその事務を行うについて損害を賠償する責めに任ずる場合における損害を賠償するための費用も国又は公共団体の事務を行うために要する経費に含まれるというべきであるから、経費の負担について定める法令は、損害賠償の費用負担についても定めていると解され、国家賠償法3条2項に基づく求償についても、法令上、損害を賠償するための費用をその事務を行うための経費として負担すべきものとされている者が、「同項にいう内部関係でその損害を賠償する責任ある者に当たると解するのが相当」であり、県費負担教職員については、学校教育法5条が給料その他の給与は、都道府県の負担とする旨を規定するが、それ以外の費用については定めておらず、損害賠償の費用は、法令上、中学校を設置する市町村がその全額を負担すべきとした。

　本件は国家賠償法3条2項について、最高裁判所の初の判断を示すものであり、損害を賠償するための経費をその事務を行うために経費として負担すべきものとされている者の負担とし、内部の責任関係についての費用負担者説を採用している。この最高裁判決については、費用負担者説からは肯定的な評価がなされている。それに対して、県の教育委員会は、現実には、県費負担教職員であることと、人事権を背景に公立小中学校の教職員に対して種々の指導的影響力を有しているのであるから、国賠制度の監視的機能の観点からすれば、県にも相応の内部責任があるものと解すべき[13]という批判的な評価もある。

---

13 　西埜・前掲注12 1011頁。

国家賠償法3条に、現代行政における行政主体の複合的な活動に起因して発生する違法性や損害に対して、各行政主体の行政責任の所在とその責任原因を明らかにする[14]という監視的機能をもたせるのであれば、費用負担者説（人件費を除く費用負担者説）を基本としながら、損害発生に対する寄与度をも考慮して個別的に判断すべき[15]ということになろう。

### □■■　検討問題　公私協働関係における求償権　□■■

最決2005（平17）・6・24判時1904号69頁では、指定確認検査機関の行った建築確認の過誤について、指定確認検査機関を被告とする取消訴訟から、行政事件訴訟法21条1項に基づき、当該建築物について確認権限を有する建築主事がおかれた地方公共団体を被告とする国家賠償請求訴訟への変更が認められるとされた。では、当該地方公共団体の賠償責任が認められた場合に、当該地方公共団体が損害賠償をした上で、事後的に、建築確認検査員の給与等を負担している指定確認検査機関に対して、本条2項における費用負担者として求償請求をすることができるだろうか。

### ■参考文献
- 西埜章『国家賠償法コンメンタール』（勁草書房、2012年）991～1011頁
- 宇賀克也・小幡純子編『条解 国家賠償法』（弘文堂、2019年）612～627頁
- 室井力ほか編『コンメンタール行政法Ⅱ：行政事件訴訟法・国家賠償法（第2版）』（日本評論社、2006年）571～579頁
- 芝池義一『行政救済法講義（第3版）』（有斐閣、2006年）304～309頁

---

14　室井力ほか編『コンメンタール行政法Ⅱ：行政事件訴訟法・国家賠償法（第2版）』（日本評論社、2006年）573頁〔恒川隆生〕。
15　西埜・前掲注8　1010頁参照。

● 「主要判例」索引

## 最高裁判所

最判1952（昭27）・11・20民集6巻10号1038頁：旧岩根村農業用宅地買収計画事件　053

最大決1953（昭28）・1・16民集7巻1号12頁：米内山事件　106

最大判1953（昭28）・12・23民集7巻13号1523頁：農地改革補償額事件　203

最大判1953（昭28）12・23民集7巻13号1561頁：皇居外苑使用不許可事件　044

最判1955（昭30）・4・19民集9巻5号534頁：湯前町農地委員会解散命令事件　212

最判1956（昭31）・11・30民集10巻11号1502頁：川崎市警察官強盗殺人事件　221

最判1961（昭36）・7・21民集15巻7号1966頁：浅草税務署更正処分事件　085

最判1962（昭37）・1・19民集16巻1号57頁：公衆浴場法距離制限事件　029

最大判1963（昭38）・6・26刑集17巻5号521頁：奈良県ため池条例事件　193

最判1964（昭39）・10・29民集18巻8号1809頁：大田区ごみ焼却場設置事件　014, 150

最大判1968（昭43）・11・27民集22巻12号2808頁：カナダ在外資産補償金請求事件　193

最大判1968（昭43）11・27刑集22巻12号1402頁：名取川河川附近地制限令事件　193

最判1970（昭45）・8・20民集24巻9号1268頁：高知落石事件　254

最判1971（昭46）・10・28民集25巻7号1037頁：個人タクシー事件　076

最判1972（昭47）・5・30民集26巻4号851頁：破壊消防事件　193

最判1973（昭48）・10・18民集27巻9号1210頁：倉吉都市計画街路事業用地収用事件　203

最判1974（昭49）・2・5民集28巻1号1頁：東京都中央卸売市場事件　193

最判1974（昭49）・5・30民集28巻4号594頁：大阪府国民健康保険審査会裁決取消請求事件　175

最判1975（昭50）・5・29民集29巻5号662頁：群馬中央バス事件　076

最判1975（昭50）・11・28民集29巻10号1754頁：鬼ヶ城転落事件　257, 269

最判1975（昭50）・11・28民集29巻10号1797頁：大阪府農地委員会採決取消請求事件　085

最決1977（昭52）・3・10判時852号53頁：インド人強制送還執行停止事件　106

最判1977（昭52）・7・13民集31巻4号533頁：津地鎮祭訴訟　175

最判1977（昭52）・12・20民集31巻7号1101頁：神戸全税関事件　061

最判1978（昭53）・3・14民集32巻2号211頁：主婦連ジュース不当表示事件　085

最判1978（昭53）・3・30民集32巻2号485頁：調整交付金違法支出事件　175

最判1978（昭53）・7・4民集32巻5号809頁：神戸夢野台高校転落事件　254
最判1978（昭53）・7・17民集32巻5号1000頁：失火責任国家賠償請求事件　212
最判1978（昭53）・10・20民集32巻7号1367頁：芦別国家賠償請求事件　217，245
最判1979（昭54）・12・25民集33巻7号753頁：横浜税関通知事件　014
最判1980（昭55）・11・25民集34巻6号781頁：運転免許停止事件　044
最判1981（昭56）・7・14民集35巻5号901頁：中京税務署法人税増額更正事件　097
最大判1981（昭56）・12・16民集35巻10号1369頁：大阪空港訴訟　150，254
最判1982（昭57）・3・12民集36巻3号329頁：誤判国家賠償事件　245
最判1982（昭57）・4・1民集36巻4号519頁：岡山税務署健康診断事件　221
最判1982（昭57）・7・13民集36巻6号970頁：田子の浦ヘドロ訴訟　175
最判1982（昭57）・9・9民集36巻9号1679頁：長沼ナイキ基地訴訟　029，044
最判1983（昭58）・2・18民集37巻1号59頁：高松地下ガソリンタンク事件　193
最判1984（昭59）・1・26民集38巻2号53頁：大東水害訴訟　254
最判1984（昭59）・10・26民集38巻10号1169頁：仙台市建築確認事件　044
最判1985（昭60）・1・22民集39巻1号1頁：旅券発給拒否事件　076
最判1985（昭60）・11・21民集39巻7号1512頁：在宅投票制度廃止事件　245
最判1985（昭60）・12・17判時1179号56頁：伊達火力発電所事件　029
最判1986（昭61）・2・27民集40巻1号124頁：パトカー追跡事件　230
最判1986（昭61）・3・25民集40巻2号472頁：福島駅点字ブロック未設置転落事件　254
最判1987（昭62）・4・10民集41巻3号239頁：都議会運営費議長決裁事件　175
最判1987（昭62）・4・17民集41巻3号286頁：千葉県換地処分無効確認請求事件　116
最判1987（昭62）・4・21民集41巻3号309頁：米子鉄道郵便局懲戒処分事件　085
最判1988（昭63）・1・21判時1270号67頁：輪中堤事件　203
最判1989（平1）・2・17民集43巻2号56頁：新潟空港訴訟　029
最判1989（平1）・10・26民集43巻9号999頁：吉野熊野国立公園吊り橋転落事件　257，269
最判1989（平1）・11・24民集43巻10号1169頁：京都府宅建業法事件　230
最判1990（平2）・12・13民集44巻9号1186頁：多摩川水害訴訟　254
最判1991（平3）・4・19民集45巻4号367頁：小樽予防接種禍訴訟　230
最判1991（平3）・7・9民集45巻6号1049頁：監獄法施行規則事件　230
最判1992（平4）・1・24民集46巻1号54頁：旧八鹿町土地改良事業施行認可事件　044
最判1992（平4）・9・22民集46巻6号571頁：もんじゅ行政訴訟（原告適格）　029，124，153
最判1992（平4）・9・22民集46巻6号1090頁：もんじゅ行政訴訟（補充性）　116

最判1992（平4）・10・29民集46巻7号1174頁：伊方原発事件　　061, 097
最判1992（平4）・12・15民集46巻9号2735頁：一日校長事件　　175
最判1993（平5）・2・25民集47巻2号643頁：厚木基地第1次訴訟　　023, 150
最判1993（平5）・3・11民集47巻4号2863頁：奈良民商事件　　230
最判1993（平5）・3・30民集47巻4号3226頁：テニス審判台転倒事件　　254
最判1994（平6）・2・16民集47巻2号473頁：労災保険不支給決定取消請求事件　　097
最判1995（平7）・7・7民集49巻7号2599頁：国道43号線訴訟（民事差止）　　150
最判1995（平7）・7・7民集49巻7号1870頁：国道43号線訴訟（国家賠償）　　254
最判1996（平8）・3・8民集50巻3号469頁：「エホバの証人」剣道実技拒否事件　　061
最判1999（平11）・7・19判時1688号123頁：三菱タクシーグループ運賃値上げ申請却下国賠事件　　061
最判1999（平11）・11・19民集53巻8号1862頁：逗子市住民監査請求記録公開請求事件　　097
最判2002（平14）・1・17民集56巻1号1頁：御所町二項道路指定事件　　014, 032, 116
最判2002（平14）・6・11民集56巻5号958頁：関西電力変電所予定地収用事件　　203
最判2002（平14）・7・9民集56巻6号1134頁：宝塚市パチンコ店規制条例事件　　006
最大判2002（平14）・9・11民集56巻7号1439頁：郵便法責任制限違憲訴訟　　212
最判2002（平14）・10・24民集56巻8号1903頁：前橋市都市計画道路事業認可事件　　053
最判2003（平15）・9・4判時1841号89頁：労災就学援護費不支給決定事件　　014
最判2004（平16）・4・27民集58巻4号1032頁：筑豊じん肺訴訟　　230
最判2004（平16）・10・15民集58巻7号1802頁：水俣病関西訴訟　　230
最決2005（平17）・6・24判時1904号69頁：東京建築検査機構事件　　221
最判2005（平17）・7・15民集59巻6号1661頁：富山県病院開設中止勧告事件　　014, 153, 167
最大判2005（平17）・9・14民集59巻7号2087頁：在外邦人選挙権事件　　028, 160, 245
最判2005（平17）・11・1裁判集民事218号187頁：盛岡市都市計画道路損失補償請求事件　　193
最大判2005（平17）・12・7民集59巻10号2645頁：小田急線高架化事件（訴訟要件）　　029
最判2007（平19）・1・25民集61巻1号1頁：社会福祉法人積善会暁学園事件　　221
最判2007（平19）・11・1民集61巻8号2733頁：在外被爆者402号通達事件　　230

最決2007（平19）・12・18判時1994号21頁：弁護士懲戒執行停止事件　　106，146
最大判2008（平20）・6・4民集62巻6号1367頁：国籍法違憲訴訟　　160
最大判2008（平20）・9・10民集62巻8号2029頁：浜松市土地区画整理事業計画決定事件　　014，057，060
最判2009（平21）・2・27民集63巻2号299頁：運転免許証更新事件　　044
最判2009（平21）・7・10判時2058号53頁：旧福間町公害防止協定事件　　006，021，028，152
最判2009（平21）・10・15民集63巻8号1711頁：サテライト大阪事件　　029
最判2009（平21）・10・23民集63巻8号1849頁：郡山市立中学校教諭体罰損害賠償請求事件　　269
最判2009（平21）・11・26民集63巻9号2124頁：横浜市保育所廃止条例事件　　014，097
最判2009（平21）・12・17民集63巻10号2631頁：たぬきの森事件（取消請求）　　053
最判2009（平21）・12・17判時2068号28頁：政務調査費情報公開義務付け事件　　126
最判2011（平23）・6・7民集65巻4号2081頁：一級建築士免許取消処分事件　　076
最判2011（平23）・10・25民集65巻7号2923頁：混合診療保険給付事件　　160
最判2012（平24）・1・16判時2147号127頁：日の丸・君が代懲戒処分事件　　061
最判2012（平24）・2・9民集66巻2号183頁：日の丸・君が代予防訴訟　　022，024，028，141，260
最判2012（平24）・11・20民集66巻11号3521頁：西条駅前土地区画整理事業損失補償裁決取消請求事件　　053
最判2013（平25）・1・11民集67巻1号1頁：医薬品ネット販売事件　　160
最判2014（平26）・7・14判時2242号51頁：沖縄返還交渉情報公開請求事件　　097
最判2015（平27）・3・3民集69巻2号143頁：北海道パチンコ店営業停止事件　　044
最判2016（平28）・12・8民集70巻8号1833頁：厚木基地第4次訴訟　　141，150
最判2016（平28）・12・15判時2328号24頁：京都府風俗案内所規制条例事件　　160
最判2016（平28）・12・20民集70巻9号2281頁：辺野古新基地建設不作為違法確認訴訟　　175
最判2017（平29）・9・15判時2366号3頁：求償権行使懈怠違法確認等請求事件　　212

## 高等裁判所

東京高判1973（昭48）・7・13行集24巻6・7号533頁：日光太郎杉事件　　061
東京高判2007（平19）・2・15LEX/DB28140058：逗子市米軍家族住宅追加建設訴訟　　006
東京高決2009（平21）・2・6判例自治327号81頁：たぬきの森事件（執行停止）　　106

福岡高判2011（平23）・2・7判時2122号45頁：産廃処分場措置命令義務付け事件
　　126

## 地方裁判所

岐阜地判1980（昭55）・2・25行集31巻2号184頁：徳山ダム事件　　201，203
東京地判2006（平18）・3・24判時1938号37頁：杉並区住基ネット訴訟　　006
東京地判2006（平18）・10・25判時1956号62頁：保育園入園承諾義務付け事件　　126
神戸地決2007（平19）・2・27賃社1442号57頁：神戸市保育所廃止条例事件　　141
東京地判2007（平19）・5・31判時1981号9頁：世田谷区住民票作成義務付け事件
　　126
岡山地決2007（平19）・10・15判時1994号26頁：岡山シンフォニーホール事件　　126
京都地判2007（平19）・11・7判タ1282号75頁：京都市マンション是正命令義務付け事
　　件　　126
東京地判2008（平20）・2・29判時2013号61頁：ガーナ人在留特別許可義務付け事件
　　126
広島地判2009（平21）・10・1判時2060号3頁：鞆の浦埋立免許事件（差止請求）
　　042，141
大阪地判2013（平25）・7・4 LEX/DB25445756：タクシー事業使用停止処分事件
　　141

●執筆者一覧

（＊印は編者）

石塚武志　（いしづか・たけし　龍谷大学）
稲葉一将　（いなば・かずまさ　名古屋大学）
大沢　光　（おおさわ・ひかる　青山学院大学）
大田直史　（おおた・なおふみ　龍谷大学）
岡田正則　（おかだ・まさのり　早稲田大学）＊
長内祐樹　（おさない・ひろき　金沢大学）
小林明夫　（こばやし・あきお　愛知学院大学）
榊原秀訓　（さかきばら・ひでのり　南山大学）＊
庄村勇人　（しょうむら・はやと　名城大学）
杉原丈史　（すぎはら・たけし　愛知学院大学）
髙木英行　（たかぎ・ひでゆき　東洋大学）
寺　洋平　（てら・ようへい　東洋大学）
徳田博人　（とくだ・ひろと　琉球大学）
豊島明子　（とよしま・あきこ　南山大学）
西田幸介　（にしだ・こうすけ　法政大学）
萩原聡央　（はぎはら・あきひさ　名古屋経済大学）
日野辰哉　（ひの・たつや　筑波大学）
平川英子　（ひらかわ・えいこ　金沢大学）
府川繭子　（ふかわ・まゆこ　青山学院大学）
藤枝律子　（ふじえだ・りつこ　三重短期大学）
洞澤秀雄　（ほらさわ・ひでお　南山大学）
本多滝夫　（ほんだ・たきお　龍谷大学）＊
前田定孝　（まえだ・さだたか　三重大学）
山田健吾　（やまだ・けんご　広島修道大学）

判例から考える行政救済法　第2版

2014年9月25日　第1版第1刷発行
2019年9月20日　第2版第1刷発行

編　者——岡田正則＋榊原秀訓＋本多滝夫
発行所——株式会社 日本評論社
　　　　〒170-8474　東京都豊島区南大塚3-12-4
　　　　電話　03-3987-8621（販売）-8631（編集）
　　　　FAX　03-3987-8590（販売）-8596（編集）
　　　　振替　00100-3-16
　　　　http://www.nippyo.co.jp
印　刷——精文堂印刷
製　本——井上製本所

© 2019 M. OKADA, H. SAKAKIBARA, T. HONDA
装幀／銀山宏子
ISBN 978-4-535-52448-4　　　　　　　　　　　　Printed in Japan

**JCOPY** 〈(社)出版者著作権管理機構　委託出版物〉
本書の無断複写は著作権法上での例外を除き禁じられています。複写される場合は、そのつど事前に、(社)出版者著作権管理機構（電話 03-5244-5088、FAX 03-5244-5089、e-mail：info@jcopy.or.jp）の許諾を得てください。また、本書を代行業者等の第三者に依頼してスキャニング等の行為によりデジタル化することは、個人の家庭内の利用であっても、一切認められておりません。

## 日本評論社の法律学習基本図書

※表示価格は本体価格です。別途消費税がかかります

### 日評ベーシック・シリーズ

**憲法I** 総論・統治 **憲法II** 人権
新井 誠・曽我部真裕・佐々木くみ・横大道 聡[著]
●各1,900円

**行政法**
下山憲治・友岡史仁・筑紫圭一[著] ●1,800円

**民法総則**[補訂版]
原田昌和・寺川 永・吉永一行[著] ●1,800円

**物権法**[第2版]
秋山靖浩・伊藤栄寿・大場浩之・水津太郎[著] ●1,700円

**担保物権法**[第2版]
田髙寛貴・白石 大・鳥山泰志[著] ●1,700円

**債権総論**
石田 剛・荻野奈緒・齋藤由起[著] ●1,900円

**家族法**[第2版]
本山 敦・青竹美佳・羽生香織・水野貴浩[著] ●1,800円

**民事訴訟法**
渡部美由紀・鶴田 滋・岡庭幹司[著] ●1,900円

**労働法**[第2版]
和田 肇・相澤美智子・緒方桂子・山川和義[著] ●1,900円

**[新版]法学の世界**
南野 森[編] ●2,200円

**比較法学入門**
貝瀬幸雄[著] ●2,200円

**基本憲法I** 基本的人権
木下智史・伊藤 建[著] ●3,000円

**基本行政法**[第3版]
中原茂樹[著] ●3,400円

**基本刑法I** 総論[第3版] ●3,800円
**基本刑法II** 各論[第2版] ●3,900円
大塚裕史・十河太朗・塩谷 毅・豊田兼彦[著]

### 憲法I——基本権 ●3,200円
渡辺康行・宍戸常寿・松本和彦・工藤達朗[著]

**民法学入門**[第2版]増補版
河上正二[著] ●3,000円

**スタートライン民法総論**[第3版]
池田真朗[著] ●2,200円

**スタートライン債権法**[第6版]
池田真朗[著] ●2,400円

■法セミ LAW CLASS シリーズ

**基本事例で考える民法演習**
**基本事例で考える民法演習2**
池田清治[著] ●各1,900円

**ケーススタディ刑法**[第5版]
井田 良・丸山雅夫[著] ●3,100円

**リーガル・リサーチ**[第5版]
指宿 信・齊藤正彰[監修]
いしかわまりこ・藤井康子・村井のり子[著] ●1,800円

**新法令用語の常識**
吉田利宏[著] ●1,200円

〈新・判例ハンドブック〉 ●物権法:1,300円
**憲法**[第2版] 高橋和之[編] ●ほか:各1,400円

**債権法I・II** ●I:1,400円 ●II:1,500円
潮見佳男・山野目章夫・山本敬三・窪田充見[編著]

**民法総則** 河上正二・中舎寛樹[編著]

**物権法** 松岡久和・山野目章夫[編著]

**親族・相続** 二宮周平・潮見佳男[編著]

**刑法総論／各論** ●総論1,600円
高橋則夫・十河太朗[編] ●各論1,500円

**商法総則・商行為法・手形法**
鳥山恭一・高田晴仁[編著]

**会社法** 鳥山恭一・高田晴仁[編著]

日本評論社
https://www.nippyo.co.jp/